元職員による徹底検証

相模原障害者殺傷事件

裁判の記録・被告との対話・関係者の証言

西角純志 著

明石書店

目次

序論　人間社会の「根源悪」

障害者大量殺傷事件の裁判は、新型コロナウィルス感染症の拡大のさなか、2020年3月16日に死刑判決が下された。被告は、「2020年に日本が崩壊する」「日本を救わなければならない」などと語っていたことを思い出す。被告が愛用していたイルミナティカードには「複合災害」のカードがあり、銀座の時計台が崩壊し、五輪を思わせる色とりどりの服を着た人が逃げ惑う様子が描かれている。カードは、オリンピックの中止を予言していたともいわれている。イルミナティカードは、1982年にアメリカのスティーブ・ジャクソン・ゲームズ社が開発したものである。このカードに描かれたイラストが、後の重大事件を予言しているとして「都市伝説」でも話題になっている。衆院議長宛ての手紙にはイルミナティカードが同封されていた。カードには、13013という数字のカードもあるが圧縮してみると、BOB、すなわち、「伝説の指導者」を意味しているのだ。13013は、逆から読むと3（サ）、10（ト）、3＋1（シ）。2016（平成28）年2月15日に気づいたという。その日はちょうど、被告が衆院議長宛ての手紙を持っていった日であった。「平成28年2月15日」を構成

イルミナティカード「複合災害」

する2、8、2、1、5という5つの数字を合算すると18。18は、6の倍数であり、666は、「ヨハネの黙示録」に登場する「獣の数字」である。「ヨハネの黙示録」には次のようにある。「思慮のある者は、獣の数字を解くがよい。その数字とは人間をさすものである。そして、その数字は六百六十六である」（『新共同訳聖書』「ヨハネの黙示録」13章18節）。「獣の数字」666は、ローマ皇帝ネロを指すなど様々な解釈があるが、大患難時代に登場する「反キリスト」を意味し、終末論的な思想が漂っている。被告はこうした陰謀論を「都市伝説」から学んだのだ。襲撃も、もとはといえば10月1日の計画だった。1001の並びが門のようで「門出」を表すからである。被告が犯行に使ったホンダのシビックの車のナンバープレートも1001であったというのは驚きだ。

1．人間社会の「根源悪」

コロナ禍の不安の中、文学作品に対する関心が高まっている。アルベール・カミュの長篇小説『ペスト』（1947年）は、2020年2月以降増刷され新潮文庫版の累計発行部数が100万部を突破したという。小説では、ペストの感染が広がって、遮断された社会のなかで感染症という「見えない敵」と闘う市民の姿が描かれているが、感染拡大による行政や経済の混乱、封鎖された都市を描写した表現など今日的状況にも通じる。カミュの描く『ペスト』は、「コロナ」と置き換えることができるが、それだけではない。「ペスト」という病理そのものに人間の内面には「根源的な悪」があることを指し示しているのだ。例えば、こういう台詞がある。

誰でもめいめい自分のうちにペストをもっているんだ。なぜかといえば誰一人、まったくこの世に誰一人、その病毒を免れているものはないからだ。そうして、引っきりなしに自分で警戒していなければ、ちょっとうっかりした瞬間に、ほかのものの顔に息を吹きかけて、病毒をくっつけちまうようなことになる。自然なものというのは、病菌なのだ。（宮崎嶺雄訳『ペスト』新潮文庫、376頁）

カミュが登場人物を通して語ろうとしていることは、ペストとは、自分の「外部」に存在する邪悪な何かではない、ということである。邪悪なものを自分の「外側」に作り出し、不幸や不自由の理由を説明しようとする思考のあり方を問題にしているのである。つまり、自分が行っている行為が正義や善であることを疑わず、自分の外側に不正や悪が存在するとして自らを省みず、その悪と闘うことで自分の存在を正当化するという思考である。人間社会の内にあるこうした「根源的な悪」、「見えない敵」とは、私たちの「内なる優生思想」に他ならないのではないか。

2．社会科学者としての責任

私は津久井やまゆり園の元職員で、事件で亡くなった犠牲者19人のうち7人の生活支援を担当していた。県立時代の2001年から05年まで職員として働いていた。この事件はメディアをはじめ様々な論者がアプローチしている。しかし断片的な報道では、事件の本質を捉えきれていないと感じ、私自身は2017年以降、今日まで被告との面会を17回続けてきた。私は、現在、専修大学の講師という立場であるが、社会科学者の立場からこの事件について何がいえるのか。確かに外部からの批判や論評はできる。しかし、彼らは、そもそもやまゆり園のことも、犠牲者も加害者も知らない。このような事件の時のみ注目し、作家やライター、ジャーナリストなどがこぞって取材する。彼らは、一体何のために取材をしているのか。当時の被告の映像や画像を繰り返して使用し、モンスター化することに何の意味があるのか。事件後、障害当事者やその家族をメディアに出演させ、被告を批判・否定しようとしているが、「いのちは大切」「ともに生きる社会」などと声高に訴えることが事件に対する回答なのか。疑問を感じざるを得ない。事件に及んだ動機や背景、施設の実態が十分解明されないのは、そもそも被告自身にその経緯や動機を語らせる自己演出の劇場型裁判という手法をとったからではないか。

私は、社会の内側にあるこうした欺瞞性、偽善性が露呈したのが今回の事件だと思う。これは人間社会にある「根源悪」に他ならない。私たちの「内側」にある本音が植松聖《うえまつさとし》という一個人によって実行されてしまったのである。「敵」は外部ではなく内側にいるのだ。つまり、建前ではなく、本音が剝き出しになっているのだ。SNSの普及により誰しもが無媒介に発言できる環境となり、今までタブーとされた本音の部分が剝き出しになっているのだ。「トランプ大統領は真実を語っている」「民主主義は茶番だ」「家族は障害者年金を搾取している」といった被告の発言は、一面において「真実」ともいえる。それは、加害者だけではなく、被害者にもいえるのではないか。そのような思いから、裁判を傍聴してきた。

多くの取材を複数かかえた記者は人事異動で他の部局に移るかもしれない。記者にとっては数ある事件のうちの1つに過ぎないかもしれない。だが、事件の当事者たちはそういうわけにはいかない。一生背負っていくのだ。では、誰がこの仕事を引き受けるのか。当時のことを知る元職員として社会科学者として自分にはその責任があると感じ、植松聖被告に接見し、事件についての記録を残すために裁判の傍聴をやっていくことに決めたのだ。

その際、念頭に置いているのがユダヤ系政治哲学者ハンナ・アーレントのアイヒマン裁判の傍聴記である。アーレントは、ユダヤ人を絶滅収容所に送り込むのに大きな役割を果たした元ナチスの親衛隊の中佐アドルフ・アイヒマンを裁くエルサレム法廷を記者として傍聴し、取材した。それを記事にして『ニューヨーカー』誌に連載した原稿を1冊にまとめたものが『エルサレムのアイヒマン――悪の陳腐さについての報告』(1963年)である。アイヒマン裁判の傍聴記のような仕事をやまゆり園事件を通してすること、それが社会科学者として私に課せられた仕事ではないかと思った。事件後、1年目の後半くらいから接見が可能になったので、2017年の9月から手紙のやりとりをし、接見を始めた。その頃は、被告の『獄中手記』が雑誌『創』に連載され始めていた。

3．方法としての『掟の門』

では、植松被告にどうアプローチするのか。そこで頭を過《よぎ》ったのがフランツ・カフカの『訴訟』（1925年）に収められている『掟の門』という寓話である。このテキスト自体は、短いが、法律家や、学者にもよく知られた作品である。そこでまず、テキストを読んで感想を書いてもらう。それが目的だった。この物語は、現代思想の焦点になっている作品である。主人公である田舎から出てきた男が、門のなかに入れてくれと何度も頼むが、何年経っても入れてもらえない。そのために貢物などをするがそれでも入れてもらえない、そのうちに年をとり死んでしまう。そういう話だ。テキストは「掟」であって、鍵がなければ入ることはできない。テキストは開かれているがテキストを守っているのは門番である。「門番」は法律家であったり、遺族であったり、マスコミ関係者であったり、批評家である。彼らは門番であると同時に、田舎男である。このテキストとなっている『掟の門』を植松被告がどう考えるのか。法とは何か、暴力とは何か、そして正義とは何か。そういうことを被告なりに手紙で応えてくれた。

4．本書の目的と構成

本書の目的は、障害者施設の職員が、なぜ、利用者殺傷に至ったのか、その背景や経緯を解明することにある。そのために、法廷で読み上げられた職員供述調書を再構成し、事件現場で何が起こっていたかを証言から明らかにする。各章には、関連する被告人質問のやりとりや、遺族や被害者家族、友人、知人らの証言も収録している。裁判自体は、終了したとはいえ、事件の真相が十分解明されていないという声も少なくない。なぜなら利用者支援の実態が解明されなかったからである。被告の家族などの出廷、現役職員のさらなる証言を望む声もある。また障害当事者が置き去りにされ、遺族や家族のための裁判になっているという声もある。裁判を終えて感じることは、この事件は、障害者施設に対する不満、社会に対する復讐や怨恨によるものではないということである。障害者施設での経験に基づくことは確かだが、被告は、むしろ、メディアを活用して自己の主張を広め、賛同・賞賛を得ようとしている。被告自身は、そもそもナチス・ドイツのT４作戦、優生思想、ヘイトクライム（憎悪犯罪）も知らなかった。安楽死・尊厳死についても事件以前に深く考えたことはなかったのだ。「最後にひとつだけ」と言って「マリファナ」、「ヤクザ」などの発言もあったが、聞くに堪えなかった。全くの薄っぺらで、浅はかな知識しか持っていないのだ。法廷では、『新日本秩序』と題する7項目の提案に加えて「恋愛学」などの提案もあったが、これも稚拙である。自己演出型の劇場型裁判という他はない。インターネットが普及した今日、誰もがネットにアクセスでき、情報を自由に手にし、発信できる。知りたい情報、偏った情報だけを寄せ集め自分だけの世界を作り上げていったのだ。被告はYahoo!ニュースや動画配信サイトにも度々投稿したり、自説を書き込んだりしていた。事件前後において一定程度、被告に賛同する人がいたこともまた、事実である。被告は、自身の考えや計画を友人たちに打ち明けるが、賛同を得ることはできなかった。むしろ、友人たちは止めたのだ。にもかかわらず、「ネット空間」での賛同を後ろ盾にそのまま行動に移した。ここに大きな「飛躍」がある。ベースには大麻乱用による高揚感がある。公判では、大麻の影響を否定する検察側と大麻によって人格が変わったと主張する弁護側とでは見解が大きく分かれた。精神鑑定は措置入院を含め、3回行われており、検察側と弁護側の双方の精神科医が法廷に出廷した。精神科医の証言からわかるように被告自身は少年時代には逸脱行動があったとはいえ、前科もなく、「恵まれない家庭環境や貧困」などの原因による犯罪ではないのである。友人、知人、交際女性も多く、ごく普通の青年であることが証言からわかる。障害者施設の職員であった被告は、なぜ、利用者殺傷に至ったのか。利用者支援のあり方こそ、問われなければならない。

本書では、上記の問題設定を受けて次のような構成をとって探究する。

第1章は、事件の〈以前〉と〈以後〉をテーマにする。津久井やまゆり園の沿革を辿りながら、県立の時代と民営化以後、どのような変化があったのか検討する。事件後、建て替えをめぐって大規模施設の是非の議論や身体拘束、さらには虐待の問題が浮上したが、こうした問題は、戦後障害者運動とも底辺でつながっている。事件直後の追悼集会での被害者家族のメッセージに着目し、犠牲者が障害者であるということはどういうことなのか考える。

第2章では、「証言するということ」の意味を問う。その際、ホロコーストのドキュメンタリー映画『ショアー』を事例として参照する。法廷では、数々の証言が読まれ、証人尋問も行われたが、「証言するということ」とは、そもそも、どういうことであろうか。また、証人であるとはどういうことであるのか。我々に突き付けられた課題である。この点について考えたい。後半では、匿名で公表された19人の犠牲者の「生きた証」、負傷した24人の人柄などを紹介し、追悼の言葉を記す。

第3章では、初公判を前にして、被告とやりとりをしてきた面会記録を提示する。フランツ・カフカの『訴訟』に挿入されている『掟の門』という短いテキストを読み解きながら、法・正義・暴力について被告と考えてきたことを叙述する。事件後、川崎殺傷事件、京都アニメーション放火事件をはじめとして、旧優生保護法下での強制不妊手術の問題、さらには、国会議員による「LGBTは生産性がない」という発言もあったが、被告は、こういった社会問題をどう捉えているのか、面会時に語ったことや、インタビューを紹介する。

第4章から第8章までは、職員の供述調書から被害に遭ったホームの現場の状況の再現を試みる。現場となったやまゆり園は、建て替え前に報道陣に公開されたとはいえ、そこで働いた職員にしかわからない感覚があるからだ。施設は、8つのホームから成り立っており、オートロック式の鍵1本で出入りできるという利便性を備えている。この建物は効率性、合理性という側面をもち、それが犠牲者数の増加を加速させたとも考えられる。被告は、東棟1階の「はなホーム」110号室のガラスを割って侵入したが、最初の犠牲者が19歳の女性であった。初公判直前に遺族の手記が公表されたが、なぜ、このタイミングであったのか。「甲A」から「美帆」に変わった軌跡について述べる。被告がどのような経路で各ホームに入り、殺傷に及んだのか、その時、職員は、何処にいて、何を考え、どう行動したのか。防ぐ手立てはあったのかを検証する。後半では、法廷で読み上げられた遺族の供述調書や意見陳述の他、各ホームに関連する被告人質問でのやりとりも紹介する。加えて、植松被告は現役職員時代に何を経験したかについて考察する。

第9章では、友人たちの証言から犯行当時の被告の足取りを再現する。法廷では、幼なじみの友人、高校の同級生、大学の後輩らの供述調書が読み上げられたが、被告は友人たちとのやりとりのなかで、事件当初、何を見て、何に影響されたのか、職員であった被告がなぜ、犯行に至ったのか、その背景を探る。加えて、精神鑑定から浮かび上がった人物像に迫る。

第10章では、交際女性たちの証言を取り上げる。被告は、友人のみならず、女性との交友も多かった。中学で2人、高校では3人、そして大学に入ってからも少なくとも2人の女性と交際していた。公判では、事件直前まで交際していた女性が証言台に立ち、証人尋問が行われたが、証人尋問から浮かび上がったこと、その真相はどこにあるのかを考察する。

第11章では、判決当日の状況を叙述する。被告人質問で明らかにされた被告の小学時代の作文「障害者は不幸をつくる」、「最後にひとつだけ」の発言の真意について面会時の記録から叙述する。残念なことに判決日を前にして2人の裁判員が辞任する事態があり、判決後も被告の弁護側の記者会見は行われなかった。判決文では、被告の障害者施設の勤務経験を基礎とする体験についてほとんど言及されなかったが、被告は「共生社会」についてどう考えているのか、判決文や被告人質問から、再検証を試みる。後半では、判決を受けて公表された「れいわ新選組」の舩後靖彦議員、木村英子議員のコメントを紹介し、公判を振り返る。

第12章では、安楽死・尊厳死をテーマにする。事件後、NHKスペシャル「彼女は安楽死を選んだ」が放送され、番組への批判と抗議声明があがった。また、2人の医師によるALS患者嘱託殺人も起こった。最終弁論において被告は、「裁判の本当の争点は自分が意思疎通をとれなくなった時のことを考えること」だと述べたが、もし、安楽死の合法化、尊厳死の法制化が被告の意図するところであるとすれば、私たちはこれをどう受け止めるべきなのか。このテーマを改めて取り上げることによって、その意味するところについて考えたい。

第13章は、根源悪と人間の尊厳がテーマである。ユダヤ系政治哲学者ハンナ・アーレントが問題にした「根源悪」と「悪の陳腐さ」の概念について、カントの道徳論に遡って検討する。その際、被告が『獄中手記』において参照している「世界人権宣言」に着目し、「人間の尊厳」の概念を系譜学的に検討する。さらに、カントと対極にあるニーチェの道徳論を検討し、ニーチェの思考と被告の思考の類似性を指摘し、「根源悪」の意味について考える。

たまたまその場に居合わせたというだけで事件に巻き込まれたり、自分の意図に反して、自分の意図とは異なる方向へと追い詰められていく。「アウシュヴィッツ」の生還者、プリモ・レーヴィは、これを「恥辱感」「恥ずかしさ」といった。「自分自身に釘づけにされているという事実、自分自身から逃れて隠れることとの根本的な不可能性、自分自身のもとへの自我の容赦ない現前」である。すなわち「引き受けることのできないもののもとに引き渡される」ということである。「アウシュヴィッツ」が恐ろしいのは単に虐殺されたユダヤ人の数の多さだけではない。ベルトコンベアー式の大量生産工場と原理的には何ら変わらない「死の生産工場」としての「アウシュヴィッツ」における何の後ろめたさや罪悪感も伴わない殺戮を可能にしたという事実こそ、「アウシュヴィッツ」の恐ろしさの核心なのである。事件後、ナチス・ドイツのT4作戦を扱ったNHKスペシャル「それはホロコーストのリハーサルであった」が再放送されたが、衝撃的な内容だった。旧優生保護法下での強制不妊手術の問題、施設における虐待や身体拘束の問題は、決して過去のものではない。私たちの社会に「アウシュヴィッツ」を生み出す土壌が潜在的に常に存在しているということである。「アウシュヴィッツ」は終わってはいないのである。

リスクマネジメントと権利擁護にどう向き合うのか、検証はまだ始まったばかりである。

第1章　事件の〈以前〉と〈以後〉

「アウシュヴィッツ以後、詩を書くことは野蛮である」

（テオドール・W・アドルノ）

津久井やまゆり園の分会論集『菜の花』に寄稿したことがある。1つ目は、「世界が変わった日——表象と暴力」第5号（2002年3月）、2つ目は、「優生思想の正体と生命倫理——我が子が障害児だとすればどうしますか」第6号（2003年3月）、3つ目は、「施設で働く《喜び》と《生きがい》——心のバリアフリーによせて」第7号（2004年3月）である。これらのモノグラフは15年ほど前に書いたものであるが、いずれも事件の起こる〈以前〉のものである。事件〈以後〉の殺伐とした映像は何度も繰り返し報道されたが、事件〈以前〉の穏やかなやまゆり園の情景は、もはやどこにもない。しかし当時のやまゆり園のアルバムを開いてみると懐かしい思い出が蘇ってくる。振り返ればドイツ・チェコ留学から帰国し、「国際文化交流センター」でアルバイトをしながら路上生活者の自立支援の仕事をしていた。仕事が軌道に乗りつつあったある日、神奈川県の児童自立支援施設（旧教護院）から連絡を受け、教壇に立つことになったのである。「非行少年」を相手にする仕事は魅力的ではあったが、次第に限界を感じ、2年間勤務した後、津久井やまゆり園に異動することになった。知的障害者施設は、児童自立支援施設に比べ、身体的にも精神的にも落ち着いて仕事ができる場所であった。当時のやまゆり園は、相模原市合併以前の神奈川県の直営の時代であり、最も輝いていた時期であった。津久井やまゆり園は、初任者研修でもよく使用され、職員宿舎や研修場所など職場環境・福利厚生は整っていた。

1. 津久井やまゆり園の沿革

津久井やまゆり園は、県立直営の施設として1964年に相模原市（旧・相模湖町）千木良地区に定員100名で開設された。1968年には入所定員を200名に増員、県立施設としては最大規模のものとなった。当時、この場所は、過疎地域で、そこに県立の精神薄弱者入所更生施設の整備の話が持ち上がった。当時の町長が、地域活性化と住民の雇用確保の場として積極的に陳情した経緯があった。

1992年に「第二やまゆり計画」がスタートし、再整備では個室と2人部屋からなる定員160名の新しい津久井やまゆり園になった。1994年には二期に分けて施設の建て替え再整備工事を実施、他の県立施設へ入所者の移転を行うなどして、新たな定員を160名に縮小したのだ。2000年に始まった社会福祉基礎構造改革によって、「措置制度」から「契約制度」へと大転換を遂げた。

これを受けて2000年10月には、利用者主体の運営を進めるために「津久井やまゆり園利用者自治会」(通称：ピザの会)が発足した。実施要項には「自治会は、園運営を担う会議の1つとして位置付けられ、園はこれを支援するために適切な情報開示を行い、自己決定を尊重する」とある。活動内容は、「園の生活・行事などについての意見交換・企画立案、問題解決に向けての話し合い、園への要望の集約などを行う。自治会の運営に関しては基本的には利用者の主体性に委ねるが、必要に応じて利用者自治会支援調整会議のメンバー(ピザの支援員)が補佐にあたる」と記されている。具体的には、旅行や、コンサートの企画や開催などである。

2005年から指定管理者制度の導入に伴い、社会福祉法人かながわ共同会が指定管理者として運営を引き継いだ。2009年からは施設入所の定員を150名、短期入所10名とした。また同年及び2012年に各2か所、計4か所のグループホームを開設。25名の入所者が地域生活に移行した。民営化以前は、地元職員の雇用や地元商店・業者を利用することがあったが、民営化以降、職員は入れ替わり、パートなど一部の職員の給与は最低賃金にまで下がった。食事の調達は外部に委託されてしまい、食材などを地元から調達する約束が反故にされた。園と地域の関係が希薄になっていったという証言もある。2007年5月、津久井やまゆり園で、入所者の1人の男性(59歳)が介助職員が目を離した隙に、鶏肉を喉に詰まらせ窒息死するという事件が起こった。この事件は、今回の津久井やまゆり園事件以前であり、直接的には関係があるものではない。しかし、民営化の負の側面を窺い知ることができる。報道によれば、「県営時代と比べ運営費が削減され、食事の質や食堂の環境に響いたのではないか」「職員の待遇が悪化したことにより、人手不足で、介護の質が落ちてしまったのかもしれない」との見解がある。

『10周年記念誌』によれば、最初期は、知的障害者の受け入れにあたり地域社会において戸惑いがあったとある。だが、地域住民が職員として雇用されたり、あるいは地域住民が園の行事などに参加したりするようになり、少しずつではあるが施設と地域とは良好な関係になった。無断外出などをする利用者を地域住民が園に連絡したりと、地域ぐるみで園を支えていったのだ。ただ、この流れは民営化以降は変わった。

2. 津久井やまゆり園の光と影

ここ津久井やまゆり園に赴任して4月でちょうど4年目になる。海外渡航経験のある私には、施設は、来る前には、あの「アウシュヴィッツ」を連想させるような異様な光景に映ってしまった。その反面、《千と千尋の神隠し》の世界が、あたかも劇場ミュージカルのリアリズムの世界のように繰り広げられているのではないか、といったトキメキも感じた。今から思えば、こうした期待感と不安感とをもったスタートであった。(『菜の花』第7号、5頁)

ナチス・ドイツ統治下のアウシュヴィッツ強制収容所と津久井やまゆり園を比較するのは、いささか奇妙に聞こえるかもしれない。だが、外面からすればミッシェル・フーコーが『監獄の誕生――監視と処罰』(1975年)で描き出したようなパノプティコン型の施設のような印象を受ける。パノプティコンとは、18世紀末にイギリスの功利主義者として知られるジェレミー・ベンサムによって考案されたものである。中央に監視塔が置かれ、その周辺に独房が円形状に中心へと向かって窓をもつような仕方で配置されている「一望監視装置」である。光は外側から差し込むので、各独房の中はくっきり見える。これに対し、中心の塔の監視人は、誰であるかもわからない影のような存在でしかない。この空間の配置によって監獄に閉じ込められているものが、常に自分は監視されているかもしれないと意識してしまうのである。この装置においては監視する側がその影しか見せないのに対し、監視される側はその身体の振る舞いすべてにおいて可視的であると描かれている。すなわち、自分の行為はすべて見られているのだ。このようにして監視の空間が形成されるのである。ボイラーの煙は、死体焼却を連想するものであるが、実際は、厨房棟の煙であり、洗濯物などをする際に排出する煙である。他方で宮崎駿監督の『千と千尋の神隠し』は、私がやまゆり園に着任した2001年に公開された映画である。「異世界に迷い込み、神々の訪れる湯屋で働くことになった少女、千尋の冒険

津久井やまゆり園の分会論集『菜の花』、『記念誌』

と成長を描くファンタジー」として知られている。健常者であるはずの自分が障害者の施設に入り込むことで、自己を見失い自分は健常者なのか障害者なのかわからなくなる。もしかしたら、自分は障害者であるかもしれない。障害者の方が、現実の健常者の世界のような錯覚に陥ってしまうのだ。そこは通常の世界ではなく、障害者特有の奇妙な声の響きや、しぐさ、振る舞いがある。この空間に入り込むと誰しも戸惑いを感じるに違いない。

施設は、男女別、8つのホームがあり、それぞれ独自の個性が輝いているのが特徴的だ。「自閉症」の問題を抱えている利用者。「強度行動障害」の対象になっている利用者もいる。例えば、自傷行為（具体的には、血塗り）や、頭突き、叩きといった他害（暴力）を及ぼす恐れのある利用者である。その他、奇声、大声をあげる利用者もいる。言語表現能力に乏しい利用者がほとんどであるが、職員の言葉は、どうやら理解できているようだ。彼らの共通した楽しみは、月に一度の「家族会」や、週末等の「帰宅」である。施設職員にとって、「家族ケア」、「家族アセスメント」は重要な援助のひとつであるが、私にとっても、家族と膝を交えて話をすることは喜びであり、利用者自身も普段は職員にみせない表情を見せている。また、職員が出勤してくるのを「今か、今か……」と楽しみにしている利用者のことを考えると、今日も休む気持ちにはなれない。（『菜の花』第7号、5頁）

津久井やまゆり園には男女別8つのホームがある。ホームにはそれぞれ名前がつけられている。東棟1階の〈はな〉〈にじ〉、2階の〈ゆめ〉〈のぞみ〉、西棟1階の〈つばさ〉〈みのり〉、2階の〈すばる〉〈いぶき〉。ホームは、独自の色彩がほどこされており、女子ホームは、明るい色が目立つ。ワイマールのゲーテ博物館のように、部屋ごとに色彩が異なっている。建物のつくりは、当時としてはモダンな建築様式で、1本の共通の鍵で8つのホームにほぼすべて出入りできるオートロック式だ(『朝日新聞』2016年7月28日)。どのホームもつくりが同じだけに、はじめて訪れる見学者は、美術館や博物館のように迷路と感じるに違いない。これは、グループホームや作業所では体験できない感覚である。その一方で施設のセキュリティは厳しく、利用者が無断外出をしないよう施錠がされている。訪問者は、呼鈴で職員を呼ばなければホームに入ることはできない。もちろん来訪者は管理棟受付の許可が必要である。当時赴任した園長は、やまゆり園は、職員が叡智を結集してつくりだした近代的な建築物だと、自負していた。ホームとホームの間には指導員室があり、「集音マイク」が設置されている。夜間帯は、各ホームとも職員が1名ずつ配置されており、2つのホームの夜勤者が顔を合わる。そして、緊急時には、応援に行ける仕組みになっている。構造的にも人員補強という点においても、これ以上のセキュリティの整った施設を見たことがない。今回の事件は、この近代的な建築物の盲点を突いた犯行だといえる。8つのホームのうち私の勤務したのは、いぶきホームとすばるホームだ。犯人は、西棟2階ではいぶきホームに侵入し、すばるホームに向かっている。犯人がホームに進入した時、指導員室にいた職員は何をしていたのだろうか。男性が2人いれば、容疑者の動きを制止することはできるはずだ。犯人は、東棟2階のゆめホームと自身が勤務していたのぞみホームには侵入していない。犯行の途中で職員の通報を受けたこともあるが、後に確認するとゆめホームとのぞみホームは、他のホームに比べて比較的軽度の利用者が生活しているため念頭になかったのである。

3. ホームの一日の流れ

ここでホームの日課について触れておこう。朝は、6時半頃には起床し、その後、食堂にて皆で朝食を摂る。食事の内容は、利用者の状況によって異なるが、刻み食や、誤嚥を防ぐためにトロミアップを混ぜたペースト食、軟菜食などである。食事をこぼすこともあるので、エプロンを使用する利用者もいる。食事介助も重要な仕事だ。テーブル拭きなど配膳の手伝いをしてくれる利用者もいる。日中は、各ホームの利用者が体育館や作業棟に行き、各グループに分かれてリハビリや作業を行う。例えば、みんなで手をつないで近隣散歩をしたり、畑を耕して野菜類を育てたり、ビーズ通しをしたり、積木の組み立て、蝋燭を溶かしたキャンドルづくりを行ったりする。その他、プラスチックを使った作業などもある。行事は季節によって異なるが、夏は園内プールでの水遊び、盆踊り大会、園祭、遠足などがある。夜は、夕食の後、入浴。自分で身体を洗える利用者は一部でほとんどの利用者が介助の支援を要す。ほとんどの利用者は、食後には、歯磨き支援の後、服薬支援を要し、スムースに行くこともあるが、時に、服薬を拒否する利用者もいる。てんかん発作を和らげる精神薬を服用している利用者もいるので、服薬は重要だ。各ホームの玄関にはマグネット式の職員の顔写真入りの勤務表(早番・日勤・遅番・夜勤)が貼られている。利用者はホーム玄関ではしゃぎながら、出勤してくる職員を「今か、今か」と待っている。

私にとっての知的障害者施設で働く生きがいを感じる瞬間は、「利用者」に「ありのままの」無力な自分の存在を受け入れてもらえた時である。「ありのままの」自分、それは、人間、誰しも「罪深い人間」であり、人間である以上、楽しいこと、辛いこともある。しかしそうした「痛み」を共に、共有し合い、言葉でうまく表現できなくても「共感」し合える。そんな時、私は施設での仕事の生きがいを感じる。「共感」とは、「同感」とは異なり、相手の心を聴くといったことや、以心伝心といった意味合いも含んでいる。「障害者」と「健常者」、あるいは「利用者」と「職員」といった関係を二項対立として捉えるのではなく、互いの「罪の告白」を通して本質的な意思で結ばれた信頼関係［＝絆］を再構築していくこと、それが大切だと思っている。それは施設が、家族的な社会の「共同体」として、再出発することを意味している。（『菜の花』第7号、5頁）

「利用者にありのままの無力な自分を受け入れてもらう」という視点は容疑者にはない。この視点があれば今回のような事件は起きなかっただろう。容疑者はむしろ障害者は無力で生きる価値がないと主張する。しかしながら、職員自身も無力であってそれに気づかせてくれるのも彼らなのだ。職員と利用者との関係性、すなわち支援するものと支援されるものとの関係をどうとらえればよいのだろうか。容疑者は、家族会の機関誌に自己紹介を兼ねた挨拶文を書いている。

はじめまして。この度のぞみホームで勤務になりました植松聖です。心温かい職員の皆様と笑顔で働くことが出来る毎日に感動しております。仕事では、毎日が分からないことだらけです。

右も左も分かりません。経験豊富な先輩方の動きを盗み、仕事を覚えていきたいと考えています。今は頼りない新人です。しかし、1年後には仕事を任すことの出来る職員を目指して日々頑張っていきます。これからも宜しくお願いします。（2013年5月家族会の機関誌『希望』より。『朝日新聞』2016年8月2日、『毎日新聞』2016年8月27日）

この文章から容疑者自身の仕事に対する意欲や意気込みを読み取ることができる。衆院議長に宛てた手紙の「保護者の疲れ切った表情、職員の生気の欠けた瞳」といった記述とはまったく対照的である。容疑者が犯行に及んだ動機は特定できないが、少なくとも優生思想的な考え方が、園の利用者と接することで拡大していったとみて間違いないだろう。では、何が容疑者を反社会的な行為・行動へと駆り立てていったのか。

一般に知的障害者施設は、入所施設とグループホームに分けることができる。施設では、利用者の個性や特性に応じて、施設やホームが用意した日課・プログラムに参加することになっている。とりわけ「強度行動障害」と区分されている利用者は、家庭や、グループホームでの対応は難しい。彼らは自分の欲望を聞き入れてもらえないと、物に当たったり、自傷や他害、つば吐きなどといった問題行動を起こしたりするのである。暴れる利用者や日課にのらない利用者をどう指導していくか。周りの職員も見ているし職員自身の指導力、力量性が問われているのだ。障害者虐待防止法が施行されて久しいが、職員は、懲戒と体罰のギリギリのところで勝負しているといっても過言ではない。「強度行動障害」の利用者は、どちらかといえば、体育会系の職員が担当することが多い。時に、抑え込み

（ホールディング）という援助技術を行使することもある。そして、その帰結として利用者とどのように折り合いをつけるのか、反省・内省させるかといったことが課題となる。

右の叙述は園のある一場面だが、日常茶飯事であり、単に一過性のものではなく明日、明後日とずっと続いていくのである。このような場面を想定する時、利用者と職員との間の力関係が働いていることに気づく。利用者と職員ばかりではない。利用者と利用者、職員同士の力関係もある。いわば、ある種の「生権力」（bio-pouvoir）が作動しているとみてもよいだろう。「生権力」とはミッシェル・フーコーが『知への意志』（１９７６年）で提起した概念である。フーコーによれば、死に対する権利（殺す権利）を１つの特徴とする古い君主制の主権に対し、近代以降の政治権力は、生を標的として管理・統制を及ぼす生権力に転換したという。生権力には２つの形態がある。その１つが、個々人の身体に働きかけて、それを正しく従順なものに調教しようとする学校や軍隊などにみられる、規律権力である。もう１つが、出生・死亡率の統制、公衆衛生、住民の健康への配慮などの形で、生そのものを管理するものである。生権力とは、いわば、家畜のように人間の生命を維持管理する権力なのだ。園の内外においては虐待防止の研修も行われているが、ホームに配置された新人職員は、基本的に先輩職員の援助技術を学びながら成長していく。容疑者は在職中、自分が負傷させた入居者の家族に「頑張っていますよ」と声をかけていたというが、事件後の今となっては家族や職員に対する裏切りという以外の何ものでもない（『朝日新聞』２０１６年8月27日）。

容疑者が２０１６年2月15日に衆院議長公邸に持参した手紙では、次のように述べている。「障害者は人間としてではなく、動物として生活を過しております。車イスに一生縛られている気の毒な利用者も多く存在し、保護者が絶縁状態にあることも珍しくありません」（『毎日新聞』２０１６年7月27日）。「私の目標は重複障害者の方が家庭内での生活、及び社会的活動が極めて困難な場合、保護者の同意を得て安楽死できる世界です。重複障害者に対する命のあり方は未だに答えが見つかっていない所だと考えました。障害者は不幸を作ることしかできません」（『毎日新聞』２０１６年7月27日）。「障害者は、人間としてではなく動物として生活」しているという指摘は、もちろん障害者差別ではあるが、施設に勤務しているとそのように感じさせる場面もあることは否めない。

4. 内なる優生思想

では、我々に一体、何ができるというのか。知的障害者施設に勤務している我々は、真剣に、心を砕いて考えなければならない課題である。施設は、誰のための施設なのか、施設職員のためのものなのか、それとも利用者のためのものなのか。頽廃した施設は、利用者が悪いのか、職員が悪いのか。暇さえあれば、ベランダに出てタバコを吸う職員。勤務中に携帯メールのやり取りをする職員。セクハラ発言や利用者に罵倒・罵声を浴びせる職員。利用者のトラブルを見て見ぬ振りをしている職員云々。こうした頽廃した施設の現状を顧みるとき、施設、ホームに新鮮さが感じられなくなっていることに気づく。何年、何十年も同じ施設で働き続ければ、ベテランと評価される一方、ある種の「自己欺瞞性」、「マンネリズム」に陥り、そうした頽廃した職員の姿が利用者に反映しているように思えて仕方ない。「マンネリズム」、その場しのぎの「なあなあ主義」がはびこると現実を変革するエネルギーが失われ、現状を「肯定する方向」にしか、力は働かない。一生懸命に働いても働かなくても給料は変わらない。職員の「自己保身」のための施設になりかねない。一体、どれだけの職員が、日々のニュース、新聞を読んでいるのだろうか。全体社会のなかで福祉施設が、新聞記者にどのように映るのか考えたことがあるのだろうか。（『菜の花』第6号、19頁）

今から考えるとかなり辛辣な「内部告発」であるが「内なる優生思想」の本質が表れているように思う。新人職員は仕事を覚え、やがて自立していく。だが、仕事に慣れるにつれて、今度は、逆に、仕事を教える役割を担う。自己保身欲も強まり、どこかで、手を抜いたり、楽をしたいなどの気持ちにかられる。それは誰しも時によっては思うことではあるかもしれない。だが、その職員の意識の変化を利用者は実によく見ているのである。利用者は、無意識のうちに職員の優劣をつけていき、そこでは上下関係、力関係が働き、やがて固定化されていくのである。

利用者の反社会的・非社会的問題行動が悪いのだ、という主張がある。だが、本質的には、利用者・知的障害者に「罪」はない。いや、「罪」は問えないと思う。何故ならば、我々は、施設の利用者が困難な問題を抱えていることを熟知し、それを前提に、仕事をしているからだ。例え、法廷で、裁判で争ったところで、結果は言うまでもない。以前から気になっていた『ヨハネ伝』にこんな記述がある。「先生、この人が生まれつき盲人なのは、だれが罪を犯したためですか。本人ですか、それとも両親ですか」。イエスは答える。「本人が罪を犯したのではなく、また、その両親が犯したものでもない。ただ、神の御業が、彼の上に現れるためである」（9章2－3節）。今、我々に必要なのは、差別や偏見、虚栄心や自己欺瞞といった「内なる優生思想」を突き崩し、「職業への献身」の態度を改めることである。「いじめ」や差別・偏見といった現実から目をそらさずに、これと闘い、乗り越えていくことである。優生思想の深化を目前にして優生学的社会システムの「悪循環」を断ち切り、施設・ホームに新鮮な風を送り込み、多様な生が多彩に生きていくことのできる社会システムを構築していかなければならない。（『菜の花』第6号19－20頁）

5．やまゆり園の建て替えをめぐって

津久井やまゆり園の再生基本構想として建て替えが決まったのは、２０１６年9月下旬であった。9月12日に家族会が知事に要望書を提出し、23日に建て替えが正式に決定した。それ以降、建て替えをめぐっては様々な異論や意見が出ている。そして、年明けの２０１７年1月10日、県は、有識者13名と27の障害者団体を招いて公聴会（ヒアリング）を開いた。この時、建て替えに関しては、反対意見が多数出された。公聴会での60億から80億円をかけて建て替えすることをめぐる「同じ場所に再び大規模な施設を造るのは時代錯誤だ」、「入所者の本人の意向を確認するべきだ」といった意見である。公聴会に出席した障害者団体の代表の1人である鈴木治郎は、後に次のように述べている。「最大の疑問は、施設を閉鎖して利用者の地域移行を進めるといった選択肢がないことである。……今ある施設を壊し、あの場所に、建て替えることが本当の解決につながるのだろうか。……もし私が被害者で

あの場所で命を落としてたなら、絶対に同じ場所には建て替えないでほしいと強く願う。『あの場所で生活し、笑い、泣き、楽しみ、そして何もわからないまま命を奪われたんだ！』と、きっとそう叫ぶだろうと。同じ敷地に建て替えることは、あの事件、あの場所で生活していた障害者をなかったものにしてしまうのではないかと、恐怖を感じる」（『季刊福祉労働』153号、2016年、5頁）。

神奈川県は、当初2020年度の建て替え完了を目指していたが、公聴会を受け、2017年2月に神奈川県障害者施策審議会に、津久井やまゆり園再生基本構想策定に関する専門部会を設置した。専門部会においては、津久井やまゆり園の再生について12回にわたる精力的な審議が行われ、「意思決定支援」「安心して安全に生活できる場の確保」、「地域生活移行の推進」を柱とする部会検討結果報告書が取りまとめられた。しかしながら第7回の専門部会においては突如として家族会からの異論、反論がなされた。

「この園の再生ということと地域移行というものを2つだけ見ますと、おかしいですよね。なぜ、園の再生に地域移行が出てくるのかおかしい、誰も理解できません。しかし、ここに利用者の声を聴けというものを入れますと、本人の意思確認、地域生活移行、園の再生とつながっていくのです。私たちが、なぜ地域移行は関係ないと言っているかと言いますと、私たちは正規の仕組みで支援計画に基づいて入所しています。他人から何だかんだと言われる筋合いはありません。住めなくなった、暮らせなくなった園を建て替えてくださいと言っているだけです。でも、そこに利用者の声を聴けという考え方を入れますと、園の再生と地域移行が正しいように映ります。私は、これは一種のレトリック（弁論術）だと思います。この不幸な事件を利用しようと考えていた人がいたとしか私には思えません」（堀利和編著『私たちの津久井やまゆり園事件――障害者とともに〈共生社会〉の明日へ』社会評論社、

２０１７年、61－62頁)。障害者団体と家族会・かながわ共同会のこうした対立は、戦後障害者運動とも底辺でつながっている。

２０１７年10月14日にまとめられた「津久井やまゆり園再生基本構想」では、地域生活を支えるための拠点として千木良地域と芹が谷地域の見取り図が示された。やまゆり園の内部は、解体前に報道陣に公開され、また、仮移転先の「芹が谷」(「ひばりヶ丘学園跡地」)の名称も公募され「芹が谷やまゆり園」に決まった。２０１９年６月８日には、県は、やまゆり園再生に向けた説明会を芹が谷園舎の家族会で行ったが、その時示されたのが千木良66名、芹が谷66名という内容であった。つまり、千木良も芹が谷も同規模の施設にするというものだ。県のこの説明に対し、家族会からは「意思決定支援担当者会議も終わっていないのに何の説明もない。施設の規模を変えるのは、家族を無視している」との意見があがった。そして「津久井やまゆり園再生基本構想」を受けて、「意思決定支援チーム」が編成された。利用者全員に対して、相談支援専門員、利用者担当職員、サービス管理責任者、県職員、市町村のケースワーカーらによる「意思決定支援検討会議」が利用者一人ひとりに対して、随時数回開催されることになった。

6．やまゆり園利用者支援検証委員会の発足

２０１９年12月５日、神奈川県議会本会議で黒岩祐治知事による「津久井やまゆり園」と新設する「芹が谷やまゆり園」の指定管理を見直し、新たに公募制を導入するという発言があった。その理由は、

同法人のかながわ共同会が運営する愛名やまゆり園の元園長の不祥事と津久井やまゆり園入所者の長時間の身体拘束など不適切な支援の事例が数多く寄せられたからだという。「再生基本構想」では、現在の指定管理期間（2024年度まで）は後継の千木良、芹が谷いずれの施設も「かながわ共同会」が運営するとしていたが、方針を転換。千木良は指定管理期間を短縮して再公募し、芹が谷は新設施設として公募するとしたのだ。知事の発言を受け、県は、「第三者委員会」を立ち上げ、津久井やまゆり園の支援の実態を調査することになった。そして2020年1月10日「津久井やまゆり園利用者支援検証委員会」（佐藤彰一委員、大塚晃委員、野澤和弘委員の3名）が発足することになった。同年5月「検証委員会」による「中間報告書」が公表されたが、この「中間報告書」をめぐって波紋が広がっている（上東麻子「やまゆり園の虐待調査、コロナに乗じて闇に？　神奈川県の中止宣言に疑問の声」『毎日新聞』2020年6月18日デジタル版）。

「中間報告」では、一部の利用者に24時間の居室施錠や身体拘束を行うなど、やまゆり園の「虐待」疑惑の実態が明らかになったのだ。また、同年5月18日の県の厚生常任委員会では「中間報告」のもみ消しや幕引きを図ろうとするような一部の県議や県職員の発言が相次いだことも背景にある（篠田博之「やまゆり園検証委報告と今後の検証をめぐる騒動」『創』2020年8月号、44－53頁、渡辺一史・野澤和弘・平野泰史・松尾悦行・鈴木静「座談会：津久井やまゆり園と運営法人支援の実態と殺傷事件の背景」『創』2020年10月号、84－97頁）。こうした動きに対し、障害者団体などからも批判と反発が起き、県側は調査を継続せざるをえない状況となったのだ。そして「検証委員会」は新たな組織へと「改組」されることになった。それが、7月29日に発足した「障害者支援施設における利用者目線の支援推進検討部会」である。

この「検討部会」は、「神奈川県障害者施策審議会」の部会として先の検証委員3人を含む10人から構成されている。検証によって明らかになった課題は津久井やまゆり園だけではなく、他の障害者支援施設にも当てはまる普遍的な課題であると考えられるからだ。「検討部会」では、津久井やまゆり園に加え、県立障害者支援施設のうち、県直営の中井やまゆり園、さがみ緑風園、指定管理施設の愛名やまゆり園、厚木精華園、三浦しらとり園の合計6施設を対象として、支援の検証を行うとともに、利用者目線の支援など、障害者支援施設における未来志向の支援のあり方を検討することを目的とし、6施設へのヒアリングを行っている。そして2021年2月22日、「検討部会」の「報告書」(素案)が公表された。「報告書」(素案)では、職員に身体拘束は禁止であることの認識が低く、身体拘束ありきの支援を行っている事例などがみられたことから、「利用者目線の支援にはなっていない状況が確認された」ことが指摘されている。また、虐待ゼロを目指す取り組みとして、考え方の改善や虐待通報の徹底、不適切な支援をチェックできる組織体制づくりなどを提示した。今後については、「県立障害者支援施設の役割として民間施設で受け入れ困難な重度障害者を受け入れてきたが、大規模施設に集約して支援することは限界がある」とし、民間施設を含め県全体での議論の必要性を掲げている。そして「検討部会」は、3月30日黒岩知事に「報告書」を提出した。

7. 追悼集会

2016年8月6日の午後、東京大学先端科学技術研究センターホールで「津久井やまゆり園」で亡くなった方たちを追悼する集会が開かれた。集会には約200人の参加者が集まったが、冒頭で、真っ先に読み上げられたのが、被害者家族からのメッセージであった。

亡くなった被害者の実名が報道されていない件についての是非が問われているようですので意見を述べさせていただきます。私は親に弟の障害を隠すなと言われて育ってきましたが、亡くなった今は名前を絶対に公表しないでほしいと言われています。この国には優生思想的な風潮が根強くありますし、全ての命は存在するだけで価値があるということが当たり前ではないので、とても公表することはできません。加害者に似た思想を心の奥底に秘めた人や、このような事件の時だけ注目して心ないことを言ってくる人も少なからずいるでしょう。家族は弟と生きるために強くなるしかありませんでした。その力の源をある日突然にあまりにも残虐な方法で奪われてしまったのですから、しばらくは立ち向かうことができません。今はただ静かに冥福を祈りたいという思いは他のご家族も一緒なのではないでしょうか。

続いて読み上げられたのが、津久井やまゆり園元職員である私のメッセージであった。

私個人は、亡くなった方や負傷者の氏名が匿名であるのは、違和感を覚えます。逆説的にいえば、「障害者はいなくなればよい」という容疑者の主張を正当化することにつながりかねないからです。被害者にはその人なりの人生があったはず。これを契機に障害者に対する匿名報道について議論や、障害者への関心を高めていかなければならないと思います。被害者の方々のご冥福をお祈りします。

犠牲者の名前がないことを悲しく感じたのは私ひとりではない。被害者家族のこのメッセージは、テレビ朝日の『報道ステーション』でも報じられ、反響を呼んだ。「この国には優生思想的な風潮が根強くあり」、「全ての命は存在するだけで価値があるということが当たり前ではない」。「加害者に似た思想を心の奥底に秘めた人」や、「このような事件の時だけ注目して心ないことを言ってくる人も少なからずいるでしょう」。これはとても重たい言葉であるが、端的に今日的状況を表現しており、今も変わっていない。2016年10月16日、園と家族会の主催による「非公開」の「お別れ会」が開かれたが、この被害者家族を含めた3名については、名前も遺影もなかったのである。それだけに、このメッセージは重く受け止めなければならない。私が被告との面会を通してわかったことは、被告自身は、犠牲者の氏名が書かれた「起訴状」を弁護士を通じて見せてもらったということである。遺族や被害者家族の全員が裁判の傍聴を希望しているかはわからない。なぜなら、横浜地裁による被害者家族向けの説明会に参加した家族は多くはないからである。ある遺族は意見陳述を行うであろうし、ある遺族は用意された特別傍聴席に座らない可能性もある。

では、なぜ、匿名にしなければならないのか。ある追悼集会では、次のように語られた。

亡くなった19人のそれぞれの親なり兄弟、家族が加害者という立場に立っているけれども、同時に社会の被害者でもあるのです。我が家にそういう子がいることを隠さざるをえない、恥と思わざるを得ないのは何だろうか。それは、社会という広い概念ではなく、世間というものなのです。世間が親を追い込んでいるのです。世間を作っているのは、私であり、皆さんです。

この文章は、とても説得力のある説明である。私もその通りだと思う。「恥」という言葉や、「世間」という言葉は、日本的風土に根差した言葉であり、ある局面においてそれが露呈して、差別や偏見を産むのである。「自分」という日本語表現もそうであるが、西洋の個人主義的な「自我」や「自己」ではなく、集団主義という日本的風土が土壌にあるからではないかと考えられる。

だがしかし、「匿名性」の問題は、差別や偏見に留まらない。通常、私たちが目にする事件の概要や被害者の名前は、報道を通して知る。報道機関の情報源は、言うまでもなく警察発表である。すなわち、警察発表の段階で、安否確認を含め、被害者の氏名は公表されるのである。公表された氏名を実名にするか匿名にするかについては、被害者家族の意向を踏まえて報道機関が判断する。しかし、今回の事件では、警察発表それ自体が「匿名発表」である。これには皮肉にも２００５年４月から全面施行された「個人情報保護法」という大きな障壁がある。児童８人が犠牲となった２００１年の大阪教育大付属池田小事件では犠牲者の氏名が発表されたが、２０１３年のアルジェリア人質事件や、２０１６年７月のバングラデッシュのテロ事件でも当初、氏名や年齢は公表されなかった。もちろん、警察発表においては性犯罪に関する事例は、「匿名発表」になる場合がある。法の外に追いやり、法の及ばない境域を設け、排除したものをそこに合法的に置く。それが「匿名発表」だったのだ。これは、「主権権力による締め出しの構造」に他ならない。法治国家から法権利を擁護されているように見え、法的政治的には宙吊りにされているのである。

8. 犠牲者が障害者であるということ

報道という観点からすれば、名前を公表した方が、その人の人柄などを伝えることができ、国民の「知る権利」に応えることにはなる。だが、やまゆり園の事件では、実名を公表し、犠牲者の名前を知ったところで、それほど関心が高まるとは想像し難い。なぜか。それは事件の犠牲者が障害者であるからである。将来のある児童が殺された池田小事件や2019年5月28日の川崎殺傷事件、あるいは秋葉原事件のような白昼での無差別テロは、容疑者に対して執拗なまでの関心を抱かせ、大きな議論も沸き起こった。そこは、いつもの買い物やデートの場所であり、もしかしたら、自分もその場所にいたかもしれないと感じたからだ。小学校は、過去の自分の記憶や自分の子どもと重ね合わせることもできよう。だが、今回の事件は、犠牲者が障害者であり、接点がまるでないのだ。事件が起こった場所は、自分たちが暮らす地域とはかけ離れた、人里離れた場所であり、施設という囲いの空間なのだ。しかも、自分たちとは姿や形の異なる身体や精神をもった人たちであり、そもそも視野には入っていないのである。

では、なぜ、障害者は、特別扱いされなければならないのか。それ自体が差別ではないかという意見も当然あるだろう。障害者を主人公にした文学・芸術作品は多い。太古以来、障害をもった人はどんな社会にもある「聖なる存在」である。フランツ・カフカの『変身』の主人公、グレゴール・ザムザは、「巨大な害虫」であったし、『家父の気がかり』に登場するオドラデクは、「平べったい星形の糸巻のような雑種」であった。日本の昔話の「一つ目小僧」や「トーテム」もそうである。彼らは、家族的な共同体からは排除されながらも社会からは形式的には包摂された存在である。法や掟が支配する現実を超えた「聖なる存在者」なのだ。トーテムが「聖なる存在」であるという重要な条件は、もっとも醜くてグロテスクな存在であるからだ。ある境界を越えると最も否定的な価値のものが、最も聖なるものへ価値転換されるのだ。法は境界を画定し、境界の画定によって〈法外なもの〉を排除する力を行使する。この法と〈法外なもの〉のパラドックスを見極めることこそが、問題の本質を解明する手がかりになると考えている。

9. アウシュヴィッツを思考する

私がやまゆり園を去ってから、かれこれ10年以上が経った。今、私は大学の教壇で《アウシュヴィッツを思考する》というテーマの講義を行っている。アウシュヴィッツを語ることは、ヒロシマ、ナガサキ、そしてフクシマを語ることでもあり、犠牲者を事後的に追悼することでもある。歴史的には、ユダヤ人は、ヨーロッパ・キリスト教文明社会のなかで、西欧近代の「隠された自己」、「内なる他者」として特異な存在であったが、アウシュヴィッツの〈以前と以後〉では、ユダヤ人に対する歴史認識も大きく変化している。アウシュヴィッツの普遍性の原理によって、抹殺=消去の対象となったのは、ユダヤ人だけではない。障害者もこれに含まれていた。彼らは、いわば、スケープゴート（身代わりの子羊＝生贄）となっているのである。アウシュヴィッツの原理とは、「同一性」の原理であり、そこには、「リスク」という名のもとでの「社会的排除」という、いわば、「隠された」暴力がある。それは理性の暴力である。法の根源には暴力（Gewalt）があり、支援や援助の根源には暴力があるのだ。

フランツ・カフカの『変身』（Die Verwandlung）というタイトルの小説を想い出そう。会社勤めをしていた若い健全な肉体をもった青年が、ある朝、起きてみたら理由も原因もなく突然、自分が身の毛もよだつ恐ろしい「害虫」（Ungeziefer）に変わっていたという物語だ。小説が描き出しているのは主人公が、「害虫」になったその原因の探求ではなく、主人公グレゴールと、どのように接していけばよいかという家族の日々の暮らしである。それは障害をもって生きる人々が日常的に体験している感覚であり、周囲の家族の「苦悩」である。『変身』の結末では、グレゴールは、父親の投げたリンゴの傷が原因となって死んでいく。「害虫」が死んだ朝、家族は勤め先に休暇届を出してそろって郊外に出かける。これはどういうことであろうか。カフカが伝えたかったのは障害の克服ではない。障害者も健常者も同じ人間であるというのが実は、「幻想」に過ぎないという事実である。障害者も人間であるけれども別世界の人間だという健常者の本音をカフカは《グレゴール・ザムザ》を通して語っているのである。カフカのこの小説に「内なる優生思想」の本質が隠されている。自明といわれている日常的現実社会の「内なる他者」としての《グレゴール・ザムザ》という存在自体が、「障害」という「語り得ぬもの」の語りを可能にするのである。

第2章　証言するということ

事件直後から「共に生きる社会を考える会」の共同代表である太田顕さんと私の2人で始めた犠牲者19人の「生きた証」を残す活動、証言記録を残す活動は今や多くのメディアに取って代わられている。津久井やまゆり園の事件から半年を経て、NHKは2017年1月26日に「19のいのち」というサイトを立ち上げた。犠牲となった19人のプロフィールをイラストやエピソードを使って紹介し、関係者のコメントやいろいろな意見を取り上げている。CDを聞いたり、畑仕事をしたり、笑顔溢れる日常生活の生き生きとした姿が浮かびあがってくる。2019年現在、正式な形で手記を公表しているのは、41歳の男性の遺族のみである。26歳の女性、35歳の女性、60歳の女性、55歳の男性の遺族らは、時折、取材には応じている様子ではあるが、いずれも正式な形ではない。むしろ記事にされること自体、不愉快、不本意に感じる遺族も少なくない。私が、「証言」が必要だと考えるのは、取材のためではない。「匿名性」は、19人の存在を否定することでもあり、社会に存在したことを示すことができなくなってしまうことにつながるからだ。ややもすれば、事件そのものが虚構（フィクション）に陥ってしまうことを危惧しているのだ。

1. 証言の不可能性

ドキュメンタリー映画『ショアー』のクロード・ランズマン監督は、容赦のない同じ問いを執拗に問い続けている。証人であるとはどういうことか。ホロコーストの証人であるとはどういうことか。証人が単にある出来事を観察し、記録し、記憶するのではなく、ある出来事に対してまったく唯一無二の、代替不可能な地政学的な立場を取ることであるとすれば、証言するとは何を意味しているのか。代替不可能であることをその本質構造としている1つの物語を実際に語ってみせることに証言の唯一無二な点があるとすれば、証言するとは何を意味しているのか。ランズマンは、アウシュヴィッツの表象不可能性に抗して、ひたすら証言を集めるという形で、逆説的に証言不可能性を示そうとした。不可能な証言を証人に要求し、挫折を通して語り得ぬものを語っているのだ。『声の回帰――映画「ショアー」と〈証言〉の時代』（上野成利・細見和之・崎山政毅 訳、太田出版、1995年）の著者ショシャナ・フェルマンは次のように言う。

この映画が現実に証言の必須性を肯定しているとはいえ、まことに逆説的なことに、その必須性は証言の不可能性に由来しているものであり、その不可能性こそをこの映画は描いている。……この映画を横断している証言の不可能性、映画が格闘し、それに抵抗することでまさに自らを作りあげているこの証言の不可能性こそ、実のところこの映画のもっとも深遠でもっとも決定的なテーマである、ということである。『ショアー』は、ホロコーストを、目撃者なき出来事として、そして証言者をもその証言行為をも抹消する。歴史のなかで理解不可能な原光景が与えるトラウマ的証言として、描き出す。それによって『ショアー』は諸限界そのものを探究する。それは、証言行為の歴史的不可能性と、証人である――そして証人とならねばならない――という窮状を免れることの歴史的不可能性、この両者の不可能性を同時に探究することによってなされる。……証言は語ることの不可能性につまずき、同時にその不可能性についても語っているのである。(同書48－49頁)

言葉がたえず寸断され、極限なく分裂し、極度に断片化されることは避けられない。むしろ断片化のなかにこそ、その証言の意味内容が隠されているのだ。証言とは、単にある事実やエピソードを並べることでもなければ、記録や記憶されてきた事実を単に語ることでもない。証言とは証言しないことの審級であり、語ることの不可能性においてはじめて証言の可能性が開かれるのである。証言とは、聞き手の心に語りかけ、印象を刻印することによってのみ意味内容が開示されるのである。すなわち、それは「応答可能性」である。証言という行為は、本質的に非個人的なものであり、その内容は聞き手の判断に委ねられ、客観的な再構成の可能性を予想することになるのだ。以下、甲＝殺害された入所者、乙＝負傷した入所者、丙＝職員の順で紹介する。

2．犠牲者19人の「生きた証」

美帆さん（19歳女性　はなホーム）
かわいらしい笑顔が印象的で、人気者だった。

甲Bさん（40歳女性　はなホーム）
毎日の食事をおいしそうに食べていた。散歩やドライブ、一つひとつを楽しみながら過ごしていて、笑顔がすてきだった。

甲Cさん（26歳女性　はなホーム）
神奈川県内の保育所を卒園した後、希望して地域の小学校の普通学級に通った。パンが好きで、おいしそうに食べていた。

甲Dさん（70歳女性　はなホーム）
ソーラン節を歌うと喜び、もっと歌ってと頼んだ。「兄ちゃん」「兄ちゃん」と兄に会いたがり、兄が来園するとドライブに連れて行ってもらいニコニコしていた。

甲Eさん（60歳女性　はなホーム）

職員のバンドが演奏する時、前に来て体を動かしていた。いつもニコニコ。静かに自分の世界に浸っていた。重い病気になった時も、父の励ましに応えるように回復した。

甲Fさん（65歳女性　にじホーム）

リーダー的存在。洗濯物をたたむのを手伝ったり、トラブルを見つけると身ぶりで伝えたりしていた。行事のバンド演奏では壇上でリズムも取っていた。

甲Gさん（46歳女性　にじホーム）

日常的な会話や生活も可能で女性らしく、おしゃれ。服装も流行のものが多く、若いお姉さんが好きで後を追って歩いていた。誰にでも話しかける明るい性格だった。

甲Hさん（65歳女性　にじホーム）

ひょうきん。ポンと背中を押したりして職員や他の人をからかっていた。笑顔でいつも入所者の中心にいた。家族と外出すると一段とうれしそうだった。

甲Iさん（35歳女性　にじホーム）

フルーツとコーヒーが大好き。家族の愛情を感じながら笑顔で過ごしていた。

甲Jさん（55歳女性　にじホーム）

生き仏のようで純粋そのもの。いつもニコニコしている癒し系で大事にされていた。紙やひもを持って振ることが多く、紙袋のカサカサという音が好きだった。

甲Kさん（41歳男性　つばさホーム）

作業の時も普段も仲間たちを優しく見守っていた。短期利用で入所していた。

甲Lさん（43歳男性　つばさホーム）

野球や電車が大好きで、仲間と外出すると特に喜んだ。野球観戦で買ったレプリカユニホームが似合っていた。

甲Mさん（66歳男性　いぶきホーム）

月一度の家族訪問の日、笑顔で母親の手を引いて部屋に招き入れ、彼なりのもてなしをしているようだった。ラジオが大好きで、流れてくる音や声に興味津々だった。

甲Nさん（66歳男性　いぶきホーム）

横になって演歌をよく聴いていた。メンソールのクリームが好きで、手や鼻に付けると喜んだ。うわさ話をしていると、手を耳元に当て「聞いているよ」とのしぐさも見せた。

甲Oさん（55歳男性　いぶきホーム）

足が不自由だが、家族が訪ねてくると一目散に玄関に走っていた。職員でも気づかないことに気づいて教えてくれたり、昔の職員を気にしてくれたりしたこともあった。

甲Pさん（65歳男性　いぶきホーム）

テレビが大好きで、お茶目。出勤する職員を小走りに玄関まで迎えに来たりもした。散歩の時は声を出して、はしゃいでいた。職員、入所者、誰とでも仲が良かった。

甲Qさん（49歳男性　すばるホーム）

ボリュームのある低い声で職員によく話しかけていた。他の利用者を気にかけて職員に報告したりする思いやりもあった。趣味は囲碁と将棋で、職員と対局していた。

甲Rさん（67歳男性　すばるホーム）

畑仕事が得意で、日中活動では園芸の仕事を黙々とこなした。入所者同士のけんかを仲裁したり、職員の仕事を覚えたりして準職員と呼ばれ、学級委員のような存在だった。

甲Sさん（43歳男性　すばるホーム）

音楽が好きで、踊りを楽しみにしていた。普段はボーッと立っていることが多かったが、興奮すると、廊下でピョンピョン飛び跳ねた。

（以上、『東京新聞』２０１７年7月25日朝刊参照）

3．負傷した24人の人柄

乙Aさん（当時51歳女性　はなホーム）母の陳述

生まれたときから知的障害をもつ。障害区分はＡ－１。会話はできない。おなかがすくと「ハングリー」おなかが痛いと「おなかいたい」と言う程度。不愉快なことがあると「いや、もう」など、不機嫌な表情で言うことがある。事件後、私（母）から「植松に何か聞いたのか」と問うと「ノー」と答えたので、恐らく犯人に対しては「ノー」と言ったのではないか。身体の障害は特になく、若い頃は自転車に乗れるくらい、身体能力は高かった。やまゆり園は、市役所で紹介してもらい、私（母）は2～3か月に1回会っていた。

乙Bさん（当時45歳女性　はなホーム）父の陳述

生まれたときから自閉症。てんかんを持ち、障害区分6、療育手帳Ａ－１。養護学校に1年生から高等まで通い２００６年4月までは作業所で働き染め物をしていた。そのあとはやまゆりに入園が決まった。会話はできず、発声もできない。身体障害はなく、風呂、トイレ、布団を敷くことも自分でできる。やまゆりについて。私（父）たちが老いて死んだあとも面倒を見てくれるところを探した。2006年4月に入所。月に1回家族会の時に会い、寿司を持って行った。

乙Cさん（当時45歳女性　にじホーム）父の陳述

2歳から脳に重度の障害をもっていて療育手帳A－1。話はできず、ひらがなで名前を書かけるくらい。言葉は発せず、「あ」「う」などしか言えない。要求があるときは大声で泣くなどする。歩けるが、視力が弱く、介助が必要。食事は見ていないと散らかしてしまうので介助が必要。

乙Dさん（当時51歳男性　つばさホーム）母の陳述

1歳の頃、知的障害があることがわかった。障害区分6。会話については「あー」「うー」などだけで、意味が通じるようなことは言えない。音楽が好き。何を求めているか判断することはできる。しつけのために言うことは聞くが、すぐ忘れて同じことを繰り返す。身体障害について特に補助は必要ない。目や耳は異常ない。やまゆり園にはなじんでいて、逆に自宅に帰るとストレスなのか暴れることがあった。

乙Eさん（当時42歳男性　つばさホーム）母の陳述

視力聴力障害とダウン症。言葉を発することができない。身体障害者1級。養護施設には18歳の頃までいた。やまゆり園には18歳の頃から、月7~10日、短期入所させた。今回は21日~26日の間。息抜きや旅行で世話をできないときに預ける。第14回公判では、母の意向で「じゅん」という名前が公表された。

乙Fさん（当時35歳男性　みのりホーム）父の陳述

5歳の時、知的障害とわかった。重度で、療育手帳A－1。会話は理解できず、言葉を理解する能力もない。カードを示し伝えると理解し行動している。歩行はできるが食事、排泄は介助が必要。2008年6月ごろ入所。月1回家族会の時に会う。帰ってくると、妻に暴力を振るったりするので、帰宅することはない。

乙Gさん（当時41歳男性　みのりホーム）母の陳述

小学校2年のころてんかんの発作。自閉症、療育手帳A－1。「トイレ」「ごはん」など簡単な言葉は理解するが、自分から言葉を発することはほとんどない。日常生活はできるが、コミュニケーションができない。突然興味を示したものの方に行ったりするので目を離さず介助する必要がある。

乙Hさん（当時42歳男性　みのりホーム）母、兄の陳述

3歳頃「自閉症的知的障害」と言われた。療育手帳A－1、自立生活はできない。言葉を話せない。思うようにならないと暴力を振るう。甘いコーヒーが好きだが飲みたい時は、引っ張りながら冷蔵庫

のところまで連れて行く。身体障害はないが多動なので常に見ていないといけない。入所は25歳の頃。

乙Iさん（当時31歳男性　みのりホーム）父の陳述

生まれた時から、自閉症などの知的障害を抱え、療育手帳A－1、区分6。特定の単語「ピザ」、「チャーハン」、「グラタン」は理解できるが会話はできない。風呂嫌いで、給湯器からお風呂が沸いたとアナウンスが鳴ると「いやなの」と言うことはあった。２０１５年から入園。金曜から日曜、月１回帰宅。人好きで、他の入所者にすり寄ることもあった。

乙Jさん（当時23歳男性　みのりホーム）父の陳述

小学生前に自閉症と説明を受け、悪化。ケースワーカーのすすめで２０１２年10月から入所。身体障害はないが１人で自立して生活はできず、言葉を話せない。入所後会いに行くと乙Jは帰れると思い着替え始めたが、私（父）が先に帰ると大暴れをした。若いころから活発で暴れたら止められない。限界を感じ19歳になった後入所。

乙Kさん（当時41歳男性　みのりホーム）母の陳述

３歳の頃、自閉症と診断を受けた。療育手帳A－１。多動で、ばたばたすることがあった。トイレや着替えは自分でできるが、コミュニケーションは簡単な単語のみ。意思表示はできない。20歳から入所し、月に１回会っていた。

乙Lさん（当時42歳男性　みのりホーム）妹の陳述

4歳の頃、自閉症と診断。強度の不安を感じると、落ち着きがなく、大声を出したり、夜間に徘徊したりすることもあった。食事、トイレ、着替えなどは自分でできる。いらない時は「いらない」と意思表示も簡単にできる。2008年頃入所。月に1回会っていた。一時帰宅することもあった。

乙Mさん（当時41歳男性　いぶきホーム）父の陳述

療育手帳A－1、最重度の障害。食事、トイレ、歩くことはできる。徘徊癖がある。コミュニケーションは取れない。33歳頃入所した。年2〜3回くらい会いに行っていた。私のことを父として認識しているかはわからない。

乙Nさん（当時37歳男性　いぶきホーム）叔父の陳述

3歳くらいになっても話せず、知的障害の施設を紹介された。自閉症、療育手帳A－1。会話はできず、自分から話して意思疎通はできない。欲求が満たされないと壁をたたくなどあった。身体障害は特にない。2005年から園で生活している。

尾野一矢《かずや》さん（当時43歳男性　いぶきホーム）養父の陳述

3歳の頃、自閉症と診断された。中学生頃から発作を起こすようになり奇声を上げた。9歳の時に療育手帳Ａ－１の認定。やまゆり園が好きで、自宅に帰宅していても、「もう帰る」と言うようなこともあった。

乙Ｏさん（当時44歳男性　いぶきホーム）母の陳述

３歳の頃、自閉症と診断。療育手帳Ａ－１。会話はできず理解能力がない。身体障害はない。食事、排泄、入浴はできるが一部介助が必要。１９９６年から入所。月１回家族会で会い、一時帰宅はほとんどしてなかった。

乙Ｐさん（当時24歳男性　いぶきホーム）兄の陳述

生後半年で先天性脳性小児マヒの診断。四肢収縮で日常生活にも介助が必要で、車椅子だった。３歳児ほどの知能しかなく、「おなかすいた、あつい、さむい」などごく簡単なことしか話せない。２０１３年入園。月１回母と面会。園になじんでいるように見え、安心していた。

乙Ｑさん（当時43歳男性　いぶきホーム）両親の陳述

生まれて２週間でダウン症と診断。療育手帳Ａ－１の認定。少し動きは遅いが１人で歩け、食事やトイレも１人でできる。会話はできなかったが、身振り手振りなどで伝えていた。寿司を食べたければ寿司を握るようなそぶり。車のことを「ぶーぶー」。難しい言葉は理解できなかった。２００８年に入所。月１回家族会のときに会い、３泊４日で帰宅することもあった。

乙Rさん（当時26歳男性　いぶきホーム）父の陳述

自閉症とてんかん。療育手帳A－1。自傷することがあり目を離すと頭をぶつけることがある。会話は3歳程度。生理現象については「あー」「うー」などと訴えるが、家族には想像できる。身体には問題はない。自傷予防のために普段はヘルメットを着用。2006年養護学校を卒業し、入所。お盆や暮れに1週間くらい帰宅する。

乙Sさん（当時44歳男性　いぶきホーム）姉の陳述

生まれた頃から障害があった。区分6。言葉を発することはない。本当に簡単なことには表情を変えることもあり、要求する時は肩をトントンとすることもある。身体は不自由ではない。1人で歩き、トイレに行けはするが、自分の意思を伝えられず失禁することもある。入園から20年が経ち、今では園になじんでいる。

乙Tさん（当時45歳男性　いぶきホーム）父の陳述

出産時頭部を吸引し分娩。うまくいかず障害が残った。障害区分5。養護学校から高等部まで通い18歳で卒業。作業所で働いた。2003年に入園。会話はできない。「新聞取って」と言うと新聞を取ってきてくれた。思い通りにならないことがあると暴れることもあったが、言い聞かせれば落ち着いていた。身体障害は特にないが、介助がないと食事はできない。2003年から入園。週1回家族会などで会う他、日～水曜は帰宅、夏休み、冬休みにも帰宅していた。

乙Uさん（当時46歳男性　いぶきホーム）母の陳述

3歳の頃「知恵遅れ」と診断された。療育手帳A－1。会話は全くできない。身振りで意思疎通はある程度はできる。交通事故で左足を負傷。今も足を引きずっている。危険の認識がなく、補助が必要。日常生活についても一部介助が必要。週1回家族で会う。

乙Vさん（当時57歳男性　いぶきホーム）姉の陳述

3歳の健診で重度自閉症、パーキンソン病。四肢が不自由。簡単なことは理解していると表情からわかる。例えば「おなかすいている？」とかの問いには表情で答える。特に左手が動かず、両脚も不自由のため、1人で生活はできない。短い移動でも介助が必要。20年前くらいに入園。週1回面会し、園になじんでいて静かに暮らしている様子。

乙Wさん（当時25歳男性　すばるホーム）父の陳述

生まれたときから自閉症。知的障害があり療育手帳A－2、2009年から入園。IQが40程度。多少の会話はでき、多少の漢字は読める。行きたいところがあると、例えば「コンビニ行こう」と言うが、連れて行っても何かがほしいと個別の表現ができない。身体的障害は特になく、食事、トイレ、風呂は1人でできる。外出は行方不明になったことがあり、付き添いが必要。2009年に入園し、月1回家族会の時に面会。

（以上、第4回公判より抄録）

4．現場に居合わせた職員

丙Aさん（当時37歳　はなホーム女性職員）

生活1課配属。事件当日「はなホーム」の夜勤。

丙Bさん（当時39歳　にじホーム女性職員）

2006年厚木精華園非常勤職員、2008年同園常勤職員。2016年4月やまゆり園に異動。生活1課配属、事件当日「にじホーム」の夜勤。

丙Cさん（当時23歳　つばさホーム男性職員）

2013年生活3課に勤務、2016年1月から常勤職員。事件当日「つばさホーム」の夜勤。

丙Dさん（当時54歳　みのりホーム男性職員）

2016年4月にやまゆり園に異動。生活3課に配属。事件当日「みのりホーム」の夜勤。

丙Eさん（当時35歳　いぶきホーム男性職員）

2010年4月からやまゆり園に勤務。生活4課に配属される。事件当日「いぶきホーム」の夜勤。

公舎から駆けつけた「つばさホーム」の男性職員

事件当日、後輩丙Cさんから携帯やLINEで連絡を受け110番通報。ホームに駆けつけて現場で対応にあたった。植松被告とは幼なじみ。やまゆり園への就職を紹介。

すばるホーム男性職員

2014年4月から臨時的任用、日中支援課の職員として勤務。事件当日「すばるホーム」の夜勤。

◇◇◇

追悼の言葉

裁判は終わりました。しかし、裁判では、皆さんへの謝罪の言葉は一切ありませんでした。あの日、あの時、一体、何があったのですか。人権が保障されているこの施設において、何も知らされないまま意思疎通がとれないと勝手に判断され、信頼をよせた職員によって無惨にも突然、命を奪われた19人もの皆さん。その無念さは、とても言葉では言い表せません。

事件以前から日常的にあったかもしれない不必要な身体拘束、居室への閉じ込め、さらには虐待や暴力を受け、それがどれだけあなた方を苦しめたのか。今もなお、施設での虐待が問題となっています。こんな不条理なことがあってもよいのでしょうか。自らを省みることができず、あなた方を守れなかった非力な私たち職員の至らなさをどうかお許し下さい。

あれから5年目を迎えようとしています。皆さんは、今、どうしていますか。2021年には、新しい施設が千木良と芹が谷に建てられます。皆さんの鎮魂の慰霊碑もあります。春には満開の桜を見上げ、夏には夕涼み、プールで泳ぎ、秋には収穫祭、寒い冬の雪の日にはジャンパーとマフラー、それに手袋をして牛鞍神社に散歩に出かけましたよね。今となっては、かけがえのない思い出です。散歩や買い物にもいっぱい行きましたよね。未熟な私にあなた方は丁寧に仕事を教えてくれましたね。これからも天国から見守っていて下さい。私たちは、あなたたちを決して忘れません。

第3章　初公判の前に

1. 裁判員裁判の前に

2020年1月8日から障害者大量殺傷事件の裁判が始まる。2月17日が論告求刑、3月16日には判決が言い渡される。審理の日数は、26日間である。「裁判の迅速化」が裁判員制度導入の目的の1つである。今までほとんど触れられていなかった被告自身の家族関係や幼児期の体験など、どこまで解明されるのか注目したい。

今回の裁判員裁判は、異例の「匿名裁判」である。傍聴席に遮蔽板（パーテーション）が設置され、遺族や被害者の家族などが、ほかの傍聴席から見えないようにする異例の措置がとられる。裁判においても被害者が特定される情報を伏せて審理される。公判では、被害者は、負傷の程度などによって「甲」「乙」「丙」の3グループに分けられ、「甲A」、「乙A」、「丙A」といった呼称がそれぞれにつけられ審理される。被告の弁護側が、薬物性精神障害による心神喪失状態だったとして無罪を主張することが2019年12月13日の報道で明らかになった。横浜地裁は、同日、公判前整理手続が終了し、2020年1月の公判で、刑事責任能力の有無などが争点となるとした。被告の弁護側は、薬物性精神障害の影響で事件当時、善悪を判断する能力が失われていたと訴える方針だという。いわば、「法」と「法外なもの」を判断する基準が精神鑑定であるというのだ。

精神鑑定は、3回行われている。1回目は、事件前の2016年2月に北里大学東病院に措置入院した際の精神鑑定である。第一指定医の診断では、主たる病名は大麻精神病、従たる精神障害は非社会性パーソナリティ障害、第二指定医の診断では妄想性障害（高揚気分、妄想、焦燥、易怒性・被刺激性亢進などを認める）とし、薬物性精神障害を併記した。2回目は、検察側の精神鑑定で「自己愛性パーソナリティ障害」という鑑定結果が出され、刑事責任能力は問えるとして、2017年2月24日起訴したのだ。その後、弁護側も精神鑑定を要求し、2018年8月末には終了し、「パーソナリティ障害」との診断が下された。被告の弁護側は、その後、裁判所に再度、精神鑑定を要求したが認められなかった。被告は一時期、立川拘置所に身柄を勾留されることもあったが、それは、精神鑑定のためである。被告は、6つの罪で起訴されている。横浜地検が2017年2月24日に発表した起訴内容の要旨は次の通りである。

2．起訴状の内容

①建造物侵入罪

社会福祉法人かながわ共同会「津久井やまゆり園」に入所している利用者のうち、意思疎通のできない障害者を多数殺害する目的で、２０１６年7月26日未明、相模原市緑区の同園敷地内に、通用口の門扉を開けて侵入した。

②殺人罪

園内で、いずれも殺意をもって、入所者（当時19歳）ほか42人に対し、身体を柳刃包丁等で突き刺すなどし、入所者（当時19歳）ほか18人をそれぞれ腹部刺創による脾《ひ》動脈損傷に基づく腹腔《ふくくう》内出血等の各死因により死亡させて殺害した。

③殺人未遂罪

入所者（当時51歳）ほか23人には、それぞれ全治約9日間ないし全治約6カ月間の前胸部切創、両手背挫創等の各傷害を負わせたにとどまり、その殺害の目的を遂げなかった。

④逮捕致傷罪

外部への通報等を防ぐなどのため、同園職員の身体を拘束しようと考え、丙A職員（当時37歳女性）に対し、包丁様のものを示しながら「騒いだら殺す」などと申し向け、逃げ出した職員を転倒させ、その後頭部を床面に打ち付けさせる暴行を加えた。さらに結束バンドでその両手首を緊縛して同園内を連れ回し、別の結束バンドで廊下の手すりに縛り付けるなどし、不法に逮捕するとともに、全治約1週間の傷害を負わせた。

また、丙B職員（当時39歳女性）に対し、顔面に暴行を加えた上、結束バンドでその両手首を緊縛して同園内を連れ回し、さらに、別の結束バンドで廊下の手すりに縛り付けるなどしたが、職員が隙を見て逃げ出したため、その腕をつかんでトイレに連行し、同所の個室内の手すりに縛り付け、不法に逮捕するとともに、全治約2カ月間の傷害を負わせた。

⑤逮捕罪

丙C職員（当時23歳男性）に対し、結束バンドでその両手首を緊縛した上、廊下の手すりに縛り付け、不法に逮捕した。丙D職員（当時54歳男性）に対し、包丁様のものを示しながら「こっちに来い、早くしないと殺すぞ」などと申し向け、結束バンドでその両手首を緊縛した上、廊下の手すりに縛り付け、不法に逮捕した。丙E職員（当時35歳男性）に対し、包丁様のものを示しながら、結束バンドでその両手首を緊縛した上、廊下の手すりに縛り付け、不法に逮捕した。

⑥銃刀法違反罪

業務その他正当な理由による場合でないのに、津久井やまゆり園内において、柳刃包丁等5本を携帯した。（朝日新聞取材班『妄信——相模原障害者殺傷事件』朝日新聞出版、2017年、84－86頁）

3. 「裁く」ということ

今回の裁判員裁判は、まず司法の姿勢、そしてメディアを含む私たちの裁判に臨む姿勢が問われている。警察による「匿名発表」、メディアによる「匿名報道」そして、裁判においても「匿名審理」である。裁判史上例のないこの「匿名審理」を司法はどう説明するのか。遺族の意向と称して匿名扱いにし、遮蔽板（パーテーション）で仕切るという対応は明らかに「例外状態」である。法権利を停止＝宙吊りにし、例外化しているのだ。今回の異例な対応が前例となり、今後もこのような対応がとられるのではないかと危惧する。

裁判の焦点となるのは、「法」と「法外なもの」に司法がどう判断を下すかということである。起訴状に記された事実関係は概ね間違いないし、被告も認めるであろう。検察側の精神鑑定では、被告は「自己愛性パーソナリティ障害」と認定され、刑事責任能力は問えるとした。報道によれば被告の弁護側は、薬物性精神障害の影響で事件当時、善悪を判断する能力が失われていたことを理由に無罪を主張するという。しかし、面会時に確認してみると被告自身は、大麻の使用は認めているものの大麻の影響ではないと主張している。ここに弁護側と被告との認識の乖離がある。この乖離をどう解消するのであろうか。裁判員裁判というシステムの内部に入ると、その過程がわかりづらく、まったく見えなくなってしまう可能性がある。裁判員裁判というシステムのなかでは、私たちが常識に従って行動することが、必ずしも司法の常識ではないのだ。何が常識的で正しい行為なのかは、訴訟をどのような角度から見るかによって異なる。訴訟過程においては、被告は弁護士に従うのが常である。被告は弁護士の忠告に従って訴訟の見通しを立てる。だが、弁護士は被告の意思を正確に理解した上で裁判を進めているわけではない。弁護士は自らの掟に従って物事を進めているだけなのである。

ここで筆者が思い出すのは、カフカの『訴訟』である。被告は弁護士が自分の立場を代弁しているのではないことに気づき、この違和感は裁判過程が進むほど大きくなる。結局のところ主人公のヨーゼフ・Kはその過程の主体になることができず、訴訟過程はヨーゼフ・Kの意思とは離れた別の過程として進行していくのである。カフカの『訴訟』では、裁判所は到達不可能な場所として、裁判官は不可視の存在として描かれている。『掟の門』に登場する門番は法に仕えるものであり、そこでの掟に従って行動している。門番は、人間の批判や誘惑には決して応じない。門番は最後に「これはお前だけの門だ」と言い放って門を閉める。門を閉めるという行為は「判決」そのものである。門番は門を閉めることによって役目を終えるとともに、「門の入り口は常に開かれている」という掟を破ってしまっているのである。そしてこの門番の経験こそが、「裁く」という経験の本質を示している。

「裁く」とは、障害者の立場、市民の感覚で裁くことではない。被害者や加害者の感情に同一化して裁くことでもない。ましてや、過去の判例から刑を決めることでもない。「裁く」とは、ある人の犯した行為を、その行為に付け加わった様々な「物語」を排除して、あたかも「法」がその人にだけ向けられているかのように自らの全責任をもって、法を適用するということである。これは単に法を厳密に適用することよりも圧倒的に難しいことである。「裁く」という行為は、裁く人にとてつもない責任と孤独を強いることになる。常識や感情といった日常的なレベルの判断で裁くならば、社会から排除することでしかないであろう。真の裁きの不在は、隔離や排除という社会防衛機能ばかりを強めていくことになりかねない。今回の裁判員裁判では、何が裁かれるのであろうか。あるいは、私たちは何を裁くべきなのであろうか。

4.『訴訟』とは

フランツ・カフカ（Franz Kafka, 1883-1924）の『訴訟』（Der Prozeß, 1925）は、長編小説として知られている。銀行員ヨーゼフ・Kが、30歳の誕生日の朝、突然逮捕され、判事にも弁護士にもまったく説明されず、わけのわからないまま審理が行われ、窮地に追い込まれていく作品だ。逮捕されたとはいえ、普段通りの生活をすることが許される。日曜日に裁判所を訪ねると、大勢の人間がひしめき合い、誰が誰やらわからないような光景を目にする。Kは、自分の逮捕が不当であることを主張し、官僚組織と役人批判をし、まくし立てる。Kは、その直後に、その場にいる誰もが役人のバッジをつけていることに気づき、動転しながら捨て台詞を残して去る。Kが告訴されたと聞いて叔父が田舎から突然やってきて、いろいろと口を出す。弁護士に相談するが事態は進展しない。冬のある日、Kは、銀行の取引先の工場主から、裁判所おかかえの画家を紹介してもらい、画家のアトリエを訪れる。『訴訟』の最終の大聖堂の章では、主人公のヨーゼフ・Kが教誨師である聖職者に呼び止められる。教誨師というのは、受刑者に対して、その非を悔い改めるよう教え諭す人である。その時、語られるのが『掟の門』という寓話である。このテキストは、法律家にもよく知られており、しばしば、現代思想の焦点にもなっている作品である。

5.『掟の門』（Vor dem Gesetz）

掟の前に門番が立っていた。この門番のところに田舎から男がやってきて、掟のなかに入れてくれと頼んだ。だが門番は言った。まだ入れてやるわけにはいかんな。男はじっと考えてから、たずねた。じゃ、後でなら入れてもらえるのかい。「ああ、そうだな」と門番が言った。「でも、いまはだめだ」。掟の門はいつものように開いていて、門番がわきに寄ったので、男は身をかがめて中をのぞきこんだ。それに気づいた門番が、笑って言った。「そんなに気にいったのなら、入ってみたらどうだ。おれの制止を無視して。だが忘れるな。おれには力がある。おまけに、おれは一番下っ端の番人にすぎん。広間と広間のあいだにも番人がいて、先の広間にいくほど番人の力が強い。このおれでさえ、3番目の番人の姿を見ただけで、大変な目にあうんだから」。こんなやっかいなことがあるとは田舎の男は考えてもいなかった。掟というものは誰にでもいつでも開かれているべきじゃないか、と思った。しかし、毛皮のコートを着た門番をこれまで以上にしげしげとながめ、大きくてとんがった鼻、長くて細くて黒い韃靼《だったん》ひげを見て、男は決心した。いや、やっぱり待つか。入ってもいいぞと言われるまで。門番に腰かけをすすめられ、門扉のわきにすわった。そこに何日も何年もすわっていた。入れてもらえるよう、あれこれ試み、しつこく頼んで門番をうんざりさせた。門番はしばしば、尋問するような口調で、故郷《くに》のことなどあれこれ質問した。しかしそれはお偉方がするような気のない質問で、最後にはいつもこう言った。まだ入れてやるわけにはいかんな。田舎の男は、この旅のためにたくさんのものを準備してきていたが、門番を買収するために、たとえどんなに高価なものであれ、そのすべてを使った。門番はどれも受けとったが、受けとりながらこう言った。「受けとってやるが、ただそれは、おまえのためにすぎん。なにか、し忘れたことがあったんじゃないかと、おまえが思わんように」。長年のあいだ、男は門番をほとんど休まず観察した。ほかにも門番がいることを忘れ、この最初の門番こそ、掟に入る唯一の障害に思えた。男はこの不幸な偶然を、最初の何年かは思慮もなく大声でのろった。後になり年をとってからは、ひとりでボソボソとつぶやくだけだった。子どもっぽくなった。長年にわたる門番研究のおかげで、毛皮の襟《えり》にいるノミまで見わけることができたので、ノミにまで頼んだ。ひとつ助けてくれんか。門番の気持ち、変えさせたいんだよ。とうとう男の視力が落ちてきた。実際に周囲が暗くなったのか、自分の目だけが見えにくくなったのか、男にはわからない。しかし男はいま、掟の門扉から消えることなく漏れてくるひと筋の輝きに気がついた。命はもう長くなかった。死ぬ前、頭のなかで、これまでのすべての時のあらゆる経験が収束して、ひとつの質問となった。これまで門番にしたことのない質問だ。男は門番に手で合図した。硬くなっているからだを起こすことができないからだ。門番は男のほうに身をかがめてやった。からだのサイズが男には不都合なことにすっかり変わってしまっていたのだ。「いまさら、なにを知りたいんだ」と門番がたずねた。「満足するってことを知らないのか」。「みんな、掟のところにやってくるはずなのに」と男が言った。「どうして何年たっても、ここには、あたし以外、誰もやってこなかったんだ」。門番には男がすでに死にかかっていることがわかった。聞こえなくなっている耳に聞こえるような大声でどなった。「ここでは、ほかの誰も入場を許されなかった。この入り口はおまえ専用だったからだ。さ、おれは行く。ここを閉めるぞ」（丘沢静也訳『変身／掟の前で他２編』光文社古典新訳文庫、２００７年、１５１‐１５５頁）

テキストは、掟であり、鍵がなければ入ることができない。テキストは、開かれてはいるが、テキストを守っているのは門番である。だが、鍵を握っているのもまた門番である。門番とは、法律家であり、マスコミ関係者であり、遺族であり、批評家である。彼らは、門番であると同時に田舎男である。彼らは頑なにテキストを守っている。すなわち、掟とは接近可能であるにもかかわらず、接近不可能な物語なのである。テキストは、掟のように自らを守っているのだ。テキストを見た瞬間に読者がたじろぐのは、この接近不可能性である。カントは、掟は尊敬されるべきだと言った。カントによれば「尊敬」の感情は掟の結果＝効果にほかならず、それは掟にのみ帰せられ、掟の前でのみ正当に現われる。尊敬の念が人間に向けられるのは、その人格が、掟は尊敬されねばならぬことの模範を身をもって示す限りにおいてのみである。掟も人格も人は直接的なかたちで接近することは決してない。人はこれらの審級のいずれの前にも直接的に立たされることは決してない。迂回は限りなく続くのだ。

カフカの『訴訟』に挿入されている『掟の門』という寓話は、接近不可能な物語である。だが、法と「法外なもの」という視点から考察する時、有益な論点を提示している。すなわち、法と「法外なもの」を線引きする「境界」は何かという問題である。「法外なもの」として扱われた者たちが、自らを法の外部に追いやっている法に向き合う時、直面する問題はまさにこれである。それゆえ、「法外なもの」として扱われた者たちは、批判の対象を法それ自体に向けるのではなく、法や掟の前の社会的な偏見や差別に向けているのだ。法に対する批判が困難なのは、批判の対象である法が批判後も存続し続けているからに他ならない。それどころか、法にとって法の外部に追いやられた「法外なもの」こそが、非合理的であったという論理が構築されてしまうのだ。法に対する批判を困難にしている問題は、「法外なもの」は、法それ自体が産み出しているにもかかわらず、法を批判するためにこの問題を解こうとすると法が批判の対象から逃れてしまうということだ。法は、境界を画定し、境界の画定によって「法外なもの」を排除する力を行使する。この法と「法外なもの」のパラドックスを見極めることこそが、法批判を困難にしている問題に対して応え、法を批判の俎上にのせることができるのではなかろうか。

現代思想を代表するイタリアの哲学者ジョルジョ・アガンベンや、フランスの哲学者ジャック・デリダ、そして、ドイツの哲学者ヴァルター・ベンヤミンらが参照しているのがカフカの『掟の門』のテキストである。アガンベンはこのテキストのなかに「主権の締め出しの構造」を読み取っている。法は、主人公に対して、法の適用を外すことによって法を適用し、法外に遺棄することで締め出すとする。権力は、何者かを外部に排除し、同時にその何者かを外部で包摂するものであり、それこそが権力の基盤だからだ。デリダは、法の「神秘的基礎」には「行為遂行的な力」(force performative) が働いているという。法を解釈するとは、ある具体的な状況を前にして、ある言葉を、その状況に妥当するものとして効力あるものとして状況に当てはめることだからだ。法は、人々の行動を強制し、人々に法を自明の「正義」と信奉させるとしている。「行為遂行的な力」は、法を繰り返し遵守し、信奉させることを強いる力を含んでいるからである。ベンヤミンの議論では「暴力」自体が「法外なもの」として原理的に規定されており、「神話的暴力」と「神的暴力」が区別されている。「神話的暴力」は、法の内側の法暴力であり、法暴力の否定の根拠になるのが「法外なもの」としての「神的暴力」である。カフカの『掟の門』のテキスト解釈は論者によって異なるが、法と「法外なもの」をテーマにしていることに共通点が見出せる。法と「法外なもの」を線引きする「境界」は何か。そして、法・正義・暴力とどのような関係にあるのだろうか。こうした問いに応えるために、被告にも『掟の門』のテキストの感想をもらった。

6．初めての面会

2018年1月31日、カフカの『訴訟』の中の『掟の門』という短いテキストを大学ノートに貼って彼と面会した。被告の犯行予告の衆院議長宛ての手紙には、9・11や3・11を予言したともいわれる「イルミナティカード」の複写5枚、それにイラスト2枚が入っていた。犯行予告の手紙は、T4作戦の先駆けとなる「クナウアー事件」や、『中央公論』（1963年年6月号）に連載された水上勉の「拝啓池田総理大臣殿」を連想させるものであった。「クナウアー事件」とは、1938年暮れにライプツィヒ大学医学部小児科病棟で生まれたある奇形児に対し、その父親（クナウアーという姓、名は不詳、ナチ党員）が、ヒトラー直々に宛て、自らの子供の安楽死を懇願する手紙を出したことに始まる。またベストセラー作家である水上勉の「拝啓池田総理大臣殿」は、水上の娘が二分脊椎症であったことから、障害者問題を我がこととして受けとめ、1万字を超える長文をしたためたものである。「クナウアー事件」にせよ、水上勉の「拝啓池田総理大臣殿」にせよ、そして、「津久井やまゆり園事件」にせよ、最初は1通の手紙から始まっていることに共通点が見出せる。そのような思いをめぐらせながら被告に面会した。面会は1日1回のみ、3人まで入室できる。時間は30分である。

いざ、被告に面会してみると被告の彼は、誠実で、とても礼儀正しく、気さくな人柄で、どこにでもいるような好青年である。とても事件の首謀者だとは思えない。私の質問にも嫌な顔をせず、答えられる質問には笑顔で答えたのが印象に残る。

――善とは何ですか。

被告　人を幸せにすることです。

――悪とは何ですか。

被告　人を不幸にすることです。

――では、法とは何ですか。

被告　社会が安定して暮らせるようにする秩序です。それがロクでもないものを守ることになっています。

――それでは、暴力とは何ですか。

被告　肯定するべきではないが、会話ができないものに対しては、仕方のない手段です。

――正義とは。

被告　人が幸せになるためのルールです。

私は、犠牲者のエピソードを紹介しながら次のような質問を投げかけた。「犠牲者のなかで知っている人はいるか」。被告は、ためらいながらも次のように答えた。「名前は、はっきりとは覚えていないが、35歳の女性は報道を見て知ってます」。新聞記者同席の遺族の面会の様子も伺い知ることができたが、弁護士から、犠牲者のリストを見せてもらったというのには驚いた。被告は一通り、弁護士から説明を受けている様子であった。被告が『獄中手記』で参照した「世界人権宣言」も弁護士から見せてもらったそうだ。

私が『掟の門』というこのテキストを選んだのは、様々なメディアやジャーナリストが、被告に接見するなかで、そのほとんどが、事件の動機や真相の解明、遺族への態度など同じ質問を繰り返すだけで、事件の本質を捉えていないと感じたからだ。確かに、それで明らかになったこともある。だが、一方的に被告を断罪するだけでは、この事件の本質を見誤る恐れがある。なぜならば、問題の本質が、悪魔的に浅はかで短絡的にしか見えない事件によって隠されてしまっているからだ。では、被告は何を問いたかったのか。そこのところを理解しない限り、通常の単なる殺人事件と同じになってしまうのではないか。謝罪を求める面会ではない。今更、謝罪をしたとしても誰も認めないであろう。だとすれば、この事件の本質はどこにあるのか。私自身、被害者家族や遺族とも面会を重ねてきたし、遺族が匿名を望む理由もよく理解できる。そこで、今回、カフカの『訴訟』に登場する教誨師のような役割を演じて、被告と接見することにした。面会時、『掟の門』という短いテキストを音読し、彼と議論をした。被告の彼は、カフカについてよく知らない様子であった。このテキストは、法律家のみならず、学者にもよく知られている作品である。現代思想を代表するアガンベンをはじめ、ショーレムやベンヤミン、それにデリダやカッチャーリも参照しているこのテキストを彼自身が、どう考えるのか、どう解釈するのか、そしてどう描くのか。私にとってはとても興味深いところである。そこで、彼自身の体験を踏まえ、レポートしてもらうことにした。レポートというよりは、文学の「ロールシャッハ・テスト」である。これが、私にとっての裁き＝審判といってよいかもしれない。被告にはカフカの『訴訟』を差し入れ、やまゆり園に勤めていた当時の様子や、問題関心に合わせてレポートを書くように原稿依頼した。以下が、被告のレポートである。

7.『掟の門』を読んで

この度はフランツ・カフカの「掟の前で」のレポートを頼まれましたので私の感想を書かせていただきます。西角先生は、人を陥れ不幸を笑うような方ではありませんので、信用に値する人物なのですが、「とても有名な本」は、すでにあらゆる角度の解説がなされており、今さら私が話すことも残されていないように感じます。そもそも西角先生は障害者施設を「千と千尋の神隠し」に例えてしまうような御方です。一応はジブリの作品ですから、やわらかい表現かもしれませんが、つまりは妖怪の世界ということで、施設職員の中には「ベルセルクの化け物」や「進撃の巨人」に例える方もいました。これを「ヒドイ差別だっ!!」と憤る方もいると思いますが、それは的外れな指摘であり、明確な例えで、施設を利用するほとんどの障害者は「障害者」と呼べるような枠には入っていません。

法について

どんな犯罪でも無罪にできる心失者には、人権すら例外であると考えられます。しかし、どんな主張であれ今の「法律」は、殺人だと決められています。本来、法律は、「人間の感情」や「常識的な

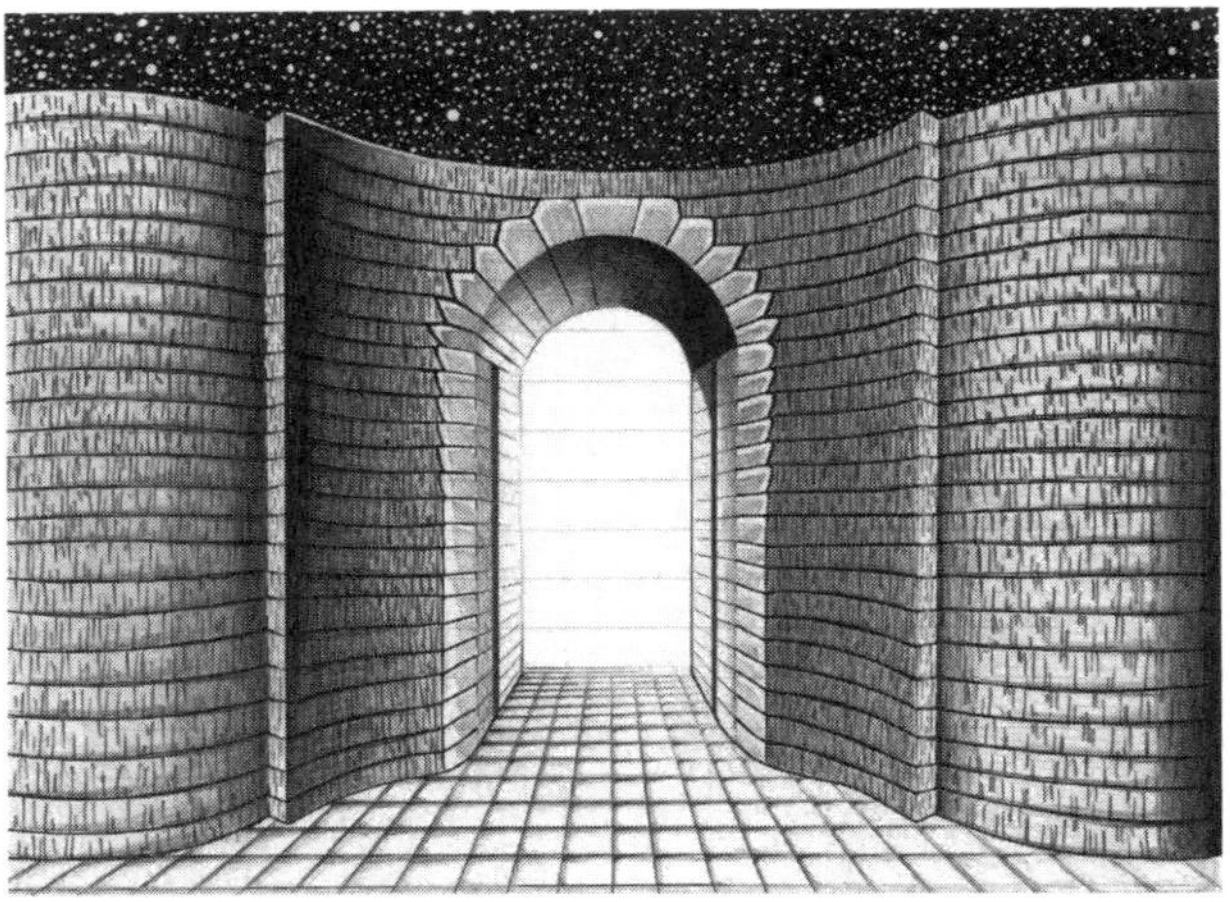

掟の門（植松聖・画）

生活」を守るためにありますが、今や心失者を守る盾になることが少なくありません。それが全てなら黒人は永遠に奴隷だし、ユダヤ人は全滅しています。

「法律で決められている」この言葉を使うのは弁護士や精神科医など「高学歴」「高収入」の人間です。負けるものかと勉学に励み、やっとの思いで手にした権力ですから、自分にとって無益で手間のかかる問題に触れるわけがございません。基本的に人間は自分の為でなくては行動できません。私は、「世界平和」を目的にしていますが、それはあくまでも商売として考えていますし、英雄として教科書に載るかもしれません。なにより、戦争で泣く少女を見て見ぬフリするより、意義がある人生と思えました。本来、「お金」は感謝の代価ですから、世界平和を実現できればブッチギリの金持ちになれます。とはいえ、心失者は超莫大な利権をつくっているため、それを壊す私が生き残ることもできないでしょうし、教科書に載ってもラクがき《ママ》されるだけで腹が立ちます。人間は信じていることを信じたい生き物で、人間の特性として、マジメすぎると思考のブレーキが効かなくなります。

そこを狡猾な者が利用してくるわけで、ブレーキがかかれば「これはおかしい」という勘が働きますが、悪い意味でマジメな人は、信じたことを疑おうとしなくなります。ウソの基本的技法とは、相手の聞きたがっている「良いニュース」を語ることです。結果的に、どれだけ論理的な説得より、狡猾な者の妄信を信用してしまいます。人のつくウソの中で最もありふれたものが、自分自身に対するウソです。人間は、あまりの真実には耐えられないものだそうです。日本の社会保障費は100兆円を超え、東京は、これから首都直下地震で30万人死ぬと想定されていますが、現在も人口は増え続けている通り、そんな恐ろしいニュースよりも、明るく儲かるオリンピックにしか目が届かないのです。これは「マインド・ブロック」とも呼ばれており、潜在意識レベルでマイナスに働く思考パターンの方が強ければ、恐れや不安のなかでなかなか前に進めません。どうして間違った法律を直さないのか、それは単純に「面倒臭い」から、もしくは、「手を出したら殺す」と脅かされてるからかもしれません。私でも判る問題に、頭の良い人達が気づかない訳ありません。安楽死や尊厳死、大麻の合法化は、人間が幸せに生きるため必要不可欠なルールですが、日本では「犯罪者」としてタイホされてしまいます。人に嫌われたい人はいませんから、善い行いは全て教育によって学習できると考えております。

暴力について

暴力は、物理的に限らず言論の暴力も存在します。障害児の家族は平気で嘘をつきますし、都合が悪くなると机を叩きながら大声で威嚇します。面倒で怖いので誰も関わりません。おかしい方を守れば、おかしくなっても仕方無いと思います。意思疎通がとれないものを、どうして「人間」として扱

フランツ・カフカ（植松聖・画）

うのか、法律を信じて疑わない方には考えることができません。加えて、価値とは、それを取得するために支払われた対価にもとづきます。人生の多くを浪費した家族が現実を認識するのは極めて困難です。障害者の家族は、「私達は幸せだ」と発言されますが、不幸に思う人もいます。幸せなら自分の家で、自分のお金で育てるべきです。施設で働く職員が重度障害者の親になった時は「目の前が真っ暗になった」と云いました。御遺族の気持ちは判りますし、亡くなられた方々に申し訳ございませんが、仕方が無いと考えております。人間は命令に責任を押しつけ思考を止めることでどんな悪業も行うことができます。第二次大戦後、閉じこめられてガリガリに痩せ細ったユダヤ人をみてドイツ人は、「知らなかった」と口を揃えましたが、「ウソだ。あなた達は知っていた」とユダヤ人は言いました。インターネットでつながれた情報社会は、現代戦争が悲惨で地獄であることを知りつつも黙殺しています。手足を縛り戦車で踏み潰し、檻に閉じこめてプールに沈め、首に爆弾を巻きつけて殺す動画をみました。彼らの表情が脳裏に焼きついています。人間が集まればヒエラルキー（みえない階級）が発生し、その場に最も適応した人間が尊敬されます。つまり、殺戮が認められる空間では、それが一つの正義となります。彼らは政治不正による歪みが産みだした被害者です。

正義について

「正」という漢字を読むと、3画目のでっぱりには無理があると判ります。正しい事をすれば悪党が泣く事になり、皆が笑う事はありません。そういう事を考えるのは空想家であり、ほらふきであり、結局はなにもしません。カントやカフカは100年、200年前から人類の道徳的問題提起を挙げていますが、その識見はごく一部の人間にしか知り得ないように感じました。カント「正義はなされよ、たとえ悪党が滅びるにしても」。カフカ「正義の神はじっとしていなくちゃ。でないと秤がゆれて、正しい裁きが下せない」。悪からすれば正義は悪で、友が多ければ秤もズレてしまうかもしれません。カントやカフカに限らず人々は、「悪を倒す」と宣言しています。恐縮ながら〝理性と良心〟がなければ人間と考えることはできません。

（以上は植松聖による『掟の門』のレポート）

8. カフカの世界

一般的には、『掟の門』のテキストは法の内側と法の外側の世界の問題として捉えられている。例えば、カフカの『変身』の世界を考えてみよう。会社勤めをしていた若い健全な肉体をもった青年がある朝、突然、「巨大な害虫」に「変身」する物語である。だが、変身するのは主人公だけではない。『変身』の父親は、息子が害虫に変身するやいなや、突然、体内に力をみなぎらせ、やがてこの害虫にリンゴを投げつける暴力的な家長に変身するのである。権力をもつ家長によって掟の外に追いやられたのが主人公のグレゴール・ザムザである。家族が掟＝法の世界だとするとグレゴールは、まさしく、家族から置き去りにされた「法外なもの」である。今日でいえば、コロナ禍での家庭内隔離、引きこもり、ホームレス、ニート、DV、児童虐待などをもこの図式で捉えることができる。家族から見捨てられ、邪魔者扱いされ、社会に放り出された状態である。グレゴールは、家族から厄介者扱いされたもののアレゴリーである。この描写を端的に表しているのが、カフカの『変身』である。

被告は、法そのものが今や「心失者」を守る盾になっていると主張しているが、これは、刑法39条の問題である。刑法39条には、「心神喪失者の行為は、罰しない」、「心神耗弱者の行為は、その刑を減軽する」とある。つまり、心神喪失者、心神耗弱者は、罪を犯しても責任能力には問えず、減刑することが定められている。こうした状況下において2001年に大阪教育大付属池田小学校の事件が発生した。そして、この事件を契機にして、2003年にいわゆる「医療観察法」が制定されたのだ。「医療観察法」とは、「心神喪失等の状態で重大な他害行為を行った者の医療及び観察等に関する法律」である。重大な他害行為（殺人、放火、強盗、強制わいせつ、傷害）を行った人に対して、適切な医療を提供し、社会復帰を促進することを目的とした制度である。この「医療観察法」が成立することによって、心神喪失または心神耗弱と認められて不起訴処分になった場合、あるいは裁判によって無罪や減

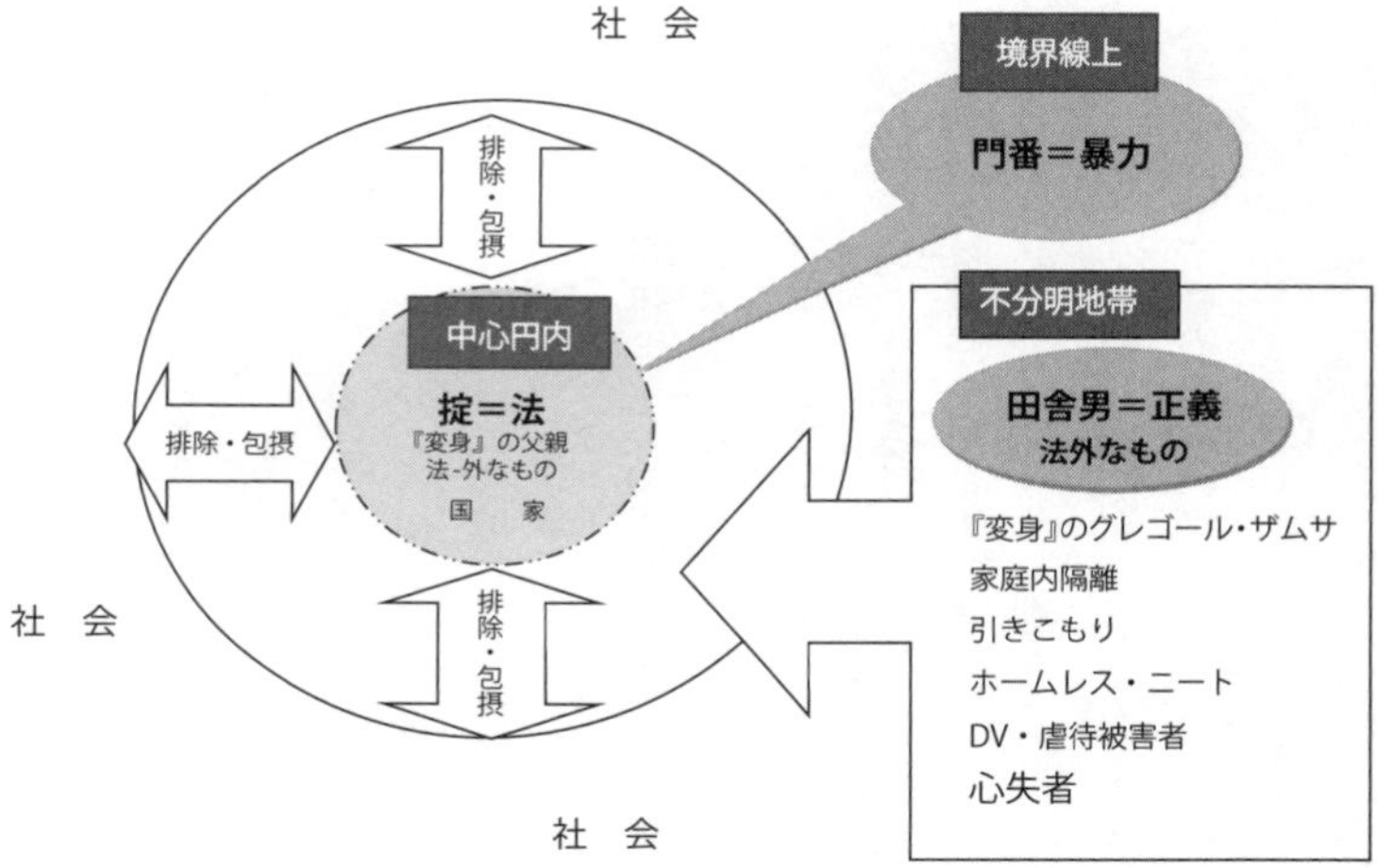

『掟の門』の構造（筆者作成）

刑が確定した場合に検察官が地方裁判所に「医療観察法」による審判を申し立てることができる。つまり、「法」のなかには、「法外なもの」があり、「法外なもの」のなかにも「法」があるのだ。「法」は、起源としてあるのではなく、「法」を産み出す「法外なもの」があり、それによって「法」が成立するのである。それが「法-外なもの」の意味である。「法外なもの」とは混沌とした無秩序状態であり、こうした状況下において「法」が成立するのである。だが、「法」が成立してもそれですべてが完結するのではなく、「法外なもの」が新たに立ち現れる。つまり、「法」は、「法外なもの」を内包すると同時に「法外なもの」を排除する力をもち合わせているのである。法がいったん成立すると法は、正義として人々を信奉させ、遵守するように訴える力をもつのだ。法の外に追いやり、法の及ばない境域を設け、排除したものを合法的に置く。それが『掟の門』だ。

被告は、暴力は、物理的に限らず言論の暴力も存在すると述べているが、これは面会した障害者家族に叱責された経験が大きい。被告は「意思疎通がとれないものを、どうして『人間』として扱うのか」を問うている。なぜか。それは、理性と良心をもっていないからだという。「自己認識ができ」「複合感情が理解でき」「他人と共有することができる」。それが被告のいう人間の条件である。カントは、人間には、理性と良心、人格の尊厳が備わっているとしたが、健常者や、成人男性を前提にし、障害者や女性、子どもを対象にはしていなかった。カント哲学が法＝掟の内側の「理性的なもの」であるとすれば、法＝掟の外側にあるのが狂気や暴力といった「非理性的なもの」である。理性が暴力や狂気に変容する問題に対して回答を与えたのが、20世紀の思想家たちであった。

哲学的な議論はともかく、被告はそもそも障害者と意思疎通をとろうと努力をしていたのかといえば、疑問を感じざるをえない。むしろ、浅はかな知識で短絡的に判断したようにさえ感じる。安楽死にせよ、尊厳死にせよ、本人の意思の確認が前提だからだ。当事者の意思確認抜きで、「安楽死させる」などと語るのは危険な考え方である。これは、法＝掟の内側の強者の立場の論理である。だからこそ、意思決定支援が欠かせないのである。わが国では２０１１年障害者基本法改正時に権利擁護で「意思決定の支援」への配慮が明記され、２０１３年施行の障害者総合支援法で「意思決定の支援」への配慮が行政や事業者の努力義務とされた。普段の日常的な支援においても、支援そのものが自己目的化していく事例もある。それが、虐待・暴力へと変容し、社会問題化している。これが、法・支援の自己目的化である。

障害者の家族は、苦労は多くなるかもしれない。施設にあずける家族もいれば、在宅でみる家族もいる。それは個々の事情によるものである。重要なことは、障害があろうとなかろうと、家族は、わが子を障害者としては見ていないということである。息子であり、娘なのである。だからこそ、障害者家族は激高するのである。被告は、「価値とは、それを取得するために支払われた対価にもとづく」と語る。重度障害者を養うのに膨大な社会保障費、人件費、労働力が費やされ、それに見合っていないという。だが、数量化で図られないところに介護の仕事の魅力がある。確かに利用者満足度調査であるとか、利用者に様をつけ、お客様扱いする風潮であるとか、これは偽善かもしれない。障害者を商売の対象としてしか見ていないからだ。法の内側にいるのが、健常者であり、福祉施設の職員であるとすれば、法の外側にいるのが障害当事者や家族である。法暴力によって法外に追いやられ、行き場を失う。法=掟の内側の人々は、法=掟の外側にいる人々を自由に操ることができ、法の内側には入れないのである。数量化されえない、正解がない世界だからこそ、やりがいがあり、面白味もある。この「法」と「法外なもの」のパラドックスが『掟の門』の世界なのである。

9. 法の逆説性

フランツ・カフカの『掟の門』では、門の内が法の世界、門の外が法外の世界と解釈されている。だが、法を法たらしめているものの一番中核にあるものは法=掟ではない。法の正統性は法によっては問えないので、法は、その起源において法自体の正統性を法ではないものに向けざるをえない。つまり、法ではないものに依拠して法自体を成り立たせなければならないのだ。法は法ではない外部を想定し、それを内に取り込む。『掟の門』の主人公が、門のなかに入り、到達しようとしたのは法を成り立たせている「法外なもの」なのではないか。では「法外なもの」とは何か。それは、端的には「暴力」である。『掟の門』の内側の世界は、『城』の高官たち、『訴訟』の裁判官たち、『変身』、『判決』の父親たちといった汚い権力者の姿に典型的に見て取ることができる。彼らは、人間社会の法＝掟を正しく律してゆかねばならない高位の存在であるはずなのに、そうした自覚も意志ももたないかのように「事務室や公文書保管室、住み古された黴臭くて薄暗い部屋」（浅井健二郎ほか訳『ベンヤミン・コレクション②エッセイの思想』ちくま書房、2017年、110頁）に住み着いている。出入りの禁じられた離れ部屋のなかで、だらしなく、半ばまどろみながらぼんやりとした日々を過ごしているに過ぎない、いわば、寄生虫のような存在である。

しかしこの寄生虫は、いざとなると何の前触れもなく、突然、「権力」に満ちた存在として立ちはだかり、人間たちに勝手な罪を宣告し、「権力」を使ってその存在を脅かす。『城』の太った役人クラムは、村の酒場にやってくると、いつも何もせずビールを前にして座ったままうつらうつら眠ってばかりいるが、実は絶大な「権力」を誇る城の高官である。ヨーゼフ・Kにやがて死刑判決を下す裁判官のひとりは、どういうわけか法律書ならぬ幼稚な学習ノートを抱えてKを審問する。息子のグレゴールに寄生するぐうたらに過ぎなかった『変身』の父親は、息子が害虫に変身するやいなや、突然、体中に力をみなぎらせ、やがてこの害虫にリンゴを投げつける暴力的な家長に「変身」する。『判決』の老衰した父親は、突然、ベッドから跳ね起き、気弱な息子に「溺死刑」を宣告する恐ろしい裁きの手と化す。これがカフカの世界なのだ。つまり、法＝掟がどれだけ合理的な形式をとったとしてもその根源には「暴力」があるということだ。普段、法はそれを隠している。カフカがやろうとしたことは、その秘密を浮かび上がらせることだったのだ。

読者は法が具体的な姿を現す場所は条文だと思うかもしれない。しかし条文ではない。法が存在する場所は《Der Prozeß》(プロセス)である。つまり、「過程」であり、「審理」であり、「訴訟」なのだ。「裁判」の場所に姿を現すのである。法が自らの起源を再生産するということは「法外なもの」を再生産することに対応している。「法外なもの」は、解釈のなかで再生産されるのだ。法の内側にある「法外なもの」が「暴力」だとすれば、法の外にある「法外なもの」とは法の外に追いやられた犠牲者たちである。法の外部にある「法外なもの」と法の内側にある剥き出しの「暴力」としての「法外なもの」が対峙しあっており、普段の国家の秩序、社会の秩序のなかで法の側が圧倒的な力をもって法支配という形で君臨している。そうした状況下において「正義」が実現されるとすれば、法外に追いやられた最も弱い立場にある犠牲者たちにたえず参照点を求めるべきではなかろうか。健常者のノーマルな生のみを肯定してしまうと犠牲者たちには救いも解放もないからである。

被告は、「世界平和のため」と称して、意思疎通のとれない障害者の大量殺傷を行った。それは、職員・支援者という強者の立場であった。職員であった被告には「利用者は不幸を産み出す根源」として映ったのである。対象に原因を求めるのではなく、支援者である主体の側に原因を求めなければならない。すなわち、認識主体の対象の構成である。入所者である以上、対象者にその原因を求めることはできない。支援の方法論を改めない限り、何度でも「悲劇」は繰り返されるであろう。

10. 川崎殺傷事件、京アニ放火事件、「れいわ新選組」について

障害者大量殺傷事件以降、類似した事件などが、度々起こっている。こうした事件について被告はどう思っているのか。以下では、被告との手紙でのやり取りを紹介する。

——２０１８年は、「座間事件」、２０１９年になっても「川崎殺傷事件」や農水省の事務次官の事件、「京都アニメーション放火事件」が起こった。「ひきこもり」を含めこうした事件についてどう思っていますか。

被告　自分が不幸だと、恐ろしいことを考えてしまうのだと思いました。ひきこもれる環境に問題があるよう映ります。誰もが生き生き働ける社会であればと思いました。お陰様で応援のお便りは本当に励みになります。しかし、「若い女を監禁して殺しまくる小説は面白かったので読んで下さい」と気色悪い手紙も届きます。彼は犯罪を重ねたあげく女性（27歳）を殺害しています。生き方を間違わないよう隔離すべきだったと考えましたが、いきなりおかしくなったのではなく、子供の頃からおかしかったと思います。誠実な先生方の全員一致で隔離すべきと思いました。アインシュタインやエジソンも「おかしい子ども」と云われましたが、人にえんぴつを刺したり、家に石を投げては「おかしい」の次元が違います。多少厳しくしても幸せを追及《ママ》できれば管理をして問題ないと考えております。

——参議院選挙で、「れいわ新選組」のＡＬＳ（筋萎縮性側索硬化症）の舩後靖彦さんと重度障害者の木

村英子さんが当選しました。彼らについてどのように思いますか。障害者の人が沢山、国会議員になればよいと私は考えています。そのようなことをしなければ国や社会は変わらないと思っています。

被告　神経の太い私でも重度障碍《ママ》者に意見しにくい所です。人の不幸につけ込むようで、後ろめたくなるからです。無理心中や介護殺人、社会保障費。この３つの大きな問題には「最低限の自立ができない」という共通点があります。日本人は「収入に応じてしかお金は使えない」という事実に気づくべきと思います。私は自分が、移動、食事、排泄ができなくなれば、自死は認められると考えております。「自殺」と「自死」は、死を選ぶ点で同じでも、意味合いが違います。「自死」は、心底立派と思いますし、逃げるのではなく、戦うために死を選択しているのは、安楽死される方々の表情から一目瞭然と思いました。

11. ＬＧＢＴ、強制不妊手術、ナチスの優生思想、アイヒマン裁判について

――「ＬＧＢＴは生産性がない」という議論や強制不妊手術の問題、ナチスの優生思想についてどう思っていますか。

被告　ＬＧＢＴでも働ければ、誰にも迷惑をかけていません。私が強制不妊に反対するのは、性的欲求が失われる恐れが有る為です。公言し難いだけかもしれませんが、働かない者に子どもを育てる権利はないと考えます。ヒトラーがユダヤ人を殺害していたのは知っていましたが、障害者をも殺害していたことは知りませんでした。ヒトラーと自分の考えは違います。ユダヤ人虐殺は間違っていたと

思っています。ヒトラーの間違いは、ドイツ人の幸せしか考えなかった事だと思います。一人の他人しか愛せず他の同胞には無関心だとしたら、それは愛ではなく共生的愛着、あるいは自己中心主義が拡大されたものだと思います。

――ホロコーストを指揮したナチスの幹部アドルフ・アイヒマンが戦後、ユダヤ人裁判官らによりエルサレムの法廷で裁かれました。防弾ガラスに囲まれた被告人席で「自分は上司の命令に従っただけ」と弁明し、テレビでも中継されました。アイヒマン裁判とは対照的に津久井やまゆり園事件は、障害者大量殺傷事件の裁判です。アイヒマン裁判では、被告人は世界中のユダヤ人によって裁かれましたが、障害者大量殺傷事件では、法廷の内外を問わず、大勢の障害者によって裁かれようとしています。この点についてはいかがですか。

被告　家族を急に殺傷し、大きな事件でご迷惑を御掛けした皆様に本当に申し訳ありません。どれだけの御世話になったかと考えるととても恐縮に思います。しかし、「反省していない」と訴えられるのは抵抗があります。御遺族から4400万円と7500万円の損害賠償を請求されましたが、それは彼らが奪っていた金額です。憤りを感じるお気持ちも判りますが、障害者施設に入所しているということは、面倒だからと考えています。

12．正義とは

被告は、『掟の門』のレポートでカントの『永遠平和のために』から「正義はなされよ、たとえ悪党が滅びるにしても」という格言を取り上げている。この格言は、ドイツ皇帝フェルディナンド1世の言葉、「正義はなされよ、世界が滅ぶとも（fiat iustitia, et pereat mundus）」をカント自身が解釈したものである。『永遠平和のために』には次のようにある。

「正義よ、なされよ、たとえ世が滅ぶとも」。やや大げさだが正しい。ただふつうは「正義よ、あれかし。世の悪党が滅びようとも」である。悪だくみや暴力行為を絶つべき法の原則である。悪党の数が減っても、世は滅びない。モラルの悪もまた、その特性と関係している。モラルの悪は自分との、また他人との謀《たくら》みのなかで自己矛盾をきたし、自己破壊を起こし、いつしか善の原理に場をあけわたすという性格をもつからである。（池内紀訳『永遠平和のために』集英社、2008年、86頁）

カントが繰り返して述べていることは人間の本性は、邪悪な存在であるということだ。人々はまがりなりにも法を尊重し、自らの権利を主張する。人々は法を廃棄することは考えず、法を通じて自らの権利を主張するが他者の権利も認めざるをえない。カントは法を普遍化する力に人間の悪の原理を克服する可能性があると考えた。永遠平和は、人間の利己心から生まれた自己正当化の応酬が少しずつ公法の状態を実現させ、正義を確立していくというのである。他方で、被告が取り上げているのが、カフカの「正義の神はじっとしていなくちゃ。でないと秤がゆれて、正しい裁きが下せない」という格言である。これは『訴訟』からの引用である。カフカの「正義の女神」は、ヨーゼフ・Kが画家ティトレリのアトリエで目にする絵画のモチーフとして語られている。「正義の女神」が登場するのは以

正義の女神

下の件である。

　画家は小さなテーブルからパステルを取り、人物の輪郭を細かい線で陰影をつけたが、それでもKははっきりわからない。「正義の女神だよ」と、画家がとうとう言った。「そうか、なるほど」と、Kは言った。「これが目隠しの布で、これが天秤か。でも、かかとには翼があって、飛んでるんじゃないのかな?」。「ああ」と、画家が言った。「注文だから仕方がない。じつはね。正義の女神と勝利の女神を一体にしたやつなんだ」。「組み合わせがよくないな」と言って、Kはほほ笑んだ。「正義の女神はじっとしてなきゃ。天秤が揺れるでしょ。公正な判決が下せない」。（丘沢静也訳『訴訟』光文社古典新訳文庫、２００９年、２１５頁）

　「正義の女神」は、ギリシア神話に登場する女神テミスである。目隠しをし、「剣」と「天秤」をもって静止しているが、このモチーフの中に正義のあり方が隠されている。司法・裁判の公正さを表す象徴・シンボルとして、古来より裁判所や法律事務所など、司法関係機関に飾る彫刻や塑像、絵画の題材として扱われてきた。女神が手に持つ天秤は正邪を測る「正義」を、剣は「力」を象徴し、「剣なき秤は無力、秤なき剣は暴力」に過ぎず、法はそれを執行する力と両輪の関係にあることを表している。目隠しは彼女が前に立つ者の姿を見ないことを示し、貧富や権力の有無にかかわらず万人に等しく適用されるべきとの「法の下の平等」の法理念を表す。『訴訟』ではヨーゼフ・Kの側に正義があるか否かは必ずしも明らかにされていない。『訴訟』の冒頭の一文「誰かがヨーゼフ・Kを中傷したに違いない」ということさえも一筋縄ではいかない。「誰かがおれを中傷したに違いない」という言葉もヨーゼフ・Kの心の声なのか判断に迷わざるを得ない。この両義性が作品全体を貫いているのだ。『訴訟』は、実現されえない正義の立場から法の不条理を告発するという図式には収斂しえない要素を含んでいる。

13. ヨーゼフ・Kとは誰か

2019年12月のある日、被告に面会すると43歳のつばさホームの男性の遺族、26歳のはなホームの女性の遺族が被告を相手取り、民事訴訟を起こしていることが判明した。遺族が、被告人に極刑を望むことは理解できるが、他方で、膨大な損害賠償を請求することはそもそも両立可能なのであろうか。これは、命の価値の問題である。『訴訟』には「いのちは尊い」、「かけがえのないもの」、「交換不可能なもの」としながらも、「交換可能」、「代替可能」という言説が隠されている。掟＝法の門とは告訴であり、個人はそこを介して司法のうちに巻き込まれていく。しかし、もっとも根本的で重要な告訴・控訴は、被告人自身によって言明される。つまり、告訴・控訴という門は、被告自身に向けられているのだ。裁判所は被告に何かを要請している。自分自身に対する告訴・控訴に踏み切らない限りはいかなる訴訟も存在しない。聖職者の語るところによれば、これが、「欺き」の意味である。門番は、「今、お前は入ることができない」、「この入口はお前のためだけにあった」と語っている。これは別の言い方をすれば、「お前は告訴されていない」、そして「告訴はお前だけにある、お前だけがお前を告訴することができる」ということを意味している。

『訴訟』の主人公ヨーゼフ・Kの Kの文字は通常、カフカ(Kafka)のKの文字だとされている。だが、Kは、単に中傷=誣告《ぶこく》(kalumnia)を指すだけでなく、誣告者(kalumniator)、すなわち、「偽りの告発者」のことも指している。つまり、主人公は、自分自身に向けて中傷的な訴訟を提訴したのである。こうした観点を踏まえるならば、誣告が『訴訟』の鍵となる。誣告によって訴訟を引き起こす「誰か」(jemand)とは、ヨーゼフ・K、植松聖その人にほかならない。それはいわば、「自己誣告」への誘いであり、逮捕され訴訟に巻き込まれるがままになることへの誘いである。聖職者もまた門の番人であり、聖職者も裁判所に属している。そして、真の欺きとはまさしく、門番の存在であり、もっとも低級の職員から、弁護士や最高位の裁判官にいたるまでの存在なのである。彼らの目的は他者を「自己誣告」へと導き、訴訟以外のいかなる場所にも通じていない門をくぐらせることである。法の外にいる国民が法のなかに入り「法」について議論し、「法外なもの」を再生産する、それが裁判員裁判である。被告は、「心失者」か否かで境界線を引き、「心失者」の殺傷を実行した。そんな線引きはあってはならないと我々は考えている。だが、被告が線引きされ、死刑に処せられるとすればそれはどうなのか。人を殺した人間は死刑制度によって殺害してもよいが、人を殺していない人間は殺害してはならないという新たな境界線が引かれる。そしてこの「法」と「法外なもの」の境界線は「生きるに値する生」と「生きるに値しない生」の境界線に他ならない。そして、この境界線は、国家の法に基づいているか否かといった制度的な違いに過ぎない。死刑制度には、個人は人を殺してはいけないが、国家は殺してもよいという大前提が隠れているのだ。この「法」と「法外なもの」の関係に司法はどのような回答を与えるのだろうか。

第4章　裁判から何が見えるか　はなホームの状況

1. 匿名裁判

障害者大量殺傷事件の裁判が横浜地方裁判所101号法廷で始まった。この裁判は、2016年7月26日未明、神奈川県相模原市にある知的障害者施設「津久井やまゆり園」で入所者など45人が次々に刃物で刺され、入所者19人死亡、職員を含む26人が重軽傷を負った事件の裁判員裁判である。公判では、今までほとんど語られなかった小中学校・高校、大学時代の友人・知人、元交際相手、当日勤務の職員の証言、風俗店の女性従業員の調書、理髪店、心理カウンセラーなどの証言が次々と証拠として読まれ、事件当時の全容がほぼ明らかにされた。今回の裁判員裁判は、異例の「匿名審理」である。この事件では、事件当初から「犠牲者は障害者だから」「遺族の意向」と称して警察当局は犠牲者の性別と年齢しか公表しなかった。警察による「匿名発表」、メディアによる「匿名報道」そして、裁判においても「匿名審理」である。公判では、犠牲者「甲」、被害者「乙」、職員「丙」の3グループに分けられアルファベットが割り当てられている。

なぜ、そうなるのか。司法の説明によると「被害者特定事項秘匿制度」があるからである。「被害者特定事項秘匿制度」は、2007年の改正刑事訴訟法で新設された。性犯罪被害者の保護を目的とするが、「被害者や遺族の名誉または社会生活の平穏が著しく害される恐れのある事件」も適用されている。被害者特定事項とはつまり、「氏名及び住所その他の当該事件の被害者を特定させることとなる事項」(刑事訴訟法290条の2第2項)である。

横浜地裁の外観(筆者撮影)

法廷内のモニターは被害者家族や被告、裁判員には見えるものの、傍聴人には見えない。傍聴席には、白い遮蔽板(パーテーション)が設けられ、証言台も証人や遺族や被害者家族が希望する場合には遮蔽の措置がとられ、被告や傍聴人から見えないようになっている。出入口も他の傍聴者と分けられている。裁判所までの移動も地検のバスを使い、一般傍聴者や報道関係者らと接触しないようにする配慮がされている。これは、刑事訴訟法157条の3に基づくものである。「秘匿」は、被害者の申し出により裁判所が判断する。最高裁の統計によると、２００９～２０１８年に秘匿が認められた被害者は３万８９２９人。一方で、秘匿が認められなかったのは５６２人である。今回の事件でも、大半が匿名を希望し、横浜地裁は「秘匿」を決定したのだ。遮蔽板の向こう側には何が見えるのか。

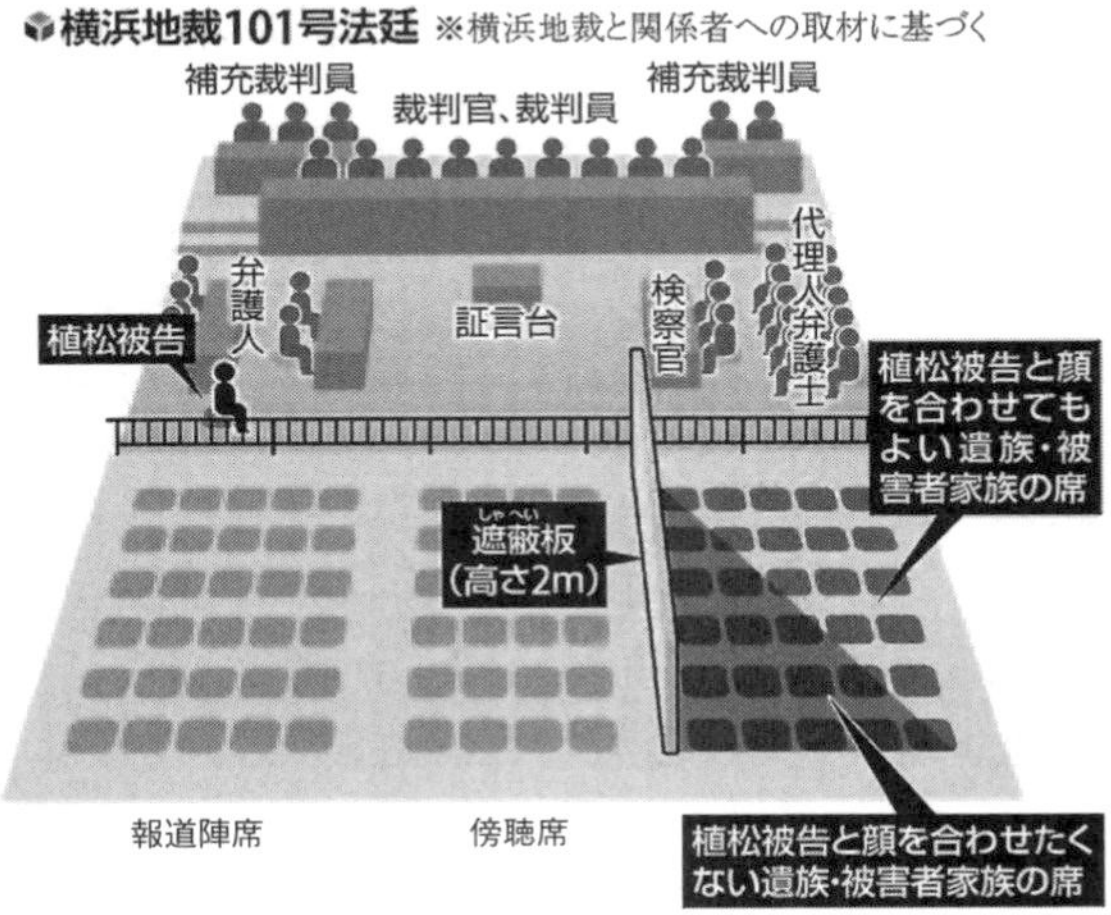

障害者殺傷事件の法廷の様子
（出所）2020 年 2 月 11 日　読売新聞

横浜地裁 101 号法廷
（出所）裁判所ウェブサイト

大勢の被害者家族が席についていることを想像する。関係者によれば、初公判は28人であったが、第2回公判は8人、第3回公判は6人と減少している。そして、第4回の遺族調書では3家族5人、第5回の証人尋問では5家族7人、第8回の被告人質問では3家族6人と続く。さらに第14回の心情意見陳述では11家族12人、第15回の論告求刑では7家族10人と再び増え始め、第16回の最終弁論では5家族7人、判決では21人であった。初公判時に新たに発表された裁判日程は20日間に及び、遺族らがそのすべてに参加するのは身体的にも精神的にも容易なことではない。検察側の後ろの席には遺族の弁護士が大勢座っている。裁判に参加する遺族は、そのほとんどが弁護士に任せているため、初公判や被告人質問、論告求刑や判決を除いては、そう多くはないのである。裁判所の前には、毎回のようにテレビ局の中継車があるが、鑑定人尋問の時は1台もなかった。報道陣には、各局1席が割り当てられているが、それだけでは足りないので傍聴席をも利用することになる。傍聴券を確保するのは至難の業である。初公判では、26席に対し1944人の希望者が詰めかけ、倍率は約75倍であった。津久井やまゆり園職員には、遮蔽板で仕切られた被害者側の特別席が1席割り当てられている。園の職員はローテーションで毎回裁判所に足を運んでいるという。

2. 報道が司法を動かす

初公判直前に19歳女性遺族の手記が公表された。なぜ、このタイミングだったのか。その経緯は、「公判前整理手続」にまで遡る。公判前整理手続とは、適正迅速でわかりやすい公判審理（刑事裁判）を実現するために第1回公判期日前に裁判における事件の争点および証拠を整理する準備手続である。裁判員制度に伴い、2005年の刑事訴訟法改訂で導入された。公判を前に、裁判所、検察官、弁護人が、争点を明確にした上で、これを判断するための証拠を厳選し、審理計画を立てることを目的とする手続である。こうした「公判前整理手続」の最中、19歳女性遺族は、2019年11月16日、4枚の写真と成長過程に従った12枚の写真の説明を「上申書」(「写真添付報告書」)として作成して提出したのだ。検察側は直ちにこの証拠請求をした。しかし、弁護側は、「争点ではない」として同意せず、裁判所が説得もしなかったので、12月13日、裁判には証拠として出ないこととなったのである。この「公判前整理手続」の一連の過程のなかで遺族は、事件直後から付き合いのある代理人弁護士と不和になり、裁判に向けて「私費」で新たな代理人弁護士を選定したのだ。その弁護士こそ、オウム真理教事件で注目された滝本太郎弁護士に他ならない。

事件発生から約3か月後の2016年10月16日、園と家族会主催の「お別れ会」が開かれ、男性2人、女性1人の計3人だけは名前も遺影もなかったが、その女性が、実は、「甲A」こと美帆さんなのである。被告は、女性が入居する東棟1階「はなホーム」の窓ガラスを割って園に侵入したが、その居室にいた《最初の犠牲者》が、美帆さんなのである。この事実に驚かされる。遺族が住所・氏名を出さなかったのは、いわゆる「メディアスクラムが恐ろしかったこと、何より世の中には怖い人がいることを実感し、とても心配だったから」だという。「障害のことを知られたくないから匿名にしたのではない」のである。遺族は、裁判で被告の責任能力の有無程度とか量刑を定めれば足りるものだとは考えてはいない。被告人の考えそのものを、社会や国においても論ずる契機としてほしいと強く念願している。そのため、「甲A」には名前も人生もあるのだということを示す必要があり、何よりも遺族として、美帆さんの「生きた証」を残したく、写真と説明書を公開したのである。遺族は、「裁判員や被告人にも見てもらい、美帆のこと、美帆が一生懸命生きていたことを知ってほしかった」のである。

滝本太郎弁護士によると「公判前整理手続」において「フルネイムか匿名か」と問われ「お母さんは名前の『美帆』さんを希望していたが認めないとのことであった」という。すなわち、二者択一を迫られ、名前だけの公表は認められなかったのである。法の外に追いやり、法の及ばない境域を設け、排除したものを合法的に置く。これは「主権による締め出しの構造」に他ならない。法権利のなかで法権利を守られているように見え、法権利から置き去りにされ、法的政治的に宙吊りにされたのである。匿名と称して、記号としてしか扱われていない今回の異例の事態に困惑する。裁判を傍聴しても性別や年齢さえもわからない。匿名・秘匿を厳守するあまり、それが障害となって利用者支援の実態をも隠蔽されてしまったのである。

3. 植松被告の侵入・逃走経路

津久井やまゆり園は8つのホームから成り立っている。犯人は東棟1階の「はなホーム」から侵入し、「にじホーム」を経て、西棟の1階の「つばさホーム」、「みのりホーム」へ移動。そして、2階の「いぶきホーム」、「すばるホーム」へと移動しながら各ホームにて犯行に及んでいる。東棟2階の

「ゆめホーム」と「のぞみホーム」には立ち入っていない。

●「はなホーム」では、美帆さん（19歳女性）、甲Bさん（40歳女性）、甲Cさん（26歳女性）、甲Dさん（70歳女性）、甲Eさん（60歳女性）の5人が死亡、乙Aさん（当時51歳女性）、乙Bさん（当時45歳女性）の2人が負傷。

●「にじホーム」では、甲Fさん（65歳女性）、甲Gさん（46歳女性）、甲Hさん（65歳女性）、甲Iさん（35歳女性）、甲Jさん（55歳女性）の5人が死亡、乙Cさん（当時45歳女性）の1人が負傷。

●「つばさホーム」では、甲Kさん（41歳男性）、甲Lさん（43歳男性）の2人が死亡、乙Dさん（当時51歳男性）、乙Eさん（当時42歳男性）の2人が負傷。

●「みのりホーム」では、乙Fさん（当時35歳男性）、乙Gさん（当時41歳男性）、乙Hさん（当時42歳男性）、乙Iさん（当時31歳男性）、乙Jさん（当時23歳男性）、乙Kさん（当時41歳男性）、乙Lさん（当時42歳男性）の7人が負傷。

●「いぶきホーム」では、甲Mさん（66歳男性）、甲Nさん（66歳男性）、甲Oさん（55歳男性）、甲Pさん（65歳男性）の4人が死亡し、乙Mさん（当時41歳男性）、乙Nさん（当時37歳男性）、尾野一矢さん、乙O

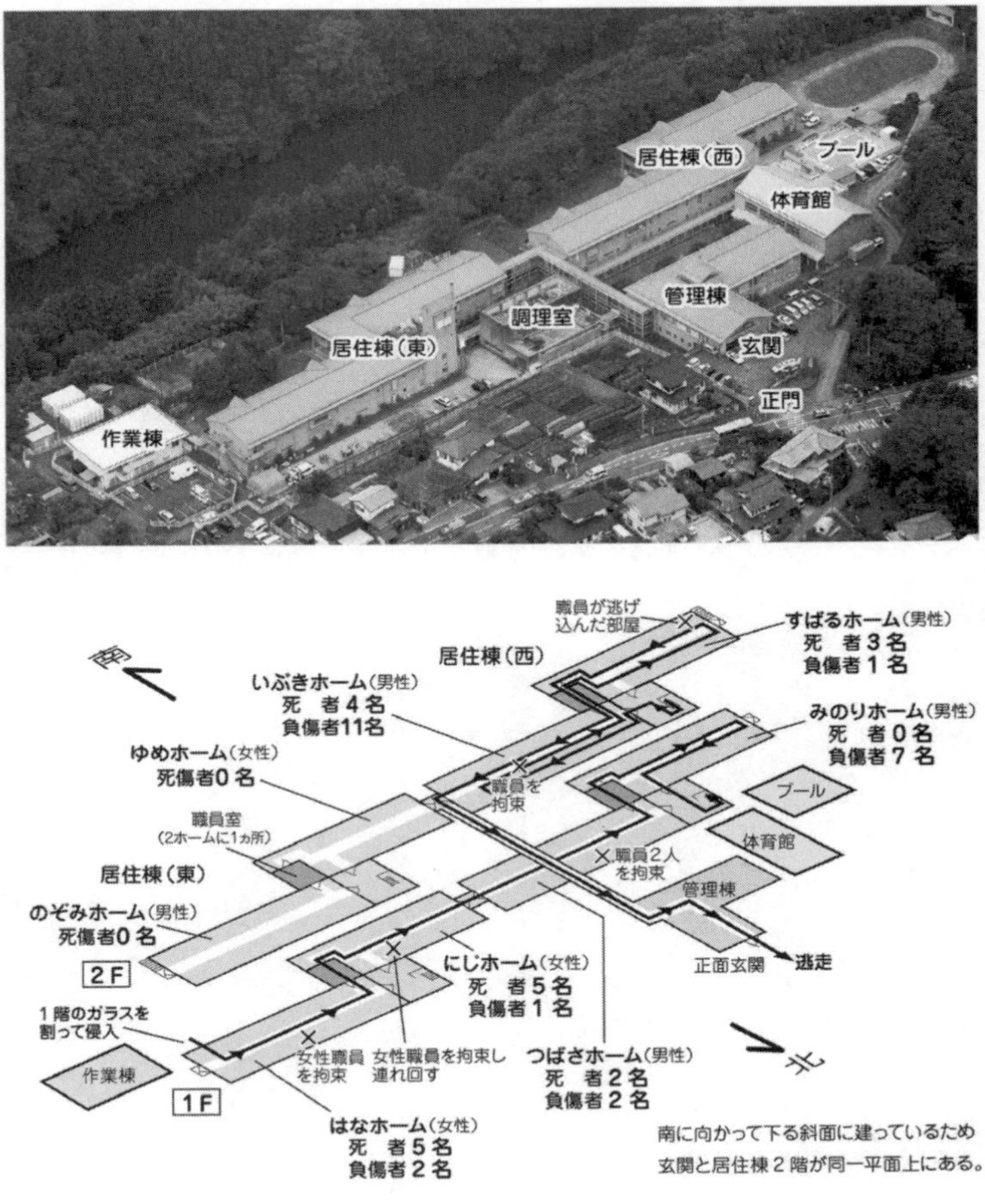

植松被告の侵入・逃走経路

（出所）写真提供：朝日新聞社　作図：平野泰史

さん（当時44歳男性）、乙Pさん（当時24歳男性）、乙Qさん（当時43歳男性）、乙Rさん（当時26歳男性）、乙Sさん（当時44歳男性）、乙Tさん（当時45歳男性）、乙Uさん（当時46歳男性）、乙Vさん（当時57歳男性）の11人が負傷。

●「すばるホーム」では、甲Qさん（49歳男性）、甲Rさん（67歳男性）、甲Sさん（43歳男性）の3人が死亡、乙Wさん（当時25歳男性）の1人が負傷。

4．丙Aさん（当時37歳　はなホーム女性職員）の供述調書　第2回公判

7月25日午後5時45分から「はなホーム」で夜勤。26日の午前2時過ぎ頃、1時間に1回の巡回のため支援員室を出た。正確にわからないが2時を過ぎたのでそろそろ巡回に行かなければならないと思った。112号室となりの洗濯物を片付け、112号室から順に巡回しようと思っていた。常夜灯がついていて、ある程度は明るかった。私が110号室付近を歩いていたら、男が空いているところにひざまずいて座った状態でなにか作業をしている様子だった。入口近くに置かれたタンスの前に座っている人影が目に入った。一瞬、入居者かと思ったが、110号室の奥の窓ガラスが割れていることに気づいた。割れた窓ガラスが散らばっていた。とっさに男に「誰」と聞くと男は立ち上がり、私の方に向かってきた。どちらかの手に包丁のようなものを持っていた。刃の部分が家庭用包丁よりも長く、細かった。「ギャアー」と叫ぶと男は「騒ぐな、騒いだら殺す」と。腕をつかまれ110号

居住棟（東）1階　**はなホーム（女性）**

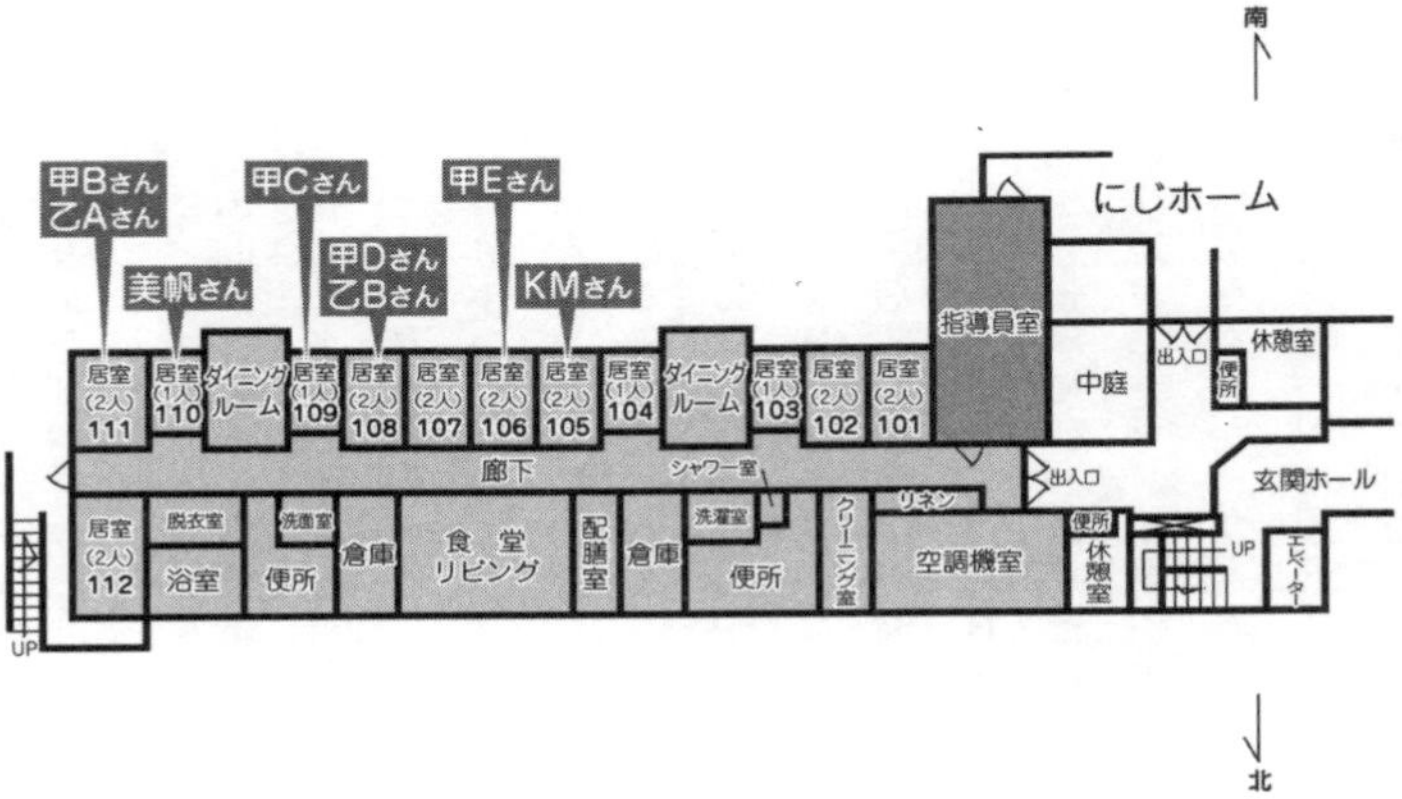

室の部屋内に入った。騒いだら殺されると思い「すみません、すみません」と言って、騒ぐのをやめた。一瞬手を離し、下を見た。隙をついて走って逃げ出し支援室へ行った。しかし１０６号室前のあたりで男につかまり、１１０号室に引きずり込まれ、床に倒された。引きずり込まれた時、右足の靴が脱げ、私を引っ張り１１０号室の入り口ドア前あたりへ連れ戻した。その間、何度も、男は「騒いだら本当に殺す」と言った。結束バンドで拘束されたので抵抗したり、逃げ出したり、声を出して助けを求めることはできなかった。

甲Aさん（筆者注：美帆さん）は床マットの上に寝ていて、身体の上にお布団。甲Aさんを指さし「こいつはしゃべれるのか」と。「しゃべれません」と言うと、１１０号室の中に入り、布団をはがし、中腰のような姿勢で包丁で数回刺した。その様子を１１０号室の入り口あたりで見ていた。どっちかの手に逆手に包丁を持ち、振り上げ、振り下ろした。甲Aさんは「ウワ！」という苦しそうな声を出した。男はすぐに私の手をつかみ、１１１号室へ。

甲Bさんと乙Aさんが眠っていた。部屋の甲Bさんへ向かい、「しゃべれるのか」と。私は「しゃべれません」と答えた。甲Bさんはあぐらをかいて、上半身を前にベタっと倒して寝ていた。男はそのまま刺した。

111号室の向かいの112号室に入り、男は「この部屋はしゃべれるのか」と。私はどちらも会話が成り立つので「しゃべれます」と。男は何もせず、109号室のドア前へ。甲Cさんはいつも施錠をする人だった。男は「鍵はどこだ」と、私は鍵の束をエプロンのポケットに入れていた。この中に支援員室の鍵があった。両手首を縛られていたので取り出せず、「ここにあります」と。男は鍵の束を取り出し鍵を開けた。私の腕をつかみ、109号室の中に引き入れた。

甲Cさんを指して「しゃべれるのか」と。私は「しゃべれない」と答えた。電気がついていなくて、暗い部屋だが廊下の常夜灯でぼんやりとしていた。私の目の前で甲Cさんに包丁を振り下ろし刺した。部屋が暗くてどこを刺したか見えない。108号室へ引っ張っていった。

手前には甲Dさん、乙Bさんが寝ていた。男は甲Dさんを指し、「しゃべれるか」と。「しゃべれない」と言うと刺した。また男は乙Bを指し「しゃべれるのか」と。「しゃべれない」と言うと刺した。107号室へ引っ張っていった。そこは入居者2人が住んでいた。ルームカーテンがついていて奥の人は見えない状況だった。入所者を指し、「しゃべれるのか」と。私は「しゃべれます」と答えた。奥の入所者には気づかなかったと思う。そのまま107号室を素通りした。

106号室に行くと。奥に甲Eさんが寝ていた。男は、甲Eさんは「しゃべれるのか」と聞いた。甲Eさんはまったくしゃべれない方で「しゃべれない」と答えた。刺された瞬間、甲Eさんは上半身が起き上がったのが見えた。私はそれ以上は目をそむけ、見ることができなかった。男は「こいつら生きていてもしょうがない」とつぶやいていた。私はいつの頃からか、首を横にふって、しゃべれないことを示したこともあった。

男は105号室へ。105号室の中を指し「しゃべれるのか」。2人の入居者が住んでいる。1人しゃべれるので「しゃべれます」と。男は素通り。

104号室に引っ張っていき、短期利用者の部屋でその日は使っていなかった。「104号室には誰もいない」と。男は101号室~103号室の方を指し「あっちはどうなんだ」と。1人だけしゃべれない人がいたが、ほかは言葉を発せられるので「あっちの人はしゃべれます」と。

男は110号室へ私を引っ張っていき、両手首、親指と親指の間にさらに結束バンドを巻き、手すりに縛りつけた。男は手が血だらけで、「うまく、結べない」とか、私の手が太いとか言っていた。「にじホームの担当は誰か」聞かれ、私は男の機嫌を取ろうとして「きれいな人です」と言ってしまった。男は「おれは昔ここで働いていたんだよ」と言った。それを聞いて、「職員の間で噂になっていた『ウエマツサトシ』という人だ。監視カメラがあっても役に立っていなかった」と思った。男は「1回裏切ったから信用できない」と、ガムテープで私の口を塞ぎ、頭の周りにもぐるぐる巻いた。大声を出すことできず、親指が紫色になってきて、指を切り落とさなくちゃいけないと思った。まだ3時か、早番の職員が出てくるのは何時だろうと思ったが、誰も助けにくる気配がなく、本当に長かった。そのうちパトカーの音が聞こえ、赤色灯が見え、私は外に向かい「助けて」と叫んだ。しかし、気づいてくれる人はいなかった。その頃にはガムテープが、かなり緩んできて、私は入所者に向かって叫んだ。入所者が私の声を聞いて起きてきてくれた。丙Cさんが来てくれて、結束バンドを切ってくれた。事件で、怪我をし、身体的にも精神的にも大きなダメージも受けた。現在、仕事を休んで病院に通っている。今も男性の大きな声を聞いただけでもびくっとする。（第2回公判より）

丙Aさん（当時37歳　はなホーム女性職員）のもうひとつの調書

植松聖が女性利用者を何人も包丁で刺している状況の途中で、出てきた利用者がいた。105号室のKMさん。私が110号室の部屋の前にいた時、KMさんが部屋から出てきた。私は両手首を結束バンドで縛られ立っていた。下を向いていた。植松が何をしていたのか覚えていない。何かしていたか見ていなかった、その時「血だらけじゃないか」という大きな声がした。声の方を見ると、KMさんが歩いてきた。というのも、タイミング悪くトイレに出てきたから。しゃべれる人は刺していないとわかっていたが、顔を見られたら刺される可能性があると思うと、それ以上、何も言わないで、トイレ行って、早く部屋に行って、という思いから、「大丈夫だから」と。KMさんはトイレへ。植松から、KMに何かを言ったことはなかった。1、2分くらいでトイレから出てきて、105号室へ歩いていった。KMに声をかけたら危険が及ぶかもしれないと思った。植松が何をしていたかも覚えていない。ただ、植松がKMへ言葉をかけたり、KMが近づいてきたことはなかった。何事もなくこの場から離れてほしいという思いだった。男は甲Aさんのカバンのところで何かしていたように思う。KMが立ち去った後、作業バンド、ガムテープで私の口をふさぎ、頭の周りを2、3周巻いた。

「はなホーム」では110号室の美帆さん、111号室の甲Bさん、そして109号室の甲Cさん、108号室の甲Dさん、106号室の甲Eさんの5人が犠牲となった。また、甲Bさんと同室の111号室乙Aさん、甲Dさんと同室の108号室の乙Bさんの2人が重傷を負った。職員が「しゃべれる」とした112号室は何もせず、被告は107号室を素通りし、奥の人には気づかなかった。105号室は閉まっていて、被告は入らなかった。ほどんどの利用者が包丁を上から下に振り下ろすようなやり方で被害にあっている。面会時に確認すると、被告は、最初は心臓をねらったが、硬くて首をねらったと言っている。公判では、ほとんどの犠牲者は「防御創」が認められなかったことが明らかになった。(第2回公判より)

5. 被告人質問　第9回公判

検察　女性ホームから、建物に侵入しようと?

被告　はい。

——それは職員が女性だから?

被告　はい。

——その方が拘束しやすいから?

被告　鍵を奪いやすいから。

——女性ホームは2つある。どうして、はなホームから入った?

被告　道なりだから。

――110号室から入ったのは？

被告　たまたまです。

――入りやすいところ、探した？

被告　少し、窓ガラスの作りが違った。たしか、となりの部屋は頑丈なつくりだったと思う。

――強化ガラス？

被告　はい。

――入りづらいだろうと思った？

被告　はい。

――110号室はそうではなかった？

被告　はい。

――どうやって入った？

被告　ハンマーで割って侵入しました。

――ガラスのどこから？

被告　下の方です。

――たたき割ったの？

被告　はい。

――ハンマーはあらかじめ、買っていて、準備したもの？

被告　はい。
——建物に入った？
被告　はい。
——ハンマーはどうした？
被告　その場に置いたままにしたかもしれません。
——どうして？
被告　邪魔だったので。
——重かった？
被告　少し。
——110号室に入ったら、入所者さんが目を覚ましたり、大声をあげたりした？
被告　寝たまま割れたガラスを触っていました。
——あなたとしては、障害の程度は、重いと思った、それとも軽いと思った？
被告　重いと思いました。
——あなたは、重度の人を殺そうと建物に侵入しましたよね？
被告　はい。
——この部屋の人、重いと思ったのにすぐ殺さなかった。なぜか？
被告　まずは職員を拘束すべきと思いました。ここの部屋の方は動くことができなかったからです。
——職員、先に拘束しないで、入所者を殺すとする。その状況をみつかると、どうなると思ったか？

被告　叫ばれると思いました。
――すると、あなたとしては、犯行が続けられなくなると思った？
被告　はい。
――そうすると、犯行ができなくなると。
被告　そうです。
――はなホームの職員、どこにいるか確認した？
被告　しゃがみながら、外の様子、伺いました。
――隠れながら？
被告　そうです。
――どこにいるか、廊下を確認したんですね。どこにいた？
被告　トイレの近くにある布団や乾燥機を使用していました。
――あなたから近づいた、それとも、近づいてくるの待っていた？
被告　近づいてくるのを待っていました。距離がありましたし、そこだと職員室も近かったので。
――逃げられるかもしれないし、助けを求められたりするかもと考えた？
被告　はい。
――職員は110号室に近づいてきた。どのようにして拘束した？
被告　叫ばれてしまったので、引きずりまわして、両手を拘束しました。
――叫ばれてしまった？

被告　はい。

――あなたは、「叫ばないでほしい」ということを言ったの？

被告　はい。

――どこかつかんで？

被告　たしか口をつかんだ。

――職員の服とかもつかんだ？

被告　つかんだかもしれません。

――職員は立ったまま？

被告　転んでいました。

――どこか縛った？

被告　手首と親指を。

――その職員に、「しゃべれるか」確認した？

被告　はい。

――意思疎通ができないとわかったら、殺そうと考えたのか？

被告　はい。

――はじめ、身体のどこをねらった？

被告　心臓です。心臓が傷つくと、生きることができないと知っていたから。

――最初、胸をねらった？

被告　はい。

――胸を刺したらどうなった？

被告　胸は硬くて、刺すことができなかった。

――どこかにぶつかった？

被告　たぶん骨だと思います。

――包丁はどうかなった？

被告　包丁が自分の小指に刺さりました。

――血が出た？

被告　はい。

――包丁はどうかなったか？

被告　先が欠けたかもしれません。

――包丁が欠けたりとか、あなた自身が怪我をした。そういうことが起こった後、ねらう場所を変えた？

被告　はい。首に変えました。

――ねらう場所はいろいろあるが。

被告　刺しやすかったからです。

――死ぬと思った？

被告　それほど詳しくありませんけど。血管があるから死ぬと。

――何回刺した？

被告　たぶん、3回ぐらいだと思います。
――その後も方法は同じ？
被告　そうです。
――1回じゃなく、3回。どうして？
被告　殺すためです。
――確実に殺せると。
被告　そうです。
――はなホームで入所者を刺したあと、職員をどうした？
被告　スロープに括り付けました。
――手すりか？
被告　はい。
――その時も結束バンドを？
被告　はい。
――口をガムテープで塞いだ？
被告　はい。
――それも当初の予定通りか？
被告　はい。鍵を取りました。
――他のホームに行くため？

被告　はい。

（第9回公判より抜粋）

6. 美帆さん（19歳女性）母の心情意見陳述　第15回公判

私は美帆の母親です。美帆は12月の冬晴れの日に誕生しました。1つ上に兄がいて待ちに待った女の子でした。幼いころはとても音に敏感でした。大きな音、初めての場所、人がたくさんの場所が苦手でした。人に挨拶されただけで泣き叫ぶ子でした。3歳半で自閉症と診断されたあとは、とにかく勉強しました。本を読んだり、講演会に通い、少しでも美帆のことを理解しようとしました。他の親御さんたちと障害のある方や、その親の気持ちを伝えようと思い、学校や地域で語ったこともありました。睨まれたり、怒られたりするのが恐かったから理解してくれる人を増やそうと思いました。美帆が私の人生のすべてでした。多くの良い先生や、友達、支援してくれた職員さん、ガイドヘルパーさん、ボランティアさんに恵まれました。皆、やさしく接してくれたので、とても人が好きで人懐っこい子に育ちました。とても音楽が好きで、いきものがかり、ドラマの主題歌や童謡、クラシック、アニメ等ジャンルは問わず、いろいろな曲を聴いてノリノリで踊っていました。乗物に乗っているとご機嫌でよくドライブしたり、電車やバスに乗りました。小さい時はブランコが大好きでした。プール、ジェットコースター、プラネタリウム、水族館、パレード、ラーメン博物館、公園等、本当に大好きでいろんな場所に家族やガイドヘルパーさん、ボランティアさんと出かけていました。

成長するにつれ美帆は落ち着いてきました。一方で、9歳から大きなてんかん発作があり、小学校5年生ぐらいから多い時は週1、少ない時も月1回ぐらい発作がありました。家庭の事情で中学2年生の時から児童寮で生活していました。毎月会いに行くのが楽しみでした。仕事も娘のためと思うとがんばれました。多い時には4つの仕事をかけもちでしていました。娘に障害のこと、自閉症のこと、てんかんのこと、いろいろ教えてもらいました。私の娘であり先生でもあります。優しい気持ちで人と接することができるようになりました。待つことの大切さや、人に対しての思いやりがもてるようになりました。人の良い所（長所）を見つけることが上手になりました。人を褒めることが上手になりました。

人懐っこくて言葉はありませんが、すーっと人の横（そば）に来て挨拶をして前から知り合いのように接していました。笑顔がとても素敵で、まわりを癒してくれました。ひまわりのような笑顔でした。美帆は毎日を一生懸命生きていました。

「お母さんのことを思うといたたまれません」と言われて、むかつきました。考えも変えず、1ミリも謝罪された気がしません。痛みのない方法で殺せば良かったということなんでしょうか。冗談じゃないです。美帆にはもう、どんな方法でも会えないんです。

当日は朝7時30分頃「美帆が被害にあっている」との連絡をもらい9時~10時の間頃やまゆり園に着きました。名簿の×を見た時から、もう何が何だかわからなくなり、頭も真っ白でした。何回も夢じゃないかと思い、ほっぺたをつねってみたのですが、夢か現実か、自分が誰なのか、どうしてここにいるのかもわからなくなっていました。

だいぶ時間が経ってから美帆に会えました。顔しか見せてもらえませんでした。ストレッチャーに乗せられていて「美帆ちゃん、美帆ちゃん」と何度呼んでも答えてくれなくて、自分で体温調節をするのが苦手で汗をあまりかかない子だったのでいつも温かい子が、その時は、すごく冷たくて、冷たくて、そんなこと一度もなかったのにすごく冷たくて一生忘れることのできない冷たさでした。会ったのは数分だと思います。

プリント等配っていましたが、何を手にしているのだろう、皆、何を言っているのだろうと不思議でした。私は頭痛がひどくて「診療所の先生が園に来ているから具合の悪い人は言って下さい」と園長先生に言われて診てもらったら「血圧がすごく高いので頭痛はなおらないけど点滴するので診療所に来られるようなら来て下さい」と言われ警察の車に乗せていただき、点滴を受けました。警察と園と遺族の話で、名前を出すか出さないかでとても揉めていたのを覚えています。私は言葉が出なくて一言も発することができませんでした。

葬儀は、地元の斎場で音楽葬でしました。マスコミが多く来ていたようですが、弁護士会から来ていただいている弁護士や警察が協力して入れないようにしてもらえました。美帆の好きな童謡やいきものがかりなどの音楽を流し、参列者には娘の顔も見てもらいました。美帆のアルバムや額に入った写真を見てもらいました。着物を着せて見送りました。のべ200人くらいの人が見送ってくれました。

事件後、家はめちゃくちゃになりました。社交的で老人会や自治会の活動に積極的に参加していた祖母が家にひきこもってしまい、一歩も外に出なくなりました。人と話をするのが好きだったのに誰とも話さなくなりました。料理や庭の手入れをするのが好きでしたがまったくしなくなりました。笑顔が消え、表情がなくなりました。兄は具合が悪くなり、休み休み仕事をしていましたが入院することになり、仕事を辞めました。私は食事をしても味がわからなくなり、9キロやせました。心療内科に通い薬を飲むようになりました。身体が痛くて寝る時に骨が当たって痛くて眠れませんでした。1人で外出するのが怖くなり、外に出られなくなりました。がんばって外に出ると心臓の動悸がすごく、ドキドキしてブルブル全身が震えてしまうことがよくありました。今でもこの発作で震えてしまうことがあります。私の人生はこれで終わりだと思いました。自分の命より大切な人を失ったのだから。美帆がいなくなったショックで私たち家族は、それまで当たり前にしていたことが何一つできなくなりました。

私たち家族、美帆を愛してくれた周りの人たちは皆、あなたに殺されたのです。

未来をすべて奪われたのです。美帆を返して下さい。

他人が勝手に奪っていい命など1つもないということを伝えます。

あなたはそんなこともわからないで生きてきたのですか。

ご両親から教えてもらえなかったのですか。

周りの誰からも教えてもらえなかったのですか。

何て、かわいそうな人なんでしょう。

何て、不幸な環境にいたのでしょう。

本当にかわいそうな人。

私は娘がいて、とても幸せでした。決して不幸ではなかったです。「不幸を作る」とか勝手に言わないでほしいです。私の娘はたまたま障害を持って生まれてきただけです。

何も悪くありません。

あなたの言葉をかりれば、あなたが不幸を作る人で、生産性のない生きている価値のない人間です。

あなたこそが税金を無駄に使っています。あなたはいらない人間なのだから。

あなたがいなくなれば、あなたに使っている税金を本当に困っている人にまわせます。

あなたが今、なぜ生きているのかわかりません。

私の娘はいないのに、こんなひどいことをした人がなぜ生きているのかわかりません。

何であなたは一日三食ごはんを食べているのですか。

具合が悪くなれば治療も受けられる。

私の娘はもうこの世にいなくて何もできないのに。

あなたが憎くて、憎くて、たまらない。八つ裂きにしてやりたい。

極刑でも軽いと思う。

どんな刑があなたに与えられても私は、あなたを絶対に許さない。許しません。

私の一番大事で大切な娘、美帆を返して下さい。

美帆はこの世にいなくて、好きなことは何もできません。私たち家族と会うこともできません。失われた時間はもう二度と取り戻せません。

でも、あなたは、こうして生きています。ずるいです。おかしいです。

19人の命を奪ったのに。美帆は、一方的に未来を奪われて19年の短い生涯を終えました。だからあなたに未来はいらないです。

私は、あなたに極刑を望みます。

一生、外に出ることなく人生を終えて下さい。

2020年2月17日

美帆の母

7．被告人質問　美帆さん遺族代理人弁護士

——はじめて人を刺した。胸腹臀部を刺した手の感触を覚えていますか？
被告　必死だったので覚えておりません。
——はなホームに美帆さんがいることを知らなかった？
被告　はい。
——美帆さんのことを公判で聞きましたね。どんな人か言ってみてください。
被告　メモをとってないので、明確に答えられません。
——生まれてから、骨になるまで、12枚の写真を見ましたね。
被告　確認させてもらいました。

――どう思った？

被告　長年育てられたお母さんのことを思うといたたまれない気持ちです。

――晴れ着を着るのを楽しみにしていたという話もあったが？

被告　いたたまれなく思います。

――美帆さんは幸せを与えていたのではないか？

被告　そこだけ見ればそうかもしれませんが、施設に入れたということは負担になっていると思います。お金と時間も奪っています。

――幸せにしていた部分もあるということか？

被告　それで幸せになってはいけないと思います。

――美帆さんの葬儀には200人来た。美帆さんがいることを喜ぶ人がいたということはわかるか？

被告　喜ぶ人はいたかもしれないが、喜んではいけないと思います。

――美帆さんは人間ではないということか？

被告　その言葉を使うのはしのびないですが、人間として生活することはできないと思います。

――事件の時に指を切ったが、その痛みは初公判の時にも覚えていたか？

被告　覚えています。

（第11回公判より抜粋）

8．甲Bさん（40歳女性）母の心情意見陳述　第14回公判

植松被告人には、死刑を望みます。障害者だからといって、命を奪うなど絶対に許されることではありません。娘は40歳でした。健康な娘は、まだまだ生きて、楽しいことや、帰宅して、両親・弟と一緒にゆったりとした時間を過ごしたり、好きな揚げ物やピザ、手作りのプリン等を食べ、そして大好きなコーヒーを飲んだりして、笑顔を振りまいてくれたことでしょう。娘の笑顔は、周囲の人を幸せな気持ちにしてくれました。そして、癒してもくれました。生活面で全介助が必要だった娘は、たくさんの方々にお世話になりました。ご迷惑をかけたかもしれませんが、可愛がっていただきました。愛された子でした。親の体力の衰えや死後のことを考え、娘が35歳の時に、やまゆり園への入所申し込みをしました。何年先のことになるかと思っていましたが、37歳の時に入所できることになりました。お嫁に出すような気持で送り出しました。娘は、毎月帰宅する時は、車が家の近くまで来るとニコニコして声を上げて笑い喜んでいました。家に入るとまずコーヒーメーカーに向かいます。飲みたくて仕方ありません。まず飲んで、いつものお気に入りのソファに座ります。

家の中を確認するように動き、またソファに戻ります。何気ないこんなことが、娘にとっては喜びであり、私たち家族にとっても喜びでした。今はこのささやかなこともできません。毎朝、娘の写真にコーヒーを供えてあげることしかできないのです。何か特別なことを望んでいたわけではありません。穏やかな日々を過ごし、毎月元気に帰宅をして一緒に過ごし、長生きしてくれることが普通のこ

とだったはずです。突然の別れは未だ信じられない思いです。娘の笑顔に会いたい。

以上

9．甲Cさん（26歳女性）母の心情意見陳述　第14回公判

私は、どうしても娘の思いを、伝えたいのです。

私が病気になってしまい、娘がやまゆり園でお世話になりました。園の行事ではフランクフルトやチョコバナナを自分で選んでおいしそうに食べていた。大好きなアイスをうれしそうに食べ職員さんも喜んでいた。ブランコに乗って楽しく遊んでいた。好きなテレビを見ていたと写真とともに聞きました。いろんな思い出がたくさん娘の心の奥に残っていると思います。私は娘をいとおしく大切に思ってきました。かわいくて、かわいくて大好きでした。被告人に、大事な命を、奪われてしまいました。娘はもういません。月日が経っても悲しみがいえません。とてもさびしくつらいです。この思いは永遠に続いて、消えることはありません。毎朝、遺影の笑っている娘の顔を見つめると、ずっと話しかけていたい。でも、もう会えない思いに、涙がこみ上げてしまいます。さみしい思いをこらえて、娘のことを思い頑張っています。娘のことを思い出します。プールや川が大好きで、気持ちよさそうに、ほほえんでいたわね。ひなあられを私に食べさせてくれ、うれしかった。双子をみて「おんなじ」と言えたのです。動物園の象を見て「大きい」とびっくりしましたね。娘と学校に通ったことを思い出します。たくさんのお友達ができて仲よく遊んでいましたね。ゆかたを着て、みんなでお祭りに行っ

た時のうれしそうな笑顔、いろんな姿がうかんできます。娘はいろんなことを教えてもらいました。手を合わせてお願いしたり、ジュースを買ってと指をさし思いを伝え、早く行こうと私の手を引いたり、写真を撮る時ピースサインをし、意思を表現できました。笑ったり怒ったり泣いたりほほえんだり、いろんな表情で自分を表していました。誕生日のケーキのロウソクを吹き消し、うれしそうに喜んでいて感情もあり、吹く練習もしていました。私がお財布からお金を取り出すところを見て、買い物を覚えました。(そして)料理も野菜の皮をむいて切ったり、フライパンで炒め野菜炒めを食べました。見たり聞いたりしながら、ひと針ひと針一生懸命作った刺しゅうも上手でした。いろんなことができました。外出の時、私が行くととてもうれしそうにしていました。そして大好きなドライブを楽しみました。食後には必ずパフェをおいしそうに食べていたわね。外出するのは楽しく「娘の鼻が高いな」「足が長いな」「かわいいな」娘のことばかり見ていてすぐに時間が過ぎてしまい、帰るのがつらく心苦しくなってしまいました。それでも、また会えると思っていました。それもかなわなくとても残念でなりません。

被告人に言いたいことがあります。包丁を持つのがこわくなってしまいました。こわいニュースやサスペンスドラマも見られなくなり、当時のことを思い出してしまいます。私、心を閉ざしてしまいました。それでも娘のことを言いたいのです。

告別式の時には気丈に振る舞っていましたが、お骨になった娘の姿を見た時はあまりにもつらかった。こんな姿になってしまい、悲しくて、二度と会えなくなってしまったことに気づかされました。急に命をとられもう会えません。もっと生きていてほしかった。娘は多く人の心をいやし愛されて、娘の笑顔はたくさんの人を幸せにしてくれました。娘のことを心配して悲しんでいる人が、たくさんいるのです。

私の娘は、気づかってくれるやさしい子でした。娘を奪われどんな気持ちになると思いますか。もう抱きしめることができない。私、とても傷ついています。言葉が出なくても娘は幸せでした。大好きでした。大事な心もありました。私の人生でかけがえのない存在でした。もっともっと生きていてほしい。娘は二度と戻ってこない。被告人に大事な命をとられた。あなたが娘を奪った。娘と同じにしてください。死刑にしてください。娘はいつも私の気持ちを支えてくれ安心しました。安らぎを与えてくれ幸せでした。いつまでも忘れません。大好きです。障害を持っていてもやさしい気持ちで見守ってほしい。障害があっても大切な命です。（第14回公判より）

10．甲Dさん（70歳女性）兄の供述調書　第3回公判

甲Dは私より16歳年下で、亡くなったときは70歳でした。普段、甲Dのことを甲Dちゃんと呼んでいた。１９６４年、園に入所。私は入所してからの約50年間、ほとんど欠かさず月1回の甲Dちゃんに会いに行っていた。自宅から園に行ったり、電車とバスを乗り継いで、1時間以上かけて、会いに行く日はとても楽しみにしていた。ニコニコした笑顔で、嬉しそうにしていた。手を引いて「散歩に連れていってほしい」と。園をぐるっと回ったり、園の周りを一緒にドライブしたり、面会できるギリギリの時間まで一緒にいて、その後「帰るからね」と声をかけると、甲Dちゃんは、寂しそうな顔

をして、まだいてほしいという表情をした。そういう時は、もう一度手をつないで、散歩。「帰るからね」と言うと、こくりと頷く。私は振り返り振り返り、帰った。

2016年7月10日が最後。いつもと同じような時間を過ごした。甲Dちゃんは、私の話していることがわかっているようで、豊かな表情の持ち主だった。そんな甲Dちゃんのことを「かわいい」と、いっずっと思っていた。「ありがとう」という短い言葉を発せられ、そのような言葉を聞いた時は、いっそういとおしかった。事件は、とてもショックで、いたたまれない気持ち。亡くなってから気力がなくなり、悲しい気持ちで過ごしている。体調を崩し、入院もした。犯人は、勤め始めた当時はやさしい気持ちを持っていたと思う。それが、どういう思いでこの凶行に及んだのか知りたい。19人の命を奪い、甲Dちゃんを殺した犯人を厳しい罰にしてほしいし、犯人自身も生きていられることはないとわかっていると思う。

「甲Dさんはやまゆり園に50年以上入所していて一番年長だった。甲Dさんにはお兄さんが、よく来ていた。職員の中には甲Dさんや甲Dさんのお兄さんを知っている人が多い」(甲D遺族の代理人弁護士)

11．甲Eさん（60歳女性）弟の心情意見陳述　第14回公判

甲Eの弟です。私は植松聖さんに死刑を求めます。面会には12回行き、9回会ってくれました。2月5日は最後になりますね。今日は2016年8月6日のことをお話しさせていただきます。千木良のやまゆり園体育館で、共同会から事件の説明がありました。もちろん追悼の後です。終わりの方に

なると、「被害者面してるな！」と、どっからか声があがりました。職員は声を殺して泣いていました。植松聖さん、職員の皆さんの気持ちわかりますか。この3年半、傷つけられ、入所者を一生懸命面倒見てきました、職員、家族、世の中の人が、心に忘れられない傷を負って生きている。現実は残酷なんですよ。植松聖さん、あなたはどうですか。3食昼寝つき、好き放題言って、漫画まで描いて、あまりにひどいんじゃないですか。植松聖さん、そろそろ人のことはいいから、自分の人生、起こした事件に対して真剣に向き合う時です。あなたはあまりに若く幼い。人生は一度きり、今から心の準備をしておくべきです。1つお願いがあります。私にご両親の連絡先を教えてください。大事な一人息子に私は死刑をお願いしました。ひとことお詫びを言いたいのです。匿名について、この3年半、本当に助けてもらいました。匿名により非難をされました、本当に申し訳ありませんでした。この事件で、匿名報道の仕方を少し考えてほしいと思う。

最後に『妄信――相模原障害者殺傷事件』（朝日新聞出版、2017年）について。表紙では園の図が黒と赤の色。この件について、本社に問い合わせたり、総局には何度もどうしてか、と文句をぶつけに行きました。表紙も内容も納得できるものではありませんでした。責任者の方が毎回説明してくださり、優しく受け止めてくださいました。今ではそう思えるようになりました。最近では私の宝物です。明るく生きようと思える頁がありますので読み上げます。

「事件で亡くなった方で名前を報じられた人はいない。19人はそれぞれ、どんな人生を歩んできたのか。そして、遺族はどんな思いでいるのだろう。記者1年目の私は地域を歩いて取材した。だが、遺族にはなかなか辿りつけなかった。それでも被害者のことを伝えたいと思った。取材で相手を傷つけてしまうのではないかと、ためらうこともあった。答えも出ないまま、インターフォンを押し続けた。（中略）そして事件から数日後、犠牲になった女性（60歳）の父親（86歳）と弟（57歳）に話を聞くことができた。月に一度の面会では手を握って話かけたこと、施設での盆踊りを毎年一緒に見たこと……重い障害があるという以外、ぼんやりとしていた犠牲者の生前の姿が、自分の中に息づくのを感じた。記事は匿名が条件だったが、女性の人生と遺族の思いの断片を伝えることができた。掲載の翌日、葬儀に参列した。会場には記事が載った朝刊が並べられていた。棺の中で、きれいに化粧を施された小さな顔がほほ笑んでいた。園の職員と思われる女性が、いとおしそうに名前を呼びながら棺に花を添え、最後の別れをした。火葬場に運ばれる棺を見送りながら思った。障害があろうとなかろうと、その人にはその人だけの人生があり、それはこんな形で奪われていいものではなかったはずだ。涙が止まらなかった」（コラム「奪われた人生に涙」『妄信――相模原障害者殺傷事件』所収、朝日新聞出版、2017年、73－75頁）

12．甲Eさん（60歳女性）弟の被告人質問　第10回公判

――接見の時はひどいことを言ってごめんなさい。私はこの裁判を切ない裁判だと思いますが、植松聖さんは如何ですか？

被告　そう思います。

――匿名裁判をお願いしたのは私です。そのことはどう思いますか？

被告　家族と思われたくないと思ってるんだろうと。仕方ないと思います。
――後ろには被害者を隔てる白い壁がある。そのことはどう思う。
被告　（壁を見て）仕方ないと思います。
――世の中は裁判に対していろんな答えを求めていると思う。どういうことを思うか。
被告　どういうこと（えー難しい）、すぐにパッと答えられないです。難しい。
――8日からいろんなことを言われている。私は言いたい放題だと思っている。
被告　はい。
――当日についてですが、自首しましたよね。その日は何を考えていましたか。
被告　自首？
――どのような思いがあったのかなと思います。
被告　えー、疲れました。えー、その時は一心不乱なので。その日一日は、とにかく疲れました。
――疲れたなかで、長い時間だったと思います。どういうことを考えていたのかなと思って。
被告　亡くなられた方には、本当に、誠に申し訳なく思います。
――ほかにはありますか？
被告　ありません。
――ありがとうございます。私は、一日放心状態でした。安らかな寝顔に涙がとまりませんでした。
被告　（タオルで汗をぬぐう）
――今でもはっきり覚えている。裁判がつらい。10日の調書で、甲Eさん「しゃべれない」と。そして刺し、起き上がったと。その時の甲Eの状況を教えてもらえますか？

被告　申し訳ありませんが細かく死にざまは見ていません。

――調書では、「起き上がった」と。起き上がった記憶はありますか？

被告　ありません。

――甲Eはゆっくりでないと歩けない。よほどのことかなと想像するんですね。その辺も、全然記憶にない？

被告　その調書の「起き上がった」のところ記憶にないです。

――何回刺した？

被告　多分3回刺したと思います。

――ありがとうございます。どうして？

被告　意思疎通取れない方は、社会にとって、迷惑になっていると思ったからです。

――なぜ殺さなければいけなかったの？

被告　迷惑になっていると。えー、殺したほうが社会の役に立つと思ったからです。

――ありがとうございます。友人の調書で、1年ぐらい前から、差別的な言動をと。なぜなのかなと。

被告　社会情勢を見たからです。小中からの同級生に重度の知的障害の方がいて、どんな生活をしているのか知っていたこともあります。

――今、あなたはつらいのかなあと思いますが、もう少し続けていいですか。

被告　お願いします。

――今、どういう気持ちですか？

被告　ご遺族の方とこうやって話すのは心苦しいと思っています。

――お年寄り、女性、子どもは困っていれば助けなければいけないと思う。あなたのしたことは、ただの弱いものいじめではないかと思います
被告　申し訳ありませんが、そうは思いません。

――弱い人を寝ている時に殺す。あまりにもひどいんじゃないかと思うんです。

被告　仕方ないと思っています。

――ありがとうございます。今は何を考えていますか？

被告　今？

――例えば怒っているか、質問が不愉快とか？

被告　そんなことは思っていません。あの……。ご迷惑かけて申し訳ないと。

――植松聖さん、大切な人は誰ですか。

被告　大切な人……？

――私だったら家族ですけれど、そういう人は？

被告　大切な人は「いい人」です。

――ほかにはありますか。

被告　ありません。

――趣味は？

被告　趣味は大麻です。

――ほかには？

被告　大麻です。

――僕は、やめていたタバコを、公判中また吸い出した。弱いなあと自分で思う。タバコは吸いたくないですか？

被告　はい。

――植松聖さん、幸せや安らぎを感じるのはどんな時ですか？

被告　大麻を吸って、仲のいい人たちと一緒に過ごす時です。

――甲E、私の姉を殺して、植松聖さん、どう思ったのかなと思う。

被告　急に殺してしまい、誠に申し訳なく思います。

――植松聖さん、自分の言動に、責任をもつ人ですか？

被告　はい。

――植松聖さん、涙を流すことがあると思うが泣いたのはどんな時？

被告　(戸惑う)

――自分を大事にしていますか。

被告　はい。

――植松聖さん、自分を好きですか。

被告　うー、今の自分は、それなりに好きです。

——植松聖さん、何人兄弟ですか。

被告　自分は一人っ子です。

——私は4人兄弟です。その一番上の姉をあなたは殺しました。植松聖さん、日本は好きですか？

被告　間違ってるとこもあると思いますが、それなりに。

——植松聖さん、僕は無言実行なのですが、植松聖さんは有言実行かなと思いますが、そうですか？

被告　はい。

——植松聖さん、あなたよく死を口にしますが、あなたにとって死とは何ですか？

被告　死……死は仕方がないと思います。

——仕方がない？

被告　はい。

——人間は誰も平等に年をとり、弱る。あなたは、あまりにも死を軽く考えているのではないかと思います。

被告　軽く考えているつもりはありません。

——植松聖さん、やまゆり園にどうして入ったの？

被告　たまたまです。

——そこで、不満があって、どうして園をやめなかったの？

被告　自分が気づいたから。彼らがいないほうがよいのではないかと気がついたからです。

——僕も、よく、仕事やっていて、嫌だと思う。

被告　園に不満があったわけではありません。園は、障害者施設の中では、とてもいい施設だったと思います。不満があったわけでなく、障害者に対する在り方が違っているのではないかと思っていました。

――それは、どこの？

被告　世界全体です。

――コンプレックスが、今回の事件を引き起こしたと僕は思うけれど、そうではないですか？

被告　たしかに、うー、これ、こんなこと、えー。

――ゆっくりどうぞ。時間はたくさんありますので。

被告　歌手とか野球選手になれるなら、なっていると思います。ただ自分ができる中で、一番有意義と思いました。

――野球選手は、犯罪とはかけ離れてる。

被告　なれるならそうだと考えます。

――そうですよね。改めて、質問します。責任あると言うが、責任とはどういうこと？

被告　責任能力……意思疎通がとれるということだと思います。

――僕は、責任能力とれますと、いままで裁判で言っている。意思疎通がとれるでなく、責任能力があると言っている。責任能力とはあなたにとってどういうことか？

被告　意思疎通がとれるということです。

――最後に、植松さん、うちの姉、甲Eを殺した。どのように責任をとってくれるの？

被告　責任？

――私の姉を、殺した、どう責任をとってくれるの？

被告　長年育てられたお母さんのこと思うと、いたたまれなくなります。

――母は20年前に死んでいます。

被告　それでも重度障害者を育てるのは間違っていると思います。

――なんか切なくなってきました。これでおわります。ありがとうございます。

（第10回公判より抜粋）

公判では、遺族や被害者家族の「供述調書」「処罰感情」が読み上げられた。「供述調書」の流れとしては、事件の一報をどこで聞いたのかというところから始まり、電話で「すぐ来てください」と言われたとか、「テレビで見た」「ラジオで聞いた」「電話がかかってきた」、そんな内容である。やまゆり園に行くと救急車や消防車がたくさんいて、控室に通されると名簿があって、名前の横に○×が書かれている。×は死亡した人で、横には死亡時刻が書かれている。死因の鑑定などがあり、すぐには会えなかった。当日の夜になって対面すると、首に白い布が巻かれていた。遺族の調書では、障害区分、人柄やエピソード、犯人との面識、処罰感情が立て続けに読み上げられた。これは、事情聴取に沿ったものであるが、胸が締め付けられる思いがした。遺族の感情としては、極刑を望むというのがほとんどである。「供述調書」からの引用は遺族に配慮し、割愛した部分も多い。第3回公判では、美帆さんから甲Lさん遺族、第4回公判では、甲Mさんから甲Sさん遺族、そして乙Aさんから乙W

さんの被害者の「供述調書」が読み上げられた。「供述調書」における引用は、意見陳述とも重複するため居住ホームを問わず論告求刑時の意見陳述を優先している。13人の連名で意見陳述をした遺族もいる。被告人質問では被害に遭ったホームの状況、被害者の様子についての質疑応答がなされたのでその状況の一端を伺い知ることができる。

第5章　裁判から何が見えるか　にじホームの状況

1．丙Bさん（当時39歳　にじホーム女性職員）意見陳述　第14回公判

私は2006年から、社会福祉法人かながわ共同会が運営する厚木精華園で非常勤職員として働き始め、2008年に同園で常勤職員になりました。厚木精華園は利用者の平均年齢は65歳と高齢の方が多く、身体が不自由で車椅子を使用していたり、言葉での意思疎通ができない方がたくさんいらっしゃいます。ただ、そういう方でも、表情やジェスチャーなど、言葉ではない方法で伝えてくれることがありますし、バイタルチェック、食事、排泄の様子が何らかのサインであることもあります。私たち職員は、そういった利用者の方々からのサインを見逃がさないよう意識して支援をしていました。

私自身、働き始めたばかりのころは難しくて大変でしたが、厚木精華園で働き続け、利用者の方々と日々交流を重ねる中で、少しずつ学んでいきました。私が、同じくかながわ共同会が運営する津久

井やまゆり園に異動したのは２０１６年４月でした。津久井やまゆり園の利用者は、年齢層は若い方から高齢の方まで幅広くいらっしゃいました。私は、厚木精華園での高齢者支援の経験を活かしながら、若い利用者の方とも接し、自閉症や強度行動障害などについても学びたいと思い、自ら希望して津久井やまゆり園で働くことになりました。新しく覚える仕事は大変ではありましたが、津久井やまゆり園にも、明るく元気な方がたくさんいらっしゃって、２０１６年４月から、新鮮な気持ちで日々過ごしていました。

事件から１年を前に報道陣に公開されたにじホームの内部
（2017 年 7 月 6 日午前）
出所：2017 年 7 月 7 日　産経新聞

２０１６年７月26日、事件は起こりました。19人の命が奪われました。私が担当していた「にじホーム」では５名の方が亡くなりました。毎日歩く機会を設けて頑張って歩行していた甲Ｆさん。いつも明るく話しかけてくれた甲Ｇさん。最初は食事を食べてくれず表情は硬かったけれど、段々と私にも笑顔を見せてくれた甲Ｈさん。朝起きるのが早く、いつも早朝は食堂で過ごしていた甲Ｉさん。寝付けない夜は一緒に過ごしていたこともあった甲Ｊさん。事件が起こるまで4か月弱という短い期間でしたが、私は、利用者の方々と交流を深めました。被害に遭われた利用者の方々は、就寝中に突然刃物で刺され、どれほど痛かったでしょうか。どれほどの苦しみだったでしょうか。利用者の方々を大切に思ってきたご遺族やご家族は、どれだけ辛く、悲しいでしょうか。そのお気持ちを一生かかえ続けて生きてゆかれると思うと、私も苦しく、悔しい気持ちがおさまりません。

犯行が行われているとき、まさに私は現場にいました。「こいつはしゃべれるのか」と聞かれ、正直に「しゃべれません」と答えると利用者の方は刺されてしまいました。私の答えで利用者の方の命が奪われてしまったと思いました。そのときの衝撃は今も忘れません。私はどうしたらいいだろうか、気が動転していて冷静に考える余裕は全くありませんでした。私も怖かった。少しでも犯人に抵抗すれば、私も殺されてしまうかもしれない。刺されたら死んでしまうのだろうか。自分の子どもたちの顔が浮かんできました。私に腕力があれば被告人の身体を抑えつけて犯行を止めさせられたかもしれない。一度拘束され、結束バンドを自力で外した後、身体を機敏に動かして施設の内外に連絡できていれば、被害者の数を少しでも減らすことができたかもしれない。そういう悔しさは今でも消えませんが、恐怖にとらわれた私には、犯行に対して「しゃべれます」「やめて下さい」などと言うだけで精一杯でした。

事件の後、私は「心的外傷後ストレス障害（PTSD）」を患いました。夜に眠れなくなり、何度も事件の夢を見ました。涙が止まらない日も続きました。事件を連想するような事柄や場所は避けたいと思って生活してきましたが、それでも避けられずに思い出してしまい、そういう時は動悸や吐き気が起こりました。メンタルクリニックへの通院は、時間の経過に伴い頻度は減りましたが、今なお続けています。

職場復帰については、まずは、職場に行ってみることから始めました。もとの職場で働くことは精神的に無理でした。別の場所で働く機会を与えてもらったので、事件から2か月ほど経った後に行ってみました。まずは1日3時間を週に1回という時短勤務から始め、段階を踏んで勤務時間を増やしてゆきました。しばらくは日中の時間帯の勤務しかできませんでした。遅番や夜勤の勤務を含め、すべての勤務ができるようになるまでは1年半かかりました。このような苦しみは、もちろん個人差はありますが、他の職員の方々にも共通するものだと思います。

裁判では、包丁で刺され死亡したり怪我をしたりした利用者の方々の被害と、私たちのような犯人に拘束された職員の被害のみが取り上げられていますが、そこに現れてきていない被害もありますので、お伝えしたいと思います。私は事件後に病院に搬送されて入院し、治療を受けることができましたが、直接的な被害に遭わなかった職員は、まだ夜が明けていない時間帯に津久井やまゆり園に集まりました。事件現場は、被害者の方々の血で染まり、足の踏み場のなく、地獄のような惨状だったと聞きました。8つのホームのうち6つのホームが事件現場になりましたので、多くの居住スペースは使えなくなりました。しかし、受傷されなかった100名ほどの利用者の方々の生活は守らなければなりません。職員は、普通であれば精神的ショックで塞ぎ込んでしまうような異常の状況下で、気丈に振る舞い、長時間にわたって、そして何日も、利用者の方々の生活を守るため、奔走したと聞いています。その行動の原点にあったのは、何より、家族のように思ってきた利用者の方々に対する愛情、使命感、そして犯人への怒りだったそうです。

60名ほどの利用者の方々は、真夏のさなかに体育館での不自由な生活を余儀なくされました。精神的な動揺があるうえに、生活の場としても落ち着ける状況ではなく、事件後は、職員も利用者の方々も本当に大変だったと聞きました。私は怪我をしたので入院し、事件現場とは離れた静かな環境のもとにいることができたので、このような話を聞いたとき、本当に申し訳ないと思いました。

どうしてこんな事件が起こったのか、知りたいと思い、裁判で被告人の発言を聞きました。いろいろな方から、また、いろいろな観点で、人の命の尊さ、利用者の方々の存在で喜びを感じていたご遺族の思いなどについて、問いかけがなされましたが、被告人は、一貫して、自分の考えは間違っていないと言うばかりでした。

被告人の発言を聞いて、悲しく、切なくなりました。そして、この人は、この社会で生きていてはいけない人なんだと改めて思いました。せめて、被告人には、自分の命を失う、最後の瞬間まで、人の命の尊さ、大切さと向き合ってほしいと思います。

以上

2．丙Bさん（当時39歳　にじホーム女性職員）の供述調書

7月26日午前2時の見回りを終え、支援員室でパソコン作業をしていた。夜間、支援員室には各部屋にスピーカー付きの集音機が入っており、異変があったら聞こえるようになっている。午前1時50

居住棟（東）1階　**にじホーム（女性）**

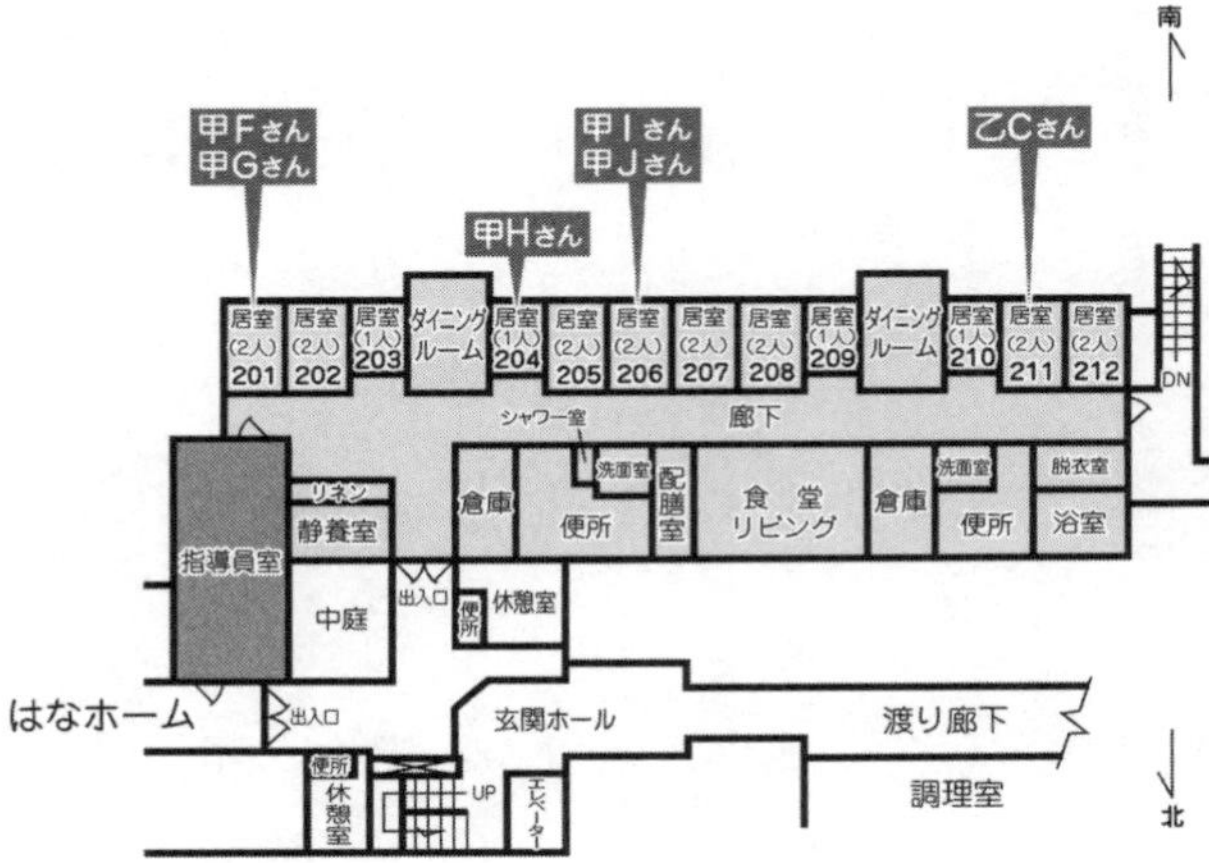

分頃、「はなホーム」のスピーカーから、「キャー！」「ドン！」という声や物音が聞こえた。「誰かが騒いでるのかな」と思い、丙Aさんが「はなホーム」にいるから対応してくれると思った。ただ、利用者が騒いだら職員がなだめる声がするので、声がしないのは変だと思った。もし、丙Aさんが戻ってこなかったりしたら見に行こうと思った。

午前2時前、人の気配を感じ、目を上げると、目の前に帽子、眼鏡、上半身に白か灰色の服を着て、白い大きなカバンを肩に掛けた人がいた。私は4月に異動になったばかりで、他のホームの職員は覚えてない。「この人誰？　男性？　女性？　利用者が支援員室まで来ちゃったのかな？」と思った。犯人は「指を出せ。親指を出せ」と。私は理解できず「誰ですか、なんでそんなことしないといけないんですか」と問うた。男は床か机の上に血のついた包丁と結束バンドを放り投げた。顔に汗、息が上がっていることに気が付いた。私は「犯人はもしかしたらはなホームの人を刺したのかもしれない」、と思った。男は「ウエマツだ。早くして」「早く出して」とせかした。

私も刺されると思って怖かった。犯人は腕や身体を引っ張り、私の眼鏡が外れ、右目あたりに痛みを感じた。私の下の前歯は欠けていた。「早くしないと手を切り落とすよ」と強く脅され、本当に怖かった。犯人から結束バンドで手首を縛られた。201号室前へ連れて行かれ、甲Fさんの頭の前に立ち「こいつはしゃべれるのか」と。対話できない方なので「しゃべれません」と言うと、甲Fさんの首元あたりに刃物を立て続けに3回。甲Fさんは、「ウー」とうめき声。現実のことがわからず、「今刺したんだよね」、「うん、刺した」と。あまりに残酷で、涙が出てきて息をするのも苦しく「もうやめて」と言った。甲Gさんのところへ。ベッドで仰向けになっていて「こいつしゃべれるのか」と問う。「しゃべれない」と言うと殺されると思い「しゃべれる」と答えた。男はいったん部屋を出ようとして「しゃべれないじゃん」と言って刺した。私は「やめて下さい、なんでこんなことするんですか。あなたは誰ですか」と言った。

犯人は強引にとなりの202号室へ移動した。「しゃべれるのか、しゃべれないのか」と、また聞いた。「しゃべれない」と答えると殺されると思い、「しゃべれます」と嘘をついた。私の手や腕を強引に引いて203号室を素通りして、204号室へ。その間、「宇宙からきたウエマツだ。お前と同じ、ここの職員だった。こんな奴らは生きている意味がないんだ」と言っていた。甲Hさんのことを指して「しゃべれるのか」と問うた。甲Hさんを守るため「しゃべれます」と答えた。しかし犯人は「こいつはしゃべれないじゃん」と、首のあたりを刃物で刺した。「ウッ」という声がした。私は犯人に、「何ものなのか、どうして利用者さんを殺すのか」と訊ねたり、刺すのをやめてほしいと訴えたが聞き入れられなかった。

物音で起きた利用者が、身体を起こした。男は何もせず、部屋を出た。私は「まだ夜だから寝てて下さい」と話しかけた。206号室へ。犯人は扉を開けて、「しゃべれるのか、しゃべれないのか」と聞いた。甲Ｉさん、甲Ｊさんはいずれも会話できないが、「しゃべれる、しゃべれる」と嘘をついた。すると男はいったん出ようとしたが、身体を起こした甲Ｉさんを見て、「しゃべれないじゃん」と言った。私は足元に視線を落とし、甲Ｉさんが刺されるところを見なかった。声なども聞こえなかった。その後甲Ｉさんは布団に倒れており、首元のパジャマに血がにじんでいた。男は甲Ｊさんを襲った。パジャマの首元辺りに血がにじんでいた。私はその間も、「やめて下さい。どうしてこんなことするのか」と泣き叫んだが、犯人は無視した。207号室へ。入所者が目を覚まして起き上がり、こちらを見た。犯人は「こいつめんどくさい」と言った。この人は、しゃべることができない。なぜ面倒だと言ったのかわからない。泣き叫んでいた私に犯人は、「お前、面倒くさい。ここにいて」と言った。カバンをガサガサしていたと思う。212号室へ行くと私に「しゃべれるのか、しゃべれないのか」と聞いた。単語発話しかできないが「しゃべれます」と答えた。利用者が上半身を起こしたが立ち去った。211号室へ行った。「しゃべれるのか、しゃべれないのか」と聞いた。乙Ｃさんともう1人はいずれも会話できなかったが、私は「しゃべれます」と嘘をついた。いったん出ようとしたがうつ伏せで寝ていた乙Ｃさんの顔を見て「こいつしゃべれないだろう」と言って刺した。「となり（210号室）の奴は。その隣（209号室、208号室）は？」と聞くので、泣きわめきながら「みんなしゃべれます」

と答えた。209号室前で犯人は私に「お前は面倒なやつだな。お前はおびえすぎだ。俺も緊張している」と言って、結束バンドで手すりに縛り付けられた。

犯人は泣いていた私に「お前は殺さないから」と言った。口元と後頭部にガムテープを貼り、「苦しくなったら鼻で大きく息を吸え」と。犯人がいなくなった後、ガムテープを外した。通報するため支援員室に行こうとしたが、ここで、犯人が支援員室にいるかもしれないと思った。トイレの窓から外へ出ようとした。しかし途中で見つかり、「なにやってるんだ。なんで取れたの、ハサミでも持ってるの」と聞くので「持ってない」と答えた。すると男は少し笑いながら「よく取れたね」と言った。私は通報しようとしているのがばれたと怯えた。刺した光景が頭から離れず、吐き気がしたので、「吐き気がするのでトイレに行きたい」と言った。男は私を205号室の前のトイレに連れて行った。私は一番端のトイレの個室の便器に頭をつけて吐こうとしたが何も吐けなかった。男に左腕をつかまれ、また、結束バンドで縛られた。犯人は私に「朝になったら大騒ぎだろう。お前、朝までここにいろ。鍵貸せ」と言った。そのまま私は、2時40分、3時19分の時刻を確認したことは覚えている。3時19分を確認した後、つばさホーム職員の丙Cさんが「もう大丈夫、犯人もつかまってる」と声をかけてくれた。廊下を這いながら、201号室の甲Fさんの顔を触るとすでに冷たくなっていた。涙が出てきた。声が出なかった。204号室の甲Hさんを触ると、冷たくなりかけていた。

「にじホーム」では、201号室の甲Fさんと甲Gさん、204号室の甲Hさん、206号室の甲Iさん、甲Jさんの5人が犠牲になり、211号室の乙Cさんは重傷を負った。202号室と203

号室は素通り。207号室では「こいつめんどくさい」と言った。

3．被告人質問　第9回公判

検察官　その後「にじホーム」に？
被告　はい。
――行くにあたり、職員室に行った？
被告　はい。
――その職員は拘束したか？
被告　はい。
――殴ったりしたか？
被告　はい。
――にじホームの職員にも、「話せるか」聞いた？
被告　はい。
――にじホームの職員は、何と言ったか。
被告　後半はずっと「しゃべれる」と言っていました。
――その言葉を信じたか？
被告　信じませんでした。

——意思疎通できないかどう確認したか？

被告　部屋の様子、その人の雰囲気です。

——どういう部屋で、意思疎通とれないと考えた？

被告　部屋に何もない人。何もない人は自分の考えを伝えられない人と思いました。

——要は、ほしいものとか、伝えられないということか？

被告　はい。

——すると、部屋にあまり何もない人は、意思疎通ができないと考えた？

被告　はい。

——見た目の様子とは何？

被告　たとえば、パンツ一丁で寝てる人もいましたし、身体のつくり、あと、しゃべれる人は知っていたので。

——働いていた関係で、もともと、しゃべれると、知っている人もいた？

被告　はい。パンツ一丁だと自分で排泄などできないと、判断しました。

——身体の様子とは？

被告　顔の雰囲気。あとは実際に確認をとるだけです。

——どうやって？

被告　「おはようございます」と話しかけました。返事が返せる人は、しゃべれると、その場で判断しました。

――じゃあ、返事ができない人は、意思疎通がとれないと判断したのか。

被告　はい。

――今、にじホームで判断方法について言ったが、その後のホームでも、判断方法は同じ？

被告　はい。にじホームの職員の方は錯乱状態でした。

――泣いていました？

被告　はい。

――やめるように言われましたか？

被告　「心があるんだよ」と言っていました。

――にじホームの職員を拘束した時、口にガムテープを貼ったか？

被告　貼っていないと思います。

――職員拘束後、職員室で、何か、確認した？

被告　知っている職員がいないか、確認しました。

――夜勤の担当？　いたらどうする？

被告　はい。知っている人はお世話になっている方でしたし、力士のような方なので、相手にしたくないと思いました。

――実際、確認して、あなたが念頭に置いていた人は、担当だった？

被告　いませんでした。

――確認して、部屋を出た？

被告　はい。

——にじホームの人は元の場所にいた？

被告　はじめの拘束が解かれていました。廊下を歩いていました。

——その後、拘束したか？

被告　はい。

（第9回公判より抜粋）

丙Aさん（当時37歳　はなホーム女性職員）と丙Bさん（当時39歳　にじホーム女性職員）の職員調書では、「しゃべれるか、しゃべれないか」というやりとりの連続である。そして、「しゃべれない」とわかれば殺害の対象とされる。施設は、同性介助を原則としているため、被告は、女子ホームの職員も利用者も面識がなかったに違いない。遺族自身は、ホームを問わず、被告とは面識がなかったと答えている。意思疎通がとれるか否か、「心失者」であるか否か、それが被告の判断基準であった。一見すると単なる殺人のように聞こえるかもしれないが、犠牲者や遺族は被告とまったくと言ってよいほど、面識もなければ、被告自身、彼らに憎悪も怨恨もない。被告自身が生の選別をし、生命を管理・運営しようとしているのだ。しかもその手段と方法があまりにも残虐極まりない。犯行後は、血の海を想像するが、被告は「血の匂いはない」とも述べている。被告の場合、その予兆は、「措置入院」にある。いわば、被告本人も「心失者」の対象とさせられたのである。被告は措置入院させられるとまでは想像衆院議長に手紙を持って行き、重度障害者の安楽死を提案するも認められず、措置入院となった。い

していなかったようだが、措置入院が国による回答であったのだ。

4. 被告人質問　第11回公判

甲Sさん（43歳男性）姉の被害者参加代理人弁護士（女性）

――衆院議長への手紙について。手紙を書いた時点で、許可されたら、あなたが殺そうとした？

被告　はい。

――仮に国から「間違っている、やめられたい」と返事が来たら実行しなかった？

被告　それはわかりません。措置入院になったのが返答だと思います。

――意味は？

被告　「やめなさい」という返答と思う。

――「やめなさい」という意味の返答があったのになぜやった？

被告　正しいと思ったから。人々にとって正しいというのと、幸せが増えると思ったからです。

検察官

――園に行くとき、意思疎通できない人全員殺害するつもりで侵入した？

被告　なるべくたくさんの人を殺害しようと思っていました。

――殺害方法として、最初に包丁で胸を刺し、胸がかたいので途中から首？

被告　はい。首だと確実に殺せると。
――首を3回くらい刺せば死ぬと思った？
被告　はい。
――あなた自身は各被害者の首を刺したけれど、亡くなったかどうかの確認はしたか？
被告　してません。
――なぜ。
被告　次を急いでいたから。
――昨日、今日と死にざまを聞かれて覚えていなかったと答えたが、どうして？
被告　覚えたくない景色だったからかもしれません。
――正しいかどうかわからないと言っていたが、躊躇はなかった？
被告　これから外に一生出られないかもしれないとは思いました。
――自分が「気づいた」理由はやまゆり園で働いて、その実態とか家族の苦労の様子を知って、気づいたと言っていた。それでよいか？
被告　はい。
――やまゆり園で働かなければ気づかなかった？
被告　そうかもしれません。

被告の弁護士

――「気づいた」きっかけは、やまゆりの実態を知ってと言っていましたね？

被告　はい。

――措置入院する前ですよね。

被告　はい。

――措置入院の時にどう変わったか。

被告　自分でやればよいと気づきました。

――措置入院の前は障害者は安楽死させるべきと考えていた。

被告　はい。そうです。

――当時も今も自分の考えは正しいと。

被告　はい。

――刃物で殺傷したのが正しいとは言い切れないと言いましたよね？

被告　はい。

――なるべく多く殺害しようとした。

被告　はい。

（第11回公判より抜粋）

面会時に被告が「国が認めないのであれば自分で実行するしかない」と語ったことを思い出す。措置入院中に実行を決意し、身体を鍛え、準備をしていたのだ。被告は、「意思疎通のとれない重度障害者は安楽死させるべきだ」とする一方で、自らに責任能力があることを訴え「責任能力がなければ即死刑にすべきだ」と主張している。つまり、意思疎通のとれない、責任能力がとれないものは、死刑・抹殺の対象とするべきだというのだ。ここに「法」と「法外なもの」の関係が、直ちに立ち現れる。責任能力のあるものは法の裁きを受けることができ、責任能力のないものは法の裁きを受けることができない。自分は法の内にあり、責任能力があるので法の裁きを受ける権利があるが、「心失者」は、法の外にあり、その責任能力がないので裁きを逃れることができる。つまり、被告は、自ら規定した「心失者」に自らがなることを恐れているのである。これは被告にとって「屈辱」以外の何ものでもないはずだ。だとすれば、何がいえるのか。遺族や被害者の全員が被告に極刑を望んでいる。つまり、被告を「死刑」にすることを望んでいる。その判断は司法である。つまり、司法は、「生きるに値する生」か否かの線引きを行うのだ。そしてこの線引きは、「安楽死の対象とするべき生」とそうでない生の線引きとも通底している。被告は安楽死を合法化することを主張しているが、安楽死が合法化されると国家によって生の選別が可能となる。死刑による生の選別、安楽死による生の選別、どこが違うのか。いずれも主権権力によるものであり、まさに「生権力」の範疇である。個人は、生の選別をしてはいけないが、国家は生の選別をしてもよいという逆説性が含まれている。被告自身が重度の障害者となり意思疎通がとれなくなることを経験させる以外には、悔い改める方法や手段はないのではなかろうか。おそらく自分自身が「心失者」にさせられることが本人にとって最も苦しいことだと考えるからである。近代の死刑制度は拷問・八つ裂きなどではなく、「紙切れ一枚」で合理的に行われる。死刑の覚悟はいるが、一瞬で終了し、痛みも苦しみも生じないのである。

5．甲Fさん（65歳女性）遺族調書　妹としての処罰感情　第3回公判

姉の甲Fは、植松という男に殺された。無念と思うとふつふつ怒りがわいている。幼い頃、私は、甲Fちゃんの存在を知らなかった。10歳くらいの頃、突然母から、甲Fちゃんがいることを聞いた。聞くことも話すこともできず、食事や入浴に介助が必要なので、家で生活できず、施設で暮らしていると聞いた。はじめて会った甲Fは、明るく、人懐っこく、初対面の私にもニッコリ笑った。母や姉の態度から、私のことを、家族の一員と理解したようだった。それからも、私一人で訪ねても、交互に自分と私を指し「わたしの妹だよ」と、ほかの人に紹介するような様子をしていた。障害は区分6。食事、入浴、介護が必要で、計算はできない。自宅で生活はできない。しかし甲Fは身振り手振りでコミュニケーションができて、どこかに出かけることも、職員が伝えると理解できた。写真を見せると、どこへ行くか理解していたし、物事をまったく理解できなかったわけではない。私と甲Fが2人で歩いていた時、後ろから車が来たことに気づき、引っ張って寄せてくれたことがあった。周囲の危険を察する能力に優れていたと思う。私を走っている車から守ろうとしたと思う。ですから私は、甲Fは、重度の障害とは思えない。

20年くらい前、甲Fは、津久井やまゆり園に移った。毎月、面会日に会いに行った。ジャニーズ好きで、色鮮やかな服が好きだった。ほしいものあると、目を輝かせながら、「買ってほしい」と全身でおねだりした。買ってあげると、本当に嬉しそうにした。つい甘やかして、買えるだけ買ってしま

う。新しい服を着て帰り、「かわいいの着てるね」と言われるとちょっとつまんで見せびらかすようなしぐさをし、私を指差し「買ってもらったの」というような感じだった。この笑顔のために私は、仕事を頑張った。私の生活の張り合いだった。

甲Fにとって、園もまた、家であり、家族でした。職員には優しく接してもらっていたと思う。どんな人も嫌うことなくニコニコ、他の入所者のことも好きだった。入所者、他の家族も覚えていてニコニコしていた。あっちにあなたの家族がいるよ、と伝えたりしていた。職員は甲Fの様子をよく連絡してくれた。「食事の内容を変えます」とか、「病院へ行きます」と。

事件前日25日の午後8時か9時にも職員から電話があった。最近甲Fは足が弱くなり、座っていることが多く、床ずれのようなものができたので、「新しいクッション買ってもいいですか」と。気遣いがとても嬉しかった。入口手前に甲Fの部屋。花やウサギの飾りをキラキラにしていて、かわいいものが好きな甲Fらしい部屋だった。

当日のニュースで、やまゆり園のことを知った。「うちの甲Fがいる施設か」、とっさに確信がもてず、電話をした。対応してくれた職員は「詳しいことがわかりません。折り返します」と。私は職場で責任者をしていることもあり、娘に、園から連絡あったらすぐ電話をくれと言って家を出た。午前8時くらいに娘から、やまゆり園から連絡あり、「これから園に来てほしい」と。急ぎじゃないんだと思ったものの、甲Fちゃんは怪我をしたのかなと思い、電車で相模湖駅へ。そして歩いて園に向かった。報道陣がいっぱい来ていて、大きな事件だと思った。施設に入れてもらい、顔見知りの職員から「こちらに来てください」と。管理棟へ。案内されたところに行って待っていたが、不安で、悪いことは考えたくないと、「甲Fちゃんは怪我をしただけ」と思い込んでいた。先生は「すみません。何もできなくて」と深々と頭を下げた。会話がかみ合わないことに気づいた先生からはっきり、「亡くなった」と。はじめて甲Fが亡くなった現実を突きつけられた。それでも、うちの甲Fちゃんのはずがない、何かの間違いだと思った。先生の説明は上の空で、絶対に間違いだと。他の家族たちの様子が自然と目に入った。パニックの人、ただボーッとしている人、尋常な様子でない。警察から説明あり、感情を押し殺しながら泣いている人。本当に甲Fちゃんが死んでしまったと思うと、名簿をおそるおそる見た。一緒に名簿を見た人から「この時間が、甲Fの死亡時間」と教えてもらった。この無機質な記載を見て、死を現実と。あの部屋で殺されてしまったと、凄惨で、意識が遠くなった。午後8時頃、やっと甲Fに会えた。きれいにしてもらったのか、血はなく、横たわっていたが、首にガーゼを巻いており、自然に亡くなったのとは明らかに異なった。目をつぶっている甲Fに、「苦しまなかったの」と心で問いかけた。

甲Fは、気配で周囲の危険を察知する能力に優れていた。目を覚ましていたら、気づいたかもしれない。そうであれば、怖かったろう。私の心は混乱し、どうして殺されたのか、身体が引き裂かれるように感じた。葬儀は家族でささやかに行った。姉たちが最後､泣きついた。孫も「これから甲Fちゃんと遊べないの?」と聞いていた。自分の心の整理もつかないのに、これから甲Fちゃんのこと、孫にどう説明すれば、と途方に暮れた。写真は、甲Fが大好きなポーズ。孫の1人がする仕草とそっくり。偶然かもしれないけれど、甲Fと私、私の娘、孫は血がつながっている家族と感じる。女性は女性職員が担当するので、犯人は知らなくても当然。植松は甲Fがどんなに皆に愛された存在だったか、知るわけがない。見ず知らずの甲Fを、障害者と一括りにして殺してしまった。それぞれ、個性があったことは、わかっていたはず。ままならないことがあっても、懸命に生きていること、知っていたはずなのに、そのすべてを壊すことをなぜしたのか。他の人が、「植松は死んで地獄行くから」と慰めの言葉を言っていたが、この手で殺してやりたい。存在そのものを消してやりたい。極刑を望む。

6. 甲Gさん（46歳女性）母の遺族調書 第3回公判

私は甲Gの母。とにかく娘の身に何が起きたのか、自分の身体に起きたこと、これから何が起こるか、現実味がない日々。娘に線香をあげながら、「かわいそうだったね」「痛かったね」「怖かったね」と声をかける日々。事件を知ったのは午前6時頃。なんとなくテレビをつけていると、見慣れた園を空から映している状況に。何やら大変な事件が起こったのだと。私の最愛の娘、甲Gは入居している。一瞬、何が起きたのかわからず、ふとテレビを見ると「職員が侵入、入居者を次々刺し、何人も死傷者」と出ている、とても信じ難いと思った。多くのパトカー、救急車、警察が右往左往しており、私は愕然とした。すぐに電話しようと思ったが、きっと園は、ガタガタしていると考え直し、連絡しなかった。朝7時30分頃、電話のベルが鳴った。きっと園からの電話と思った。私自身、娘は大丈夫と言い聞かせていたので、敢えてゆっくり対応した。でも電話の職員は本当に焦っている様子で、「とにかく園に来てください」と。ただならぬ様子で、「娘は怪我でもしたんですか」と聞くと、「いや、とにかく園に来てください。今すぐじゃなくても、構いませんが、とにかく園に来てください」と。

私は「今すぐじゃなくていい」と言うので大丈夫なんだと思ったがとにかく行こうと決めた。園はまさにパニックで、次第に事の重大性がわかった。園に入ると、職員が案内してくれ、家族控室に入った。「娘は怖い思いをしているだろう。抱きしめてやりたい」と考えていたら、「あなたもなの？」と顔見知りから声をかけられた。「え、何が」「甲Gさん、亡くなったよ」「えー、嘘でしょ」「今集まってる人は亡くなってる人の家族だよ」と。身体が震えはじめ、音が聞こえなくなり、目の前が真っ暗になった。立っておれず、椅子に倒れ込んだ。しばらくし、同じ人が、となりの部屋に名簿あるよ、○とか×とかついていて、×は亡くなった人だって。甲Gさんには×がついてる。自分で確認したほうがいいと。夢遊病者のように名簿確認し、「ああ、本当に死んじゃったんだ」と。あまりに衝撃的な事実に、心を閉ざしてしまっていた。警察からその時に説明があったが、内容はほとんど覚えてない。午後、娘に会った。ベッドに横たわり、口を閉じ、眠っている様子だった。「甲G、甲G」と何度も名前を呼んだ。当然、返事はなく、頬を触ると冷たく、生命の温かみを感じなかった。その後の記憶はなく、私はいつの間にか、家に帰っていた。

娘は私の長女で、生まれつき知的障害があり、2歳か3歳の頃に、「知的障害」と診断を受けた。15歳の頃、糖尿病となり、愛の手帳には「合併症」と書かれている。意味のある会話をすることはほとんどできない。身振り手振りで自分の感情を表現し、感情は本当に豊かだった。ただ、人見知りで、拒否するしぐさをすることもあった。職員も担当がかわると、慣れるまで時間がかかった。食事も流動食だが自分ででき、排泄も自分でできる。生まれた時、何らほかの子と変わりなかった。しかし次第に、ほかの子ができることができなくなり、2歳か3歳の頃、医師から「知的障害」と診断され、「なんでうちの子が」という気持ちと、「やっぱりそうか」と納得の気持ちがあった。2歳になっても、「あー」とか、「うー」と、発することはあっても、パパやママと意味することはわからず、ハイハイも、他の子よりも遅くて心配だった。しかし、はじめての子である娘はかわいかった。単純にかわいかったし、近所の幼稚園に協力を得て、ほかの子と一緒に。友達に恵まれ、本当に楽しく過ごした。小学校は特殊学級へ、友達と毎日、楽しそうにしていた。ゆっくりでも、確実に成長していく娘を見るのが本当に楽しみだった。その時の写真がたくさんあり、今となっては宝物になっている。中学になると、娘は学校を嫌がり、逃避するようになった。バスや電車で逃避し、新幹線で愛知まで行ったこともあった。電車で遠くに行く楽しみを知ってしまった娘は、作業所に行くようになっても遠くへ行くことがあった。現実逃避がいつの間にか冒険の楽しみになった。迎えに行くと「なんで迎えに来た」「まだ居たかった」と本当に嫌な顔をした。娘が本当にかわいく、今でも温かい気持ちになる。と同時に、寂しい気持ちになる。

26歳の時、市職員の紹介で、園でお世話になるようになった。巨大結腸症、糖尿病があり、おなかいっぱい食べられない、流動食しか食べられないが、私がいないときに勝手にものを食べることがあり、園で世話になることになった。園が合っているようで、毎日楽しく過ごしていた。入ったばかりの頃、私から離れるのが寂しいのか、「ママ」「ママ」と言っていた。職員は本当に娘のことを考えてくれ、あれだけ逃避していたのに、どこへも行かなくなった。つまり園が外より楽しい世界になった。本当に感謝しかない。月1回の面会でにっこり笑って「おはよー」と。亡くなった今も、声が浮かぶ。最後に会ったのは7月12日。「ママ」「ママ」「おはよー」とにっこりしていた。「元気だった？」と聞くと「うん」と。マニキュアをしているのをみつけ、「何色をつけてるの」と聞くと、とても嬉しそうに、自慢するように両手を見せてくれた。ファッション雑誌好きで、帰る時、これが最後と知らず、「次は8月6日のお祭りだから、浴衣を着られるからね」と話しかけた。娘は毎年浴衣を本当に楽しみにしていた。会えなくなってしまい、もう一度、浴衣を着せてあげたかったと叶わぬ思いを抱いている。

犯人へは、なぜかわからないという気持ちだ。八つ裂きにしても構わないという人がいるが、「本当にそうなのか」という気持ちである。「怖かったのかな、痛かったのかな」、という気持ちしかわいてこない。単純に、「許せますか?」と聞かれると「許せない」だが、犯人のことを考える余裕がない。それほど、娘を失ったことはショック。泣き叫んだりしない自分は冷たいのかと思うが、自分の心が壊れないよう、防衛反応が働いていると思う。今後、娘の死が現実となり、心が壊れるのではと心配である。

7. 甲Hさん(65歳女性)母の処罰感情　第3回公判

正直事件のことは思い出したくない。何を話しても甲Hは戻ってこないが、思いを話したいと思う。いつというわけでなく、優しさが印象的で、すごく優しい気持ちをもった子だった。例えば電車、バスに乗っているとき、立っている子連れや年寄りに席を譲ることができるような子。自分より弱い人に心寄せることができる子だった。家族のように、長年一緒にいると、しゃべれなくても考えていることがわかる。甲Ｈも、私たちが思っていることを理解していたと思う。亡くなったことは悔しくて受け入れられない。親より先にいってしまったことを信じたくない。刑事さんにいまこうして話しているだけで、涙があふれてくる。植松の顔はニュースなどで見た。どんな重い罰を与えても甲Ｈが生き返ることはない。ただ、せめてものむくいのため、最も厳しい罰を望みます。

甲Ｈさん（65歳女性）実弟の処罰感情　第3回公判

母から、姉は小学校に入る前に障害がわかったと聞いています。成長が遅いと不安に思い、母が医者に連れて行ったそうです。障害があるから普通の小学校には行けないということを聞いて、私も障害があることを知りました。小学校の頃、「はとぽっぽ、ぽっぽ、ぽっぽ」くらいには話せたが、成長に見合う言語の発達はなかった。１９７２年に入所した。両親が年をとり支えることができなくなり、甲Ｈの将来を考え、苦渋の決断をしたそうです。自力で歩くことができていたが、２００９年に脳出血を起こし、右半身不随となりました。以前は自分で動いたりできたが、筋力も衰え、左足も動かせなくなりました。しかし、私が会いに行くと、唯一動く左手で手招きしたりと、懸命に気持ちを伝えようとしてくれていた。姉が思っていることはなんとなくわかるし、あちらもこちらが思っていることを理解している様子だった。被告は意思疎通ができない障害者はいらないなどという発言をしているが、決して意思疎通ができない状態ではなかった。愛の手帳と身体障害者1級の手帳を持っていた。右半身不随だった。寝たきりで会話ができず、人の手助けが必要だった。網膜隔離も患っており、右目はかすかに光が感じられる程度である。

事件のことは、7月26日朝6時頃知った。テレビでやまゆり園の正門が映り、刃物を持った男が侵入し、死傷者が多数いるというテロップが出ていた。動揺したが、よく考えると園からの連絡もなく、姉は無事だろうと勝手に考えていた。しかし、他に被害に遭った方のために何かやらなければいけないことはないかと、「みどり会」（家族会）の会長と副会長に電話した。すると「園に向かうように」言われたので、車で向かった。午前7時過ぎ到着。ロープで規制がされており、車が入れず、警察や消防などの車で駐車場もいっぱい。なんとか駐車場所をみつけ、管理棟に行ったが、被害者の家族とみられる人はいなかった。管理棟の入口付近にはポタポタと血が落ち、血を垂らしたような跡だった。管理棟の奥まで続いていた。「本当に大変なことになっている。できる限りのことを全力でやる」と気を引き締めようと思った矢先のこと。部屋には数名が来ていて、挨拶をしても目を合わせず、空気が重かった。机に名簿が置いてあり、名前の横に○や×が記されてあった。×は被害に遭った人だと思った。念のため確認したところ、姉の名前の横に×印があった。「この×はどういう意味か」と聞いたが、誰も見ようとせず、声も発さず、不安になった。もう一度名前を見ると、×の横に「5時39分死亡確認」と書いてあった。何度見返しても、書いていることに間違いはなく、姉が亡くなったことがわかった。それまでは姉にまだ会っておらず、受け入れることができず、詳しい状況もわからないまま、待たされた。この間「間違いではないか、混乱している状況なので間違いもあるだろう」と考えたりもしていた。しばらくして、看護課長がやってきて、泣きながら「ごめんなさい、ごめんなさい、本当に守れなくて、ごめんなさい」と話した。そして、本当のことだとわかった。園のテレビで詳細を知った。そして午後9時半過ぎに、ようやく会うことができた。顔だけを出していて、まるで眠っているような穏やかな表情だった。声をかけてももう姉は反応してくれなかった。死んだのか殺されたのかと思うと涙が止まらなくなった。会ったのはこの短い時間だけだった。自宅に帰るまでの間、力が入らず、いつも通りアクセルを踏むこともできなかった。

死因は解剖後に知らされ、出血性ショックで、左手にも傷があったことを知らされた。刑事さんに対し「即死か」と聞いたところ答えにくそうに「傷を負って数分は……」と言葉を詰まらせながら答えた。暗い部屋の中で逃げられずに、唯一動く左手で避けようとしたのだろうと思う。怖くて痛くて地獄のような数分間を過ごしたことがかわいそうでならない。帰ってきた遺体はとても小さく見え、少しむくんでいるように見えた。最後に会ったのは7月10日。ホームを訪ね、短い時間だったが会った。にこっと笑い喜んでくれていた。いつも帰ろうとすると大声で泣いたりするが、その日も「じゃあね！」と言うと大声で泣き出した。犯人は見たことがない。すれ違ったこともあると思うが、若い職員はたくさんいるのでそれが植松と認識はしていなかった。職員には感謝している。姉の体調も安定していて、施設のおかげだったと思う。姉は優しい心を持っていた。高齢者に席を譲るなど手を差し延べることができる人だ。純粋で優しく、それを人に分けることができる人だった。私よりも愛情を込めて育てた母の気持ちを考えると、悔しくて仕方ない。私は母に死因すら伝えることができずにいる。植松には自分が奪った命がどれだけ尊い命だったのか、心から後悔するように望む。姉がどんな苦しみや痛い思いをしたのか、心の痛みを抱えて生きていかなければいけない。植松にはわからないこと。できることならば、私自身が自分の手で被告の命を絶ちたい。死刑によって罪を償ってほしい。

8．甲Iさん（35歳女性）父の処罰感情　第3回公判

長女は発達障害と身体障害でやまゆり園に入所していた。甲Iの一番の理解者であると思う私は娘を失ってから気持ちが落ち込み、何も手につかず、事件と向き合うことができずに他人事のような気持ちになっているが、事件と正面から向き合う覚悟を決めた。甲Iについては、生まれて1、2年は大きな怪我や病もなかった。2～3歳頃から、歩いたりしゃべったりできなかったことから「発育が遅いな」と疑問を感じていた。遊ぶ姿やかわいい笑顔に癒やされていた。4～5歳になっても歩いたり話したりができなかった。また身体障害者手帳については園に預けているので詳細はわからないが、確か2級の1種だった。甲Iは歩けず、車椅子生活だった。食事は介助が必要で、食べさせていた。専業主婦の妻が1人で介護などをこなしていた。2002年頃、娘のために職場を早期退職し介助した。海や山にドライブに行ったり、小さな頃はキャンプに連れて行ったりもしたが、大きくなってからは紅葉を見に行ったりもした。23歳の頃に、今の住居に移り、私と妻と甲Iの3人で暮らした。人見知りな性格だったが、兄や妹にはわがままになることも多かった。言葉で会話することはできなかったが、長年一緒にいるので大概のことは理解できた。簡単な言葉は話せ「ごはん」「ねる」などは話すことができた。

2012年から入所していたやまゆり園では車椅子をいつも利用していた。身体障害者手帳には脳性マヒとして記されていた。入所の経緯は、障害福祉課からやまゆり園を紹介されて短期入所から始

めた。2012年7月に妻の病状が悪化。やまゆり園の職員が甲Iを入所させた方がいいとすすめてくれた。離ればなれになるのは辛かったが、入所させた。2012年8月、妻が亡くなった。入所させてからは月に1回くらいは会っていた。会いに行く時はいつも食堂にいた。手を握り話しかけたり、だっこで抱えて連れ出し、散歩すると、笑顔で喜んでいた。私が病気を患ったこともあり、今年はじめて会ったのは7月9日だった。私の右腕は力が入らず、だっこできず散歩はできなかった。そのせいか少し寂しそうな顔をしていた。その寂しそうな顔が最後に会ったときの表情だった。7月26日朝6時頃、テレビの速報で事件を知った。心配になり園に電話したが、なかなか連絡がとれなかった。その後連絡がとれて、被害者の中に甲Iがいることがわかった。「なんで。信じられない」と悲しくなった。会ったときには顔には傷はなく化粧されてきれいな顔だった。甲Iが亡くなった現実をそこで目の当たりにした。

「先に寝るね」と言うと甲Iは先にベッドに入り隠れて待っているようなかわいい子だった。嬉しそうに喜び、ドライブで景色を楽しそうに見ていた。笑顔は今も心に残っている。これからはもう思い出が増えることはない。刺された時、痛みを感じたのか、苦しくなかったのか、考えると辛くなる。自分が病になったせいで、家族と過ごす時間を奪ってしまった。これまで、いることが当たり前の存在だったのに、もう笑顔を見ることはできない。残念でならない。殺された理由についても「障害者はいらない」という、そんな理由で殺され、犯人のことは許せない。「価値観を押しつけるな」と言いたい。一緒にいて幸せだった。感謝をもっと伝えたかった。妻は私以上に甲Iを愛していた。もしこのことを聞いたら、怒りのあまり何をするかわからない。極刑になることを望むし、妻もそう考えているとも思う。

9．甲Jさん（55歳女性）弟の処罰感情　第3回公判

障害者の生を軽視し、家族の感情を無視した被告の発言を聞いて、直接殺したいと思う。今も拘置所のなかでノウノウと生きている犯人について腸が煮えくりかえり許せない気持ちである。事件当時朝6時、テレビでニュースが流れているのは知ったが、その時はまさか入居している施設とは思っていなかった。出勤中、ラジオでやまゆり園とわかった。名前を聞いて、まさか姉の入所している施設では、と不安を感じながら職場に向かった。朝7時半ごろ、姉が入所する施設の職員から「すぐ施設に来て」と電話があった。血の気が引く感覚だった。詳細を問いただしたが「すぐに来て」と繰り返すばかりだった。自分が責任のある立場だったため、仕事を抜けることもできず、元妻に電話し、施設に連絡するようお願いした。私は姉は大丈夫だと思いながら仕事を続けた。すると元妻から「亡くなったみたい。すぐ帰ってきて」と電話があった。「どうして姉が？」と取り乱しそうになりながら、早退し、午後3時頃、着いた。警察の検証中で、集会場のようなところに行き、待機した。説明もなく不安に押しつぶされそうになっていた。午後10時ごろ、横になっている姉と対面した。きれいで眠っているようだった。声をかけると、起き上がるのでは、と思うほど穏やかだった。しかし、体は冷たく声をかけても起き上がることはなかった。首にガーゼが巻かれていた。涙があふれた。そのときの痛みを考えると涙があふれて止まらなくなった。帰ってからも姉とまた会えるのでは、と現実を受け

入れることができなかった。

姉は、脇を抱えれば歩くことができるし、スプーンを持たせてあげれば自分で食事も取れた。水を飲みたい時は発声するので、私たちはわかった。排便の時は腹をたたくので、下着を下ろすところまでしてあげれば自分でできた。家族との特別なサインともいえた。他の方より身体能力は優れていたが、喃語しかしゃべれず、意思疎通ができなかった。しかし喜ぶ時は表情でわかった。気に入らないことがあると手を払いのけるなど拒否反応を示した。植松の顔は報道などで見たが、はじめて聞いたし身に覚えがない。被告は考えを思考の中で留めるだけではなく、行動に移し、姉を奪った。痛かっただろう、怖かっただろう、と想像すると、胸が張り裂けそうな気持ちで、許すことはできない。命をもって償ってほしい。

第6章　裁判から何が見えるか
つばさホームとみのりホームの状況

生活3課の「つばさホーム」と「みのりホーム」は支援員室を介してとなり合わせに位置している。「つばさ」には、重度の高齢の利用者が多く、「みのり」には、自傷、他害、強度行動障害の利用者が多い。当日は、「つばさ」には丙Cさん（当時23歳　つばさホーム男性職員）、「みのり」には丙Dさん（当時54歳　みのりホーム男性職員）が勤務していた。以下は、法廷において、検察官によって読み上げられた「つばさ」の丙Cさん、職員公舎から駆けつけた「つばさ」の同僚職員、そして「みのり」の丙Dさんの供述調書である。

1．丙Cさん（当時23歳　つばさホーム男性職員）の供述調書　第2回公判

2013年から「つばさホーム」（男子ホーム）に勤務し、2016年1月から正規となる。事件当日は「つばさホーム」の夜勤にあたっていた。

居住棟（西）1階　**つばさホーム（男性）**

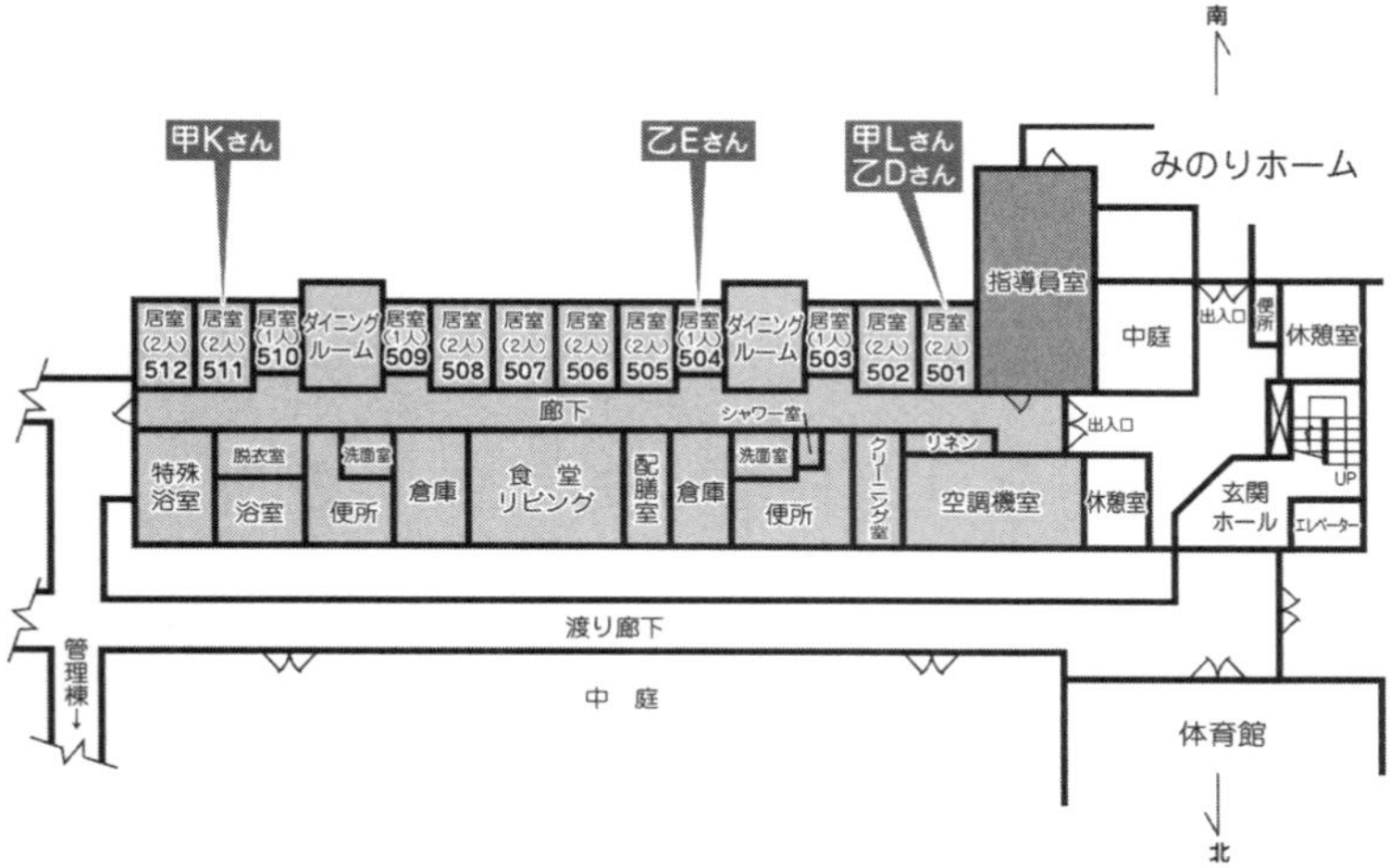

居住棟（西）1階　**みのりホーム（男性）**

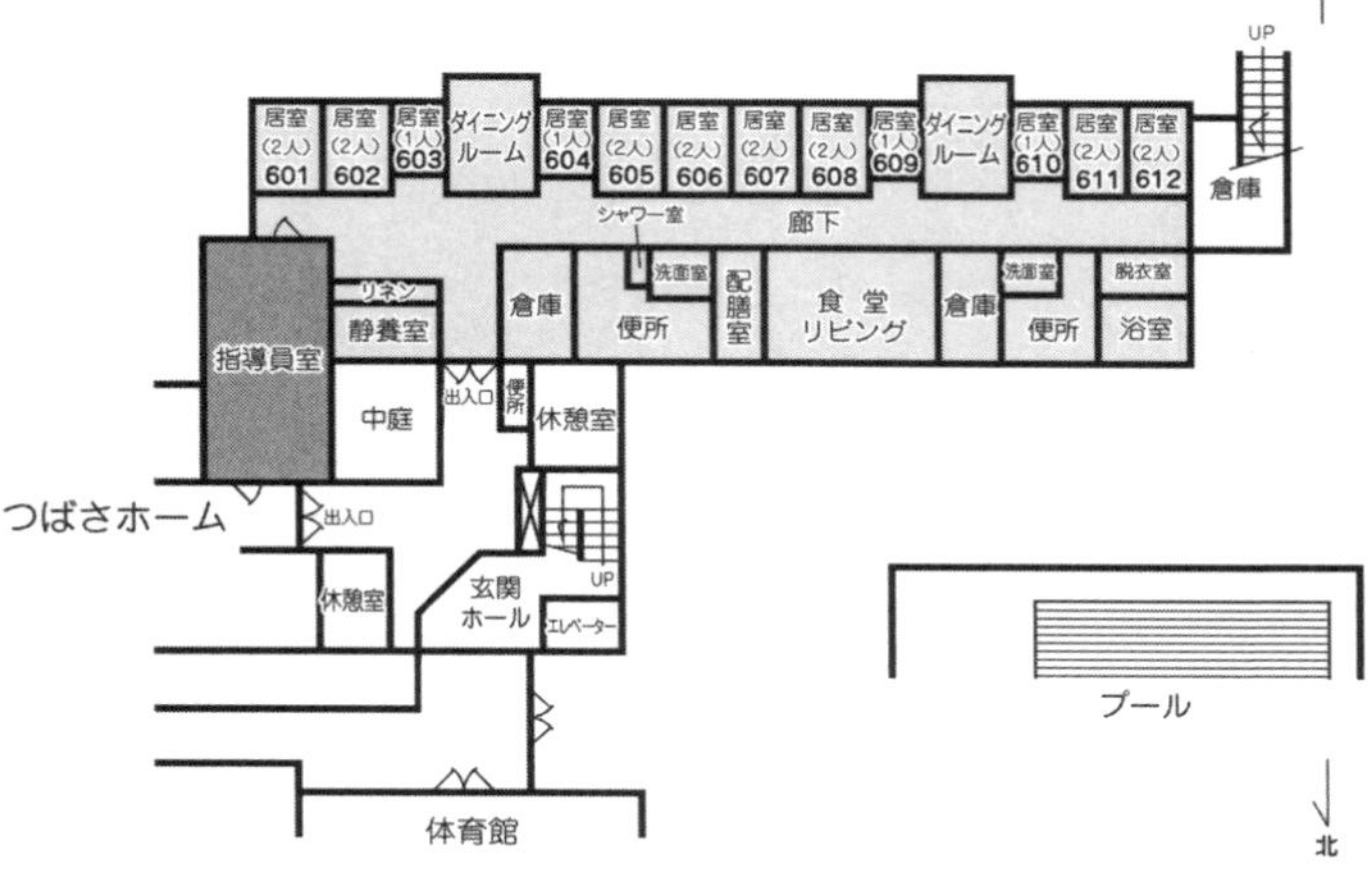

7月25日は夜勤で、午後9時~午前2時頃までの間、1時間ごとに各部屋の見回りをしていた。511号室は短期利用の甲Kさん、504号室は乙Eさんがいた。巡回が終わり一息ついてると「カチッ」という音が聞こえた。部屋に入れるのは職員だけで、部外者が来るとは想像もしなかった。誰が入ってきたのか確認するため、顔を出してみた。しかし、ドアの扉越しには誰もおらず、リビング前の廊下に、大きな肩掛けカバンを掛けた人が、無言でこちらに向かってくるのが見えた。廊下は消灯しており、薄暗かったが、支援室の灯りが漏れ、外灯もついていた。体幹が大きいので、男性だと思った。顔までは見えず、「この職員誰だろう」と思ったが、半年前に辞職した植松だとわかった。「カチッ」という音を聞いたのは午前2時過ぎていたと思うが、正確な時刻はわからない。植松とは、何度か話をしたことがあった。その植松が、そこにいると思うと、何かよからぬことがあると思う一方、「知り合いに用事があったのかな」とも思い、「お疲れ様です。どうしたんですか」と聞いてみた。すると植松はリビング前の廊下まで来て、左手に蝋燭のようなものを何本か持っていた。かつて四肢が不自由な人の入浴介助を一緒にした時、植松は「君はもう少し身体を鍛えた方がいい」と言っていたことがあった。私は身体を鍛えた様子がなかったのでそう言ったのだと思う。廊下では植松の方向に立っていたが、植松はバッグをゴソゴソして、「ちょっと今やばいんだよね」と言った。「フゥーフゥ」と荒い息、こめかみ辺りに汗が滲み出ていた。「つばさ」に来る前、何かもめごとを起こしたのだと思った。

植松は「丙Cくんさ、ちょっとこっちに来てくれる」と言った。片手で私の腕をつかみ、引っ張った。私はバランスを崩し「なんですか」と言うと、植松は「いいから、いいから」と答えた。植松は壁側に立って白くて細く棒状のものを私に見せながら「もう殺しているから」と言った。言葉の意味がわからなかった。近くに黒い点がポッポッと、植松のところまで続いていた。左手に何かを植松が持っているのに気づいた。「縛るから」と言い、白い棒状のものを私の両手首に巻き付け強く引っ張った。後で、これが結束バンドとわかった。その後、両手首から5センチ位のところにもう1本、バンドをきつく巻いて、さらに両手首にもう1本通し、手すりに巻き付けた。「これで逃げられたらすごい。自分も塀の中の暮らしがこれから長いと思うけど、まあお互い、いい思い出にしようよ」と、植松はそう言った。

植松は、「504号室の方を指し「ここ誰」と言うので、私は、「乙Eさんです」と答えた。続けて「どんな人?」と聞いてきたので、「目が見えない、耳も聞こえない人です」と答えた。植松は「わかった」と言って、大きい包丁をもって乙Eさんの部屋へ向かった。現実でない、出来事として受け止められないところもあった。504号室は開け放しで、見ようと思えば見られたが、怖くて思わず目をそらした。直後に「バサッ」と、布団に人が乗る音がし、間をおかずに乙Eさんの「ウグ、グ」という、うめき声が聞こえた。私が「カチッ」という音を聞いてから手首を縛られるまで、2分くらいだったと思う。乙Eさんの部屋に入ったのも午前2時19分頃だと思う。直後に音が聞こえたので、乙Eさんを刺したのもこの頃だと思う。植松は15秒くらいして出てきた。私は、本当に植松は人を殺す人なんだと思い、身体が震え、恐ろしくなった。植松は、「ほかにわかる人はいるか」と聞いてきた。物事を理解できる人だと思い、「となりととなりに少ししゃべれる人います」と答えた。「あいつどここにいる、ワーッと怒るやつ。電車持ってるやつ」。私は、甲Lさんのことだと思った。「甲Lさんですか」

と聞くと、「そう、あいつは殺さないとな！」と言った。仕方なく501号室を指しながら「一番奥です」と言った。501号室へ速足で行くと半開きの部屋から「ウワアアア！」という、うめき声が何度か聞こえた。501号室は甲Lさんの他にも人はいたが、甲Lさんの声だとわかった。1分くらいして植松が出てきた。夥しい血が流れていて、「いてえ！　いてえー」と苦しむ声が聞こえてきた。植松は「よかった、ちゃんといる。いなかったらどうしようと思った」と言ったが、私のことか、それとも甲Lさんが施設にいることなのかはわからない。ドアの扉が閉まる音が3回くらい聞こえてきた。ほかにも3回くらい部屋に入り刺したと思った。

スマホを出すタイミングを見計っていたところ、植松が「みのりホーム」の職員丙Dさんと話す声が聞こえてきた。2時21分、縛られた手で「すぐきてやばい」というLINEのメッセージを送った。植松が501号室に入ったのは2時20分頃だと思う。直後に甲Lさんのうめき声が聞こえたので、刺したのもその頃だと思う。乙Dさんを刺したのも2時20分頃だと思う。丙Dさんの背後から植松が包丁を突き付けながら私の方に歩いてきた。植松は、丙Dさんを私と同じように縛り付けた。この時「厚木とかにも行っちゃうからね」と言っていた。「厚木」というのはかながわ共同会の厚木精華園のことと思い、厚木精華園の人も殺そうとしているとわかった。バッグに蝋燭のようなものが入ったビニールを持って出て行った。靴下を脱ぎ、足の指で、スマホで「けいさつ」と打とうとしたが、「きたかあさはらう」「てんさく」と打ってしまった。

職員公舎にいた「つばさ」の同僚の男性職員から返信。電話がかかってきた。「植松がやってきて包丁を持って何人かの利用者さんを刺しました。とにかく大変な状況、すぐ警察呼んで」と言った。

その後「ウグ」「ウグ」と言い、乙Eさんが肩から血まみれの状態で出てきた。私のポロシャツの血は乙Eさんのものだと思う。結束バンドを切ってもらい、私と丙Dさんは、両手首を縛られたまま職員公舎まで逃げた。公舎に逃げて手あたり次第インターフォンを押した。出てきた人に110番してもらった。パトカーが来て、植松が自首したと聞いた。警察、救急隊がなかなか入らなかったので、私は、拘束された人が心配で入った。「はなホーム」、「にじホーム」で気絶していた人に声をかけた。「のぞみホーム」、「ゆめホーム」は被害を免れた。「いぶきホーム」の職員は拘束され、「すばるホーム」の職員はすでに逃げていたようだった。

「つばさホーム」で怪我をした乙Eさんは知的障害があった。甲Lさんは女性元職員のTHさんを気に入っていて、女性元職員のTHさんがそばにいないと叫ぶことがあった。退勤したとわかるとがっかりしていた。女性元職員のTHさんは2015年3月末、別施設に異動した。甲Lさんは気の弱そうな新人職員に、夜お菓子の量を多くしてくれなどと求めることもあった。

甲Kさんはダウン症だが知的レベルが高く、アニメのDVD鑑賞をしていた。多少会話できた。重度の障害のある人ではなくどうして甲Kさんが殺されたのか。乙Dさんは重度の知的障害。肛門に指を入れ、手に付いた便を口に入れること多々あった。乙Eさんは、全盲全ろう。会話できない。植松がどうしてこのような人を刺し、ほかの人を刺さなかったかわからない。

2．公舎から駆けつけた「つばさホーム」の男性職員　第3回公判

公舎で休んでいた「つばさホーム」のこの支援員は、2016年7月26日未明、後輩の丙Cさんから携帯やLINEで連絡を受け、110番通報。ホームに駆けつけて現場で対応にあたった。

2016年7月25日午後9時頃仕事を終え、職場近くの公舎で深夜0時30分頃就寝した。携帯のバイブで目覚めた。携帯を確認すると丙CさんからLINEのメッセージがあった。丙Cさんから7月26日午前2時21分頃、「すぐきてやばい」「ワ」などのメッセージである。「すぐきてやばい」の時は寝ていた。2時31分バイブで目覚める。画面を確認し気づいた。以前から夜勤者が、利用者の中に急病が出たりするなどで、応援を頼むことがあって、この際も「焦って連絡してきたのだろう」と思った。その後LINEや電話がきたが、向こうからは何も聞こえず切った。2時33分、丙Cさんから「きたかあさはらう」「てんさく」というわけのわからないメッセージがきて不審に思い、「どした」と返信。「けいさつ」とわけのわからないメッセージがきた。この時、まともに入力できないくらい焦っているだろう、と思ったが、状況はわからず。「みのりホーム」の夜勤者に詳細を聞こうと支援員室に2時34分に電話した。誰も出なかったので、よほどの緊急事態と察した。丙Cさんから話を聞くしかないと思い「落ち着け」とメッセージ送った。すると電話がかかってきて、小さな早口声で、「警察呼んでください。お願いします」と何度も言っていた。こちらが「わかったから」と事情を聞こうとしたが、小さな声で早口で「警察呼んでください。お願いします。危ないから来ないで」と繰り返すばかりだった。この時点で危険な出来事が起こっていることがわかった。通報した方がいいと思い、「わかった、警察呼ぶから」と電話を切り、午前2時38分に110番。「津久井やまゆり園に向かってくださいとお願いした。ホーム長にも電話。「何か事件が起こっているようだ。警察には通報した」と伝える。ホーム長からは自宅待機と言われ、待機していた。その間、「植松が利用者を襲ったのでは」と不安な気持ちになった。ホーム長から電話あり「何人か刺された。犯人は出頭しているようだ」。恐れていたことが現実になった。おそらく植松だろうと思った。

電話した後、午前3時半前頃駆けつけた。敷地には救急車数台がいた。騒然として異様な雰囲気だった。「いったい、どれだけの人が被害に遭ったのだろう。死なずに助かってくれ」と思った。丙Cさんは入り口辺りにいた。左肩に血が付いていていた。「大丈夫?」と聞くと「大丈夫です」と。「誰がやられた」と聞くと「甲Lさん、甲Kさんはダメ。乙Dさん、乙Eさんはやられた」。彼らは「つばさホーム」の利用者である。毎日お世話し親しく接していた利用者から死者が出たのはショックだった。園の中に入ると、いろんなところに血が付いていていた。救命活動がされており、乙Dさんは処置を受けていて、乙Eは搬送されるところだった。被害者ではない利用者の方が廊下に出てきた。他の利用者には見せたくなかったので、部屋に戻ってもらった。駆けつけてきた職員には、心構えをしてホームに行くように声をかけた。「つばさホーム」だけではなく、他のホームも被害者がいることがわかった。直接被害がなかった人にも、そのままホームで生活してもらうわけにはいかず、体育館に移動した。なかには、元の部屋への強いこだわりがあるなど、元いた部屋に戻る方もおり、対応していた。また、身の回り品を買う必要があるなど、職員皆、終日、慌ただしく過ごした。帰宅したのは翌27日の朝だった。(第3回公判より)

3．丙Dさん（当時54歳　みのりホーム男性職員）の供述調書　第2回公判

私は、2016年4月にやまゆり園に異動し、「みのりホーム」を担当していた。「みのり」には主に強度行動障害の人がいた。長期利用者のほか、短期の人の専用部屋もあった。当日午後5時45分から夜勤。6時30分頃まで食事。8時00分頃消灯。「みのり」の廊下の電気を消した。非常灯はついている。真っ暗でない。私は夜勤のサブリーダーで、それぞれから人員確認をし、それを東棟のITさんに伝えた。利用者に異変はないか確認し、1時間おきに「みのり」の各部屋を巡回した。支援員室にいると2時過ぎ頃、「みのり」の部屋の声が聞こえ、入所者が廊下に立っていたので部屋に戻した。PCを使おうと座ったが気になった。支援員室の「つばさホーム」のドア側から「こっちに来い」という声がし、振り向くと「つばさホーム」側のドアが開いていた。私は、犯人と向き合った。犯人の男の顔を見るのは、この時はじめてだった。元職員とは知らなかった。「つばさホーム」側のドアは通常、鍵はかかっているが、この時は開いていた。犯人が入ってきたことは、全く気づかなかった。犯人は、キャップ、肩バッグ、血のついた包丁、白い束を持っていた。包丁を向けながら「早くしないと殺すぞ」と言った。一瞬、強盗なのかなと思った。強盗がわざわざ支援施設に入るのはおかしいと思った。私は、言葉を交わしたか否かは、はっきり覚えていないが、犯人は私に「つばさホーム」側のドアから出るように言った。私の後から犯人がついてきた。後ろを見ていないので男の様子はわからない。「つばさホーム」の廊下に丙Cさんがいるのがわかった。この時は、まだ丙Cさんが縛ら

れていることはわからなかった。男が「ここにいろ、あいつのところにいろ」と言って丙Cさんのところまで歩いた。501号室の前を通った際、明るかったので何気に見たら、床が血だらけになって、人が倒れているのが見えた。犯人の男に刺されたとすぐわかった。犯人の男はとなりのリビングとの境目あたりに行けと言った。丙Cさんは両手を縛られ、下を向いていた、左肩から左肘に血が流れているのが見えた。男は「両方の親指をだせ！」と言った。持っていた白い棒のようなものを親指に巻いた。「自分の歯で絞めろ」と。自分の歯で噛んで絞め、さらに犯人も噛んで絞めた。私の腕が太かったからだと思うが、「1本じゃ心配だから」と、もう1本の別の結束バンドで縛った。犯人は「2階の夜勤者は、誰だ」と聞いてきた。言う必要ないと思い、「知らない」と答えた。「この後、厚木に行く」と言った。犯人は厚木精華園に行って同じことするつもりだと思った。この後、支援員室に入り出て行った。少なくとも1~2分の短時間ではなかった。左側のオートロックの鍵を開けて出て行った。

男が立ち去った後、丙Cさんが職員公舎の男性職員に電話。「元職員の植松が来て、利用者を刺し殺している。早く警察呼んでください」と。利用者が出てきたので「ハサミ持ってきて」と頼んだ。利用者は、支援員室の方に行ったもののハサミを持ってこなかったので、さらに「ハサミ！　ハサミ！」と言った。今度は、ハサミを持ってきてくれた。利用者に私の結束バンドを切ってもらい、今度は私と丙Cさん両方のものを切った。そのまま3人で「にじホーム」側の出口から出て歩いて5分くらいの職員公舎へ向かった。1~2階のいくつかのインターフォンを押した。出てきた職員に「元職員の植松がきて利用者を刺した。すぐ110番して警察呼んでください」と伝えた。園に戻り警察に事情を聴かれた。5月頃だと思うが、園に防犯カメラが設置されたことがあった。誰だったか忘れたが、理由として、以前勤務していた人間がここの利用者を殺すと言っていると聞いた。包丁を見せられた時、本当に殺されるのではないかと思った。犯人の男が戻って殺されると思い、本当に怖い思いをした。

4．「つばさホーム」における被害者と植松との接点

丙CさんからLINEで連絡を受けたつばさホーム男性職員は、植松の元同僚である。植松は、2012年12月1日から翌年1月31日まで、非常勤職員として日中支援課に勤務し、翌年の2013年2月から同年3月末まで「つばさホーム」に配置転換されている。常勤職員になる前の1か月間とはいえ、「つばさ」での臨時的任用職員の経験が大きかったのではないかと考えられる。なぜなら、ホームの職員は日中支援課とは異なり、夜勤を含めて利用者の食事・排泄・入浴など具体的な支援をすることになるからだ。常勤職員として「のぞみ」で働く前の「つばさ」での1か月の研修期間に植松は、何を見て、何を経験したのだろうか。被害者との接点はあったのだろうか。職員の証言や被告人質問から考察する。

職員の証言（職員公舎から駆けつけた「つばさホーム」の男性職員）

被害に遭った方のプライバシーに関わることなので心苦しいが、被告は障害者を軽蔑し「生きている意味がない」と発言している。解明のためにも4人の被害者の様子と植松との関わりについて話す。「つばさホーム」には甲Lさんと甲Kさん、乙Dさん、乙Eさんがいた。甲Lさんについては植松が「つ

ばさホーム」で働いていた2013年当時もいた。知的障害があるが、耳は聞こえるし話せる。しかし、職員の言うことを聞かずにわがままを言ったり暴力を振るうこともあり、手のかかる人だった。気に入った新幹線の玩具をいつも持っており、言うことを聞かない時に、玩具や平手で職員を叩くこともあった。相手によって態度を変える人で、若い人の場合は困らせることもあった。新人職員は、対応に困らされていた。2015年3月まで「つばさホーム」で働いていた女性職員のTHさんに対しては、甲Lさんは強い執着心を抱いていた。自分で歯を磨けるのに、自分で磨かず、女性職員のTHさん以外は嫌だと言っていた。支援員室にも頻繁にやってきて、「女出て来い」などと大きな声で言っていた。2012年4月以降、頻繁にこういったことがあったので、植松も知っていたかもしれない。しかし、職員が関係性を築けば対処できることで、薬の処方もいらなかった。被告は「つばさホーム」で働いていた当時、「薬飲ませた方がいいんじゃない」ということを言っていた。甲Kさんは短期利用で、数日間だけ預かっていた。甲Kさんについては2か月に1回くらいの頻度だったが、繰り返し、利用歴もかなり長い人だった。短期利用を繰り返していたのは、両親が高齢で世話が難しかったが、可能な範囲で世話をしたいという意向があったからである。甲Kさんはダウン症だったが、コミュニケーションは可能で、問題行動もなかった。乙Eさんは、甲Kさんと同様に短期利用だった。被告が働いていた当時もいたかもしれない。乙Eさんは、目が見えず、耳もほとんど聞こえないため、コミュニケーションはほぼできなかった。また、乙Dさんは自閉症で、コミュニケーションは、ほぼできなかった。利用者の中には排泄の管理ができず、大便を漏らす人もいたが、乙Dさんは漏らすだけではなく手で触る癖があった。大便の片付けと着替えだけではなく、手を拭き取る必要もあり、世話に苦労する面もあった。拭き取った後もすぐに大便を触り手を汚すこともあった。職員もストレスの原因になることはあった。「つばさホーム」の利用者の方で手のかかる人がいたのは事実です。（以上）

丙Cさんと丙Dさんの供述調書から甲Kさん、甲Lさんが死亡し、乙Dさんと乙Eさんが重傷を負った時の様子を伺い知ることができる。甲Kさんは511号室、甲Lさんと乙Dさんはは501号室。504号室には乙Eさんがいた。甲Lさんについては、植松自身もはっきり覚えているが、乙Eさんについては知らなかったようだ。乙Eさんは自閉症で、コミュニケーションは、ほぼできなかったという。

甲Kさんはダウン症だったが、コミュニケーションは可能で、問題行動もなかった。乙Dさんは、目が見えず、耳もほとんど聞こえないため、コミュニケーションはほぼできなかったという。利用者の中には排泄の管理ができず、大便を漏らしたり、便を手で触る癖があったりする人もいて、支援者が苦労する面が多々あったことが伺われる。衆院議長宛ての手紙に「保護者の疲れ切った表情」、「職員の生気に欠けた瞳」という言葉が出てくるが、面会時に確認すると、その保護者とは短期利用者の家族のことを指すと言っていた。被告の「心失者」の書面にせよ、「糞尿を垂れ流す」という表現にせよ、「つばさホーム」での勤務経験に基づくものではないかと考えられる。植松は、支援員室に入り、パソコンを操作して夜勤職員をチェックした。自分より体格のいい人物がいないことを確認するためである。その間、わずか数分。植松は階段を上って2階の「いぶきホーム」に向かった。

検察官　つばさホームの拘束した職員は知っている人だった？
被告　はい。
——身体を鍛えた方がよいのではないかと言った？
被告　はい。
——電車の人、やっかいだと思った？
被告　職員がいなくなると叫んで暴れてしまったりするのでうっとうしいと思いました。
——電車の人は会話ができると思うが、意思疎通ができない人ですか？
被告　人間の意思疎通とは思ってません。
——自分の便を触ってしまう人は、知っていましたか？
被告　はい。
——殺そうと思ってた？
被告　はい。
——なぜ？
被告　汚いと思ったからです。
——意思疎通はできる？
被告　できません。
——どうやってわかった？
被告　部屋に入って匂いでわかりました。臭い部屋でした。

——あなたに刺されそうになった時、気づいた?
被告　抵抗されたのでやめました。
——小指を怪我していて、傷口を触れられてしまったら困ると。
被告　少しはあったかもしれません。
——あなたとしては、世界平和のため、人の役に立とうと思った。そのためには障害者の安楽死を認めてもらいたいと。そのため、実行に移したのですよね?
被告　はい。
——すると、汚いからといってやめなくてもいいのではないですか?
被告　私がやらなくても、後々、殺すべきだと思いました。
——1人ぐらい刺さなくてもよいと判断した。
被告　はい。
——みのりホームの職員をつばさホームの拘束の場所まで連れていったのはなぜですか?
被告　特に理由はありません。必死だったので、すべてが冷静にできたわけではありません。
——みのりホームでも意思疎通ができないと判断した人を刺した?
被告　はい。
——部屋の状況とか顔つきで判断したのですか?
被告　そこは全員暴れるようなホームだったので、まあ同じです。

(第9回公判より抜粋)

5. 甲Lさん（43歳男性）母の供述調書　第3回公判

離れて生活していたが、楽しそうで会うといつも笑顔だった。今も園で生活していると錯覚することもある。息子の死を受け入れきれない。1歳で脳性マヒと診断され、6歳から施設を利用し始めた。療育手帳A－1。親や職員など、気心の知れた人とはコミュニケーションがとれた。歩いたり、物をとったり、走ることもある。怒ることもあれば、感情的な行動をすることもある。「パパ」「ママ」と言葉も話せ、成長に差はなかった。1歳の頃、普通の子ならば興味をもつ積み木には興味をもたず、立とうともしなかった。医師に連れて行くと脳性マヒの診断を受けた。「体がどんどん衰弱し、長生きはできない。原因は不明」と言っていた。何か障害があるとはわかっていたがショックだった。医師の説明が頭にきて「改善方法を提案しないのか」と怒りを覚え、反骨心がエネルギーに変わった。2011年、入所が決まった。

朝6時半、知り合い複数人から電話。朝7時50分、園から電話（男性職員）。「すぐやまゆりに来てほしい」。朝10時頃、到着した。点々と落ちる血が見えた。状況は見当がつかず、冷静ではいられなかった。気づくと園長が私の横に立っていて、誘導されるように部屋に入った。園長は小さくなり下を向いていた。「うちの甲Lは生きてるか死んでるか、どっちなのか」としびれを切らし聞くと、震え声で「申し訳ありません。亡くなりました」と言った。「だったら早く言え、間違いじゃないのか」と問いただすと「申し訳ありません、申し訳ありません」とただ繰り返すだけだった。感情を抑えきれなくなっていた。突然すぎることで、涙すら出なかった。警察からは検死が終わらないと会えないと言われた。午後9時半頃ストレッチャーに寝かされ、布団をかけられ、顔だけ外に出ていた。のぞき込むと、口を開けて笑っていた。苦しそうじゃなくて良かった、仏になろうとしているんだなと思った。しかし、いつもより頬がこけやせた印象で、血がたくさん出たのだろうと感じた。刺された時の痛みや恐怖を考えると、胸が押しつぶされそうな気持ちだった。「甲L、今までありがとう。向こうに行くから心配しないで」とも思った。意思疎通ができる子で、刺された時、もがいたのではと耐え難い思いだった。早く彼の元に行ってあげたい。青白い顔だったが、いつもの顔がよぎり、手を合わせることで精一杯だった。

7月10日は最後に会った日だった。月1回、家族会で会っていた。いつも決まって外食をし、その時はフライ定食の他に焼きそばを平らげて楽しそうにしていた。苦しい家計の中、その時くらいは好きに注文させてやりたいと思っていた。帰りに歩いていると外で燕が巣を作っていて、甲Lが、興味津々に見ていた。今となっては最後に美しい光景を仏様が見せてくれたのだろうと思った。他の子とは違って、大人になっても純粋でずっと親子でいられる。亡くなった後、帰り道で、食堂のことや燕のことを思い出し悲しい気持ちになった。

植松のことは知らない。やまゆり園の職員の方はいつも丁寧に対応してくれ、甲Lも気に入っていた。良い施設で信頼していた。職員もショックでいたたまれない。何でうちの子が選ばれたのかを考えても帰ってくることはないのに悩む。被告には死刑を望む。自分が間違っていたと気づいてほしい。自分の罪に気づいてほしい。私が生きている間に死刑になってほしい。

6. 甲Kさん（41歳男性）遺族の手記　全文

息子は、生まれたと同時に、ダウン症であること、3年くらいしかもたないだろうということをお医者さんから告げられました。それでも授かった大事な命ですから、夫婦で「いい薬がないか」、「いいお医者さんはいないか」と一生懸命に探しました。そうしたところ、主人の恩師の奥様が看護師をしていらして、いろいろと調べて下さいました。そして千葉に良い病院があるとご紹介頂きました。その後、当時在住していた実家から千葉まで、その病院に通いました。実家は千葉からは距離があり、通院するのは大変だったので、少しでも通院を楽にするため、家族3人で相模原に越すことにしました。こうして息子は相模原で、幼稚園から、養護学校の高等部まで通うことになったわけです。私たちはご近所に息子のことを隠したりせず、普通に生活をしていたので、ご近所の方からは私たちに対して、声をかけてもらったり、気にかけて頂いたりしました。近所の方々に支えて頂いて生活でき、心強く思ったものです。

ある日、「この頃姿を見ませんね」と声をかけられ、亡くなったことを話したところ、施設に入所したのではと思われていました。亡くなったことを聞いて驚かれ、お花を頂戴したりしました。毎日デイケアセンターに通う姿を温かく見守って下さったことに、あらためて感謝をしました。振り返ると、いろいろな思い出が頭をよぎります。小学校の低学年のころ、ちょっと目を離したすきに自転車に乗っていなくなったことがありました。近所の方々や主人の会社の人たちが探してくれましたが見つからず、ただ自転車に乗って自宅からかなり離れた駅の方に向かって行ったという目撃情報があっただけでした。その情報を頼りに、私たちは車で駅近辺を探していましたが、見当たりませんでした。その後、乗っていた車を停めようと入っていった駐車場に、自転車に乗った息子が同じタイミングで入ってきたのが目に入ったのです。

息子は白内障で、夜になるとよけい目が見えなくなります。ですから、車は見えたとしても、その車に私たちが乗っているのは見えなかったはずです。大声で名前を呼んだところ、泣きながら抱き着いてきました。同じタイミングで親子そろって駐車場で出会えたことに、奇跡を感じずにはいられませんでした。好奇心が旺盛な子で、じっとしておられず、ちょくちょく学校からいなくなりました。小学校の入学式で、集合写真を撮るために他の子がいるところに連れて行っても、写真を撮り終わるまでにはいなくなっていました。

猫とか犬が本当に大好きで、実家に帰った際、いないと思ったら、家の軒先の犬小屋の中に犬と一緒にいたりしたこともありました。実家で目を離したときにいなくなってしまい、探していたところ、家のそばの小さな池に落ち、すました顔をして這い上がってきたこともありました。実家には、お盆のお墓参りに毎年帰っていました。息子はとても楽しみにしていました。

事件のあった年も、早めに実家行きを予約していました。今回の事件を受けてキャンセルしようかと思いましたが、息子の写真を持って、一緒にお墓参りに行ってきました。

今年も写真を持って、行ってきたばかりです。楽しみにしていたお墓参りに行けなくて、息子も残念がっていると思います。2年たった今も私たち家族にとってつらい気持ちで、日々過ごすことに変わりはありません。息子に会いたいという思いは強くなるばかりです。

頑固でやさしく、ひょうきん、争いごとはこのまず避ける。ダンスが好きで、休みはB'zのCDをかけて踊っていました。畳がすり減り、カーペットを敷いても同様です。ドラゴンボールも大好きで、DVDを大切にし、短期入所のたびに、本と一緒に持っていくために大荷物でした。持ち物の整理は、当初していましたが、買ったばかりのものはともかく、本人がよく着ていた服や、気に入っていた物などは本人の気持ちや思いが詰まっており、そう簡単には捨てられませんし、目にするたびに思い出してしまい、辛くなるので、やめてしまいました。今でも、みんなでいるときはいいのですが、1人で写真の前に立つといたたまれない気持ちになります。

事件の2日前、5日間の短期入所ということで、やまゆり園に家族みんなで送ったばかりでした。2日後には迎えに行く予定だったのに、事件に巻き込まれてしまい、迎えに行くことができなくなりました。葬儀の折、死を解さない小さな孫に、「おじちゃん、いつ帰ってくるの?」と聞かれたときは、答えることができませんでした。今では写真を見て「おじちゃんは死んだんだよ」と言います。受け容れたくない気持ち、悔しい気持ちを抱えて日々を過ごしています。

私たちははじめ、意見を発表するつもりは全くありませんでした。そっとしておいてほしかったからです。亡くなったということを否定したいのに、周りから何か言われれば、亡くなったということを押し付けられているみたいで、余計落ち込んでしまうからです。

今でもその気持ちに変わりはありません。でも、犯人が言っていることに賛同している人たちがいるということを聞き、ショックを受けました。「もしそういう人たちが犯人のほかにも出てきたら怖い」、

「障害者がつらい立場に置かれる」と、居ても立っても居られなくなりました。意見を出すと言ってみたものの、自分には無理だと思いました。何度も弁護士さんに連絡をして、「やっぱりやめておきます」と言いかけました。でもここで声を上げなければ後悔すると思いました。声を上げないと息子に申し訳ない、とも思いました。

事件から2年経ち、やまゆり園の事件も耳にすることが少なくなってきています。息子は亡くなりましたが、障害をお持ちの方はほかにもいらっしゃる。障害者に対してもっと目を向けて欲しい。今回の件をきっかけに、障害者についてもっと議論して欲しい。そう思っています。裁判がいつ始まるかはまだ正確にはわからないそうです。でも一日も早く始まって欲しい。たとえ犯人の刑が決まり、裁判が終わっても、私たち遺族にとって、それは事件の終わりではありません。それでも一日も早く裁判が始まってほしいと願うのは、犯人がどうしてこういう事件を起こしたのか、なぜ息子が死ななければならなかったのかを知りたいからです。そして、犯人に聞きたいからです。もしあなたの家族、親、兄弟、子供が障害者となったら、同じような行動がとれるのか？　自身を含めて、いつ障害者の立場になるかわからないのに。

甲Kさんの『遺族の手記』は、事件発生から2年を経過した2018年11月26日に公表されたものである。メディアはこれをニュースとして一斉に報道した。甲Kさんの『遺族の手記』からは、公表するにあたっての葛藤や苦悩が読み取れる。語るべきか否か悩みながらも、障害者を否定する被告の言葉に賛同する人がいることを知り、「ここで声を上げなければ後悔する」「障害者に対してもっと目を向けてほしい」という思いから手記を綴ったという。犠牲となった41歳の甲Kさんは、事件当時、つばさホームに5日間の短期入所の予定で利用していた。「コミュニケーションは可能で、問題行動もなかった」という職員の証言もある。甲Kさんは、地域で生活していたので、家族は近所には隠したりせず、普通に生活していた。だが、入所2日後、事件は起こった。家族のささやかな日常生活を奪い、一瞬にして家族を「深淵」に貶めたのだ。何年たっても「つらい」「いたたまれない」。「裁判が終わっても、私たち遺族にとって、それは事件の終わりではありません」という言葉は、とても重い言葉である。「犯人がどうしてこういう事件を起こしたのか」「なぜ息子が死ななければならなかったのか」「もしあなたの家族、親、兄弟、子どもが障害者となったら、同じような行動がとれるのか」といった問いに対しては答えが見つからない。この問いに対して被告の手紙には次のように綴られていた。

御遺族の手記には「被告の考えを知りたい」とありますが、『創』をはじめ、様々なメディアに取り上げて頂きました。自分が意思疎通とれなくなれば延命すべきとは思えません。家族や友人、恋人が意志疎通とれなくなれば、勿論、悲しく思います。仕方の無い事、受け入れなくてはならない事と考えております。重度障害児の親が大変な事は理解しているつもりです。

（2019年1月9日付）

被告の『獄中手記』は公表されているので、知ろうと思えば、知ることもできるはずだ。遺族は敢えて、それを意図的に避けているのである。本人の口から直接、そのことを聞きたい。それが遺族の本心ではないかと思う。だが、裁判においては時間の制限もあり、踏み込んだことを聞けなかった。それが心残りである。

第7章　裁判から何が見えるか　いぶきホームの状況

1．忘年会でホーム長とけんか

丙Eさん（当時35歳　いぶきホーム男性職員）は、2010年4月から勤務。園では生活4課に配属され、「いぶきホーム」（男子ホーム）を担当していた。植松と一緒に働いたことはなく、植松の勤務態度や、利用者への接し方は知らなかったという。

2015年12月、園の忘年会があり、忘年会が終わっても店外で、植松と「つばさ」のホーム長が「このやろう」と言い合っており、止め合っていた。翌日出勤して、植松が「こういう人たちって、要らないんじゃないか」と言い、ホーム長が「そうじゃない」と否定し、言い合いになったと聞いた。2016年2月頃、植松は辞めたが、その時に警察が来たこと、障害者を差別するようなことを言ったと聞いた。園内で『植松から連絡があったら直接対応しないで、園長か総務部長に言うように』という通知があった。園内に『不審者対策』としてカメラが設置された。職員の間では、植松侵入対策のため、ということになっていた。

この証言は、驚くべき事実である。公舎から駆けつけた「つばさホーム」の男性職員の調書ではその経緯について次のように記されている。

２０１５年12月、忘年会があり、職場からバスで会場に行く際、植松と席がとなりになった。携帯の画面でイラストと英語の文言が書かれたカードを見せられ、イルミナティカードのことを説明された。例えば、東日本大震災の津波が予言されていたとか、銀座の時計台が崩壊する、などといったことである。また、「最近フェイスブックの名前を植松ではなく上松にしている。こっちの方がいいらしい」という話をしていた。そういう話をしているうちに、バスが着き、深い話はしなかった。迷信やオカルトの話を聞いたことはなく、興味があるんだと意外に思った。忘年会の一次会の後、植松とホーム長がもめた。植松がその時、「利用者を力で押さえつけた方がいい。その方が言うことを聞く」と言うと、「つばさ」のホーム長は「そんなこと言うと孤立するぞ」と諭した。その後ホーム長に対する失礼な態度もあり、私はホーム長に対する態度には腹立ったが、発言に関しては酒が入っていたものとして気にしなかった。

「つばさホーム」のこの男性職員は、植松と幼なじみ。やまゆり園では、「つばさホーム」で生活支援を担当しており、植松の元同僚である。「私と植松の関係は同い年で、幼稚園で知り合った。小学校は別の所で、中学校で再会。ただ、2人で遊ぶことなどはなく、大人数でいるときに一緒になる程度の関係。高校も一緒だったが、交流はなく、大学では別になった。年1、2回、同窓会がてら集まる時に顔を合わせる程度だった」という。

「いぶき」と「つばさ」の2人の職員の証言から、事件前年の忘年会時に障害者支援のあり方をめぐってのトラブルがあったことが確認できる。発端は、植松本人の持論である障害者不要論である。アルコールが入っていたとはいえ、通常、心に思っていても上司であるホーム長を前にして言う職員はいない。まして、職員間の暴力などがあったとすれば、この時点で懲戒処分もあり得る。翌日には謝罪・反省するどころか持論を繰り返したことが証言から垣間見える。そして、植松自身は、翌年の2016年2月に退職するまで働き続けた。不謹慎な言動があった時点で、なぜ、止められなかったのか。この時点で何か手を打つことができれば、事件をくい止めることができたのかもしれない。そこが悔やまれる。「植松から連絡があったら直接対応しないで、園長か総務部長に言うように」という「職員通知」や「監視カメラ」16台の設置が植松侵入対策としてとられていたが、ほとんど機能を果たしていなかったのである。

2. 丙Eさん（当時35歳　いぶきホーム男性職員）第2回公判

居住棟（西）2階　いぶきホーム（男性）

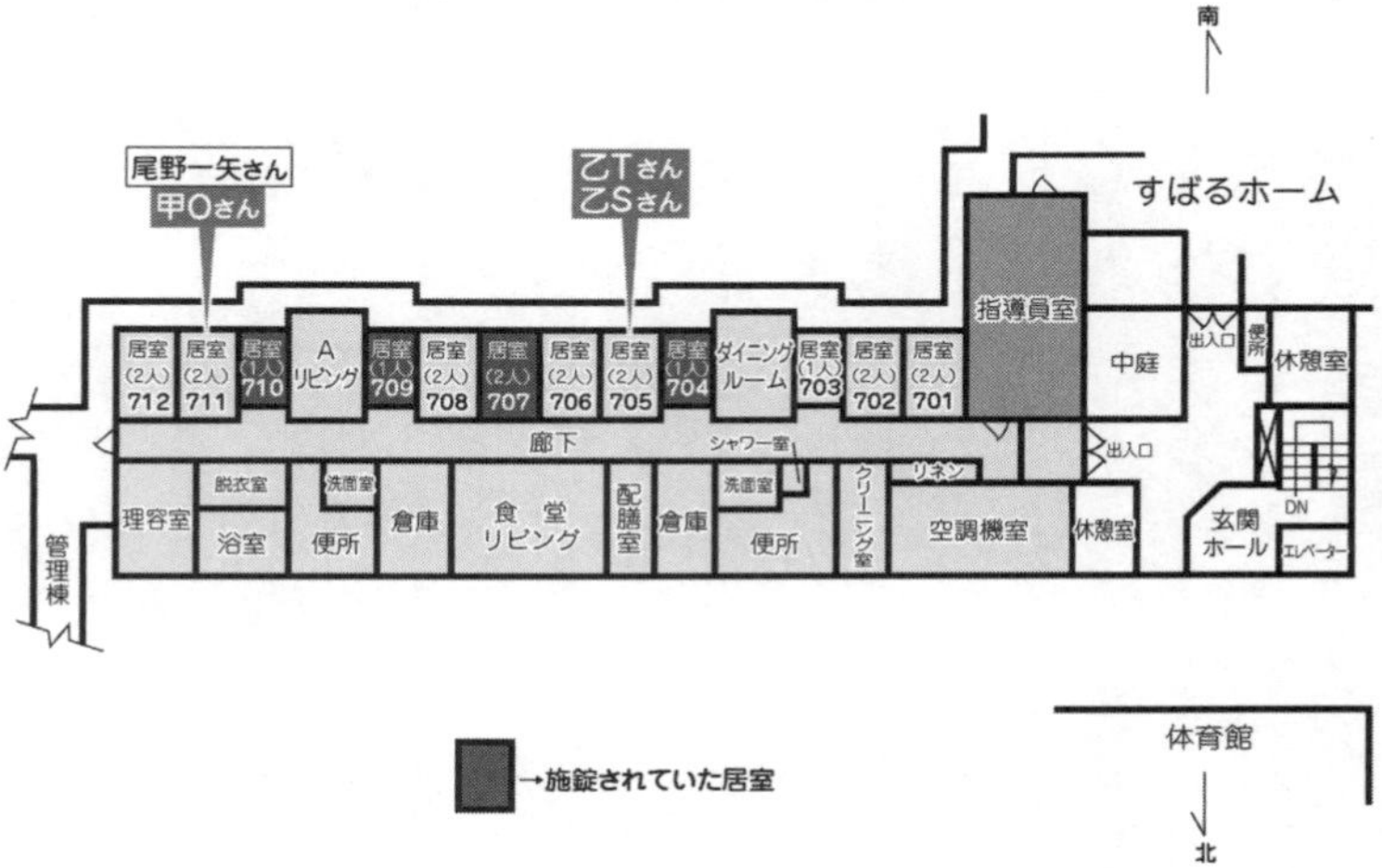

私は、25日午後5時ごろ出勤した。遅番のOSさんと一緒に夕食介助。オムツを替え、部屋に誘導。8時30分頃、誘導し終え、「いぶきホーム」の廊下消灯。その後、1時間ごとに見回り。部屋の電気は消していた。26日午前2時過ぎ頃、見回りのため、支援員室を出た。

西棟2階、西側に「すばるホーム」。「いぶき」は701号室～712号室まで部屋番号がある。部屋には1～2人住んでいた。「いぶき」は計20人住んでいた。709号室の利用者は自閉傾向が強く、部屋から出てものを壊したり落ち着かなくなることがあるので、鍵を閉めていた。704号室、707号室、710号室は、通常鍵をかけていた。それ以外は外から施錠せず、利用者も鍵をかけなかった。

午前2時過ぎ頃、各部屋見回り。廊下の電気は消えていたが、真っ暗でなく、人影や人の動きはわかった。部屋を見回り、起きている人は誰もいなかった。常夜灯のみがついていた。見回りを終え、少し休憩しようと、リビングへ行った。このリビングには部屋側の壁沿いに電気がついており、携帯の画面で子どもの写真を見ながら、早く会いたいと考えていた。

2時30分前後、いきなりエレベーターホールの出入り口が鍵で開けられる音が聞こえてきた。鍵を持ってるんだから職員だと思い、職員が、職員会議のために早めに来たのかなと思った。足音が私の方に近づき、右側へやってきた。水滴のようなものがポタポタ落ちた。「なんだろう」と思い、目を上げた。刃物が見え、さらに顔を上げると、帽子をかぶった人。見た瞬間「植松だ」とわかった。「殺される、刺される」と思った。汗びっしょりで、ニヤついていた。息が上がっていた。包丁が私に向けられ、「動かないで下さいね」と。逆らえば本当に殺されると思い「わかった」と答えた。植松は「携帯、渡してください」と言うので、渡した。植松はもう片方の手で携帯を受け取ると、床に置き、結束バンドを手に持ち、「両方の親指に巻きつけて縛って下さい」と言った。私が巻きつけると「歯で引っ張って下さい」と。殺されると思ったので、言われるまま、両方の親指を縛ってみせた。両方の親指にさらにもう1本縛りつけた。「こっちに来てもらっていいですか」と言うので、先導されついていった。

704号室の前に着くと植松は、私の両手首にバンドを巻いて縛った。別のバンドを出し、手すりに巻き付け縛った。そして、利用者の部屋に入っていった。「ウワァ」「グエッ」という声が聞こえた。私は植松が利用者を刺したと思った。私は植松が701号室〜703号室の各部屋へ次々入り刺していくと思った。うめき声は静かなものもあったが、大きなものもあり、響いた。704号室に来ると「この人はしゃべれるんですか」と。私は話せるかどうか尋ねられていると思い「しゃべれます」と答えた。植松は私に「隣の部屋はどうなんですか」と。乙Tと乙Sは、2人とも話せないので「しゃべれません」と答えた。「こういう人たちって要らないですよね」と言いながら、705号室へ向かった。話すことのできない人が世の中に要らないという意味だと思った。私は植松が705号室の2人を刺したと思った。引き戸を引く音と、うめき声が聞こえた。

705号室~712号室の各部屋を次々入り刺していると思った。植松は縛られている私のところに戻り、「となりの夜勤はいますか」と。「すばる」の夜勤と思い「います」と答えた。支援員室の方へ向かい、「ガチャ」というドアを開ける音が聞こえた。支援員室へ入ったと思う。「すばる」へは支援員室を通ってしか行くことができない。支援員室を通って刃物で刺すと思った。

支援員室から走ってくる音が聞こえて、「逃げられた」という声がした。712号室の方へ走って行った。712号室の非常口を開ける音が聞こえた。植松が逃げて行ったとわかった。尾野さんが「痛い」と言って、私の方へやってきた。私は恐怖心で這って、尾野さんに「痛いけど頑張って」と。「Aリビングの前に置かれている携帯とって。四角いのとって持ってきて」と。尾野さんはAリビングの携帯をこっちに持ってきた。私は110番した。110番した時刻は午前3時10分だった。手に持って携帯に口を付けるとオペレータが出た。「事件です。不審者が刃物を持って入ってきました。結束バンドで縛られています」。廊下の方を覗きこんだら、708号室の前あたりに1人利用者が倒れているのがみえた。その状況も伝えた。植松がまた戻ってきて110番しているところを見つかったら殺されると思い、「これから来てください」と言って切った。携帯を切ると私の手は震えていた。携帯をその場に落としてしまった。乙Sさんが部屋から出てきて、血の付いた洋服を着替えさせてと服を持ってきた。乙Mさんはリビングに座り込んでいた。尾野さんはずっと「痛いよう」と言っていた。

私は「誰か来てくれるからね。痛いけど頑張ろうね」と。しばらくして出入口の扉が開く音がした。植松が戻ってきたと思った。「大丈夫ですか」という声。丙Cさんだとわかった。「助かった」と思った。安心して「助けて、つながれてるからハサミ持ってきて」と言った。切ってくれたので、「すばるホーム」の様子を見に行った。すでに警察が来ていて「いぶきホーム」に灯りがついていた。床に血、惨劇状態だった。2時30分前後に「いぶきホーム」に入り、「いぶき」から5~10分くらいして植松が立ち去り、しばらくして110番したのが3時10分。2時30分~2時40分頃までの10分間くらいのことだと思う。「いぶき」の704号室、709号室、710号室は私が施錠した。それ以外は、すべて、植松に刃物で刺されたり、怪我を負わされたりした。長い時間、親指を縛られた。事件以降、職場を休ませてもらっている。いまだ現実感がなく、夢を見ているのかと思ったりする。暗くなると植松に刃物を向けられた時のことを思い出し、「ドキッ」とする。

3.「いぶきホーム」職員の供述調書から見えてくること

「いぶきホーム」では甲M、甲N、甲O、甲Pの4名、乙M~乙Vの10名と尾野一矢《かずや》さんが重傷を負った。甲Mさん、甲Nさん、甲Pさんの居室は特定できないが、被害に遭ったホームでは最も負傷者が多い。丙Eさんの供述調書からわかることは、施錠をした居室としていない居室があり、施錠していない居室の利用者は刺されたということだ。夜勤職員は、自らの判断で施錠をしていた様子が垣間見られるが、不運なことに施錠していない部屋の利用者は刺されたのである。だが、施錠は、職員個人の判断で行ってはいけない。身体拘束の「同意書」が必要となる。「切迫性」「非代替性」「一時性」の3つを満たさなければ身体拘束はできないのである。施設側は、この「同意書」をとっていたのか否かは定かではない。

職員供述調書から見えるもうひとつのことは、刺された利用者が職員を助けた点である。「つばさホーム」では、利用者がハサミを持って来てくれ、「いぶきホーム」では携帯を持って来てくれた負傷者がいた。その1人が、家族会の元会長・尾野剛志さんの息子、一矢さんである。一矢さんは、腹部や首に重傷を負い、一時期は、生死の境をさまよったという。私自身も、職員時代、一矢さんの支援をしたことがある。その頃は、顔への自傷が激しく、大きな声を出したり、一言二言の繰り返しが多かった。例えば、「大丈夫?」と大声で叫んだり、「いるよ~」、「ヨ~、ヨ~、ヨー」と言ったりしていたことを今でも鮮明に覚えている。事件当初、一矢さんが、重症を負いながらもテレビに出ているのを見て、胸を撫で下ろした。しかし、不幸にも、一矢さんと同じ部屋であった甲Oさん（55歳男性）は、命を落とした。検察官によって読み上げられた調書では甲Oさんの遺族は事件当日の心境を次のように語っている。

7月26日の早朝、私のもとに信じられない悲報が届いた。妹が『テレビで大変なことが起きているよ』と言うので、血の気が引く思いでニュースを見た。自宅から園に電話したら職員が『申し訳ありません。ニュースを見たと思いますけれど、悲しいことなのですけれど、甲Oさんが亡くなりました』と。私は、すぐには信じられず、出かける支度をしながらニュースを見た。本当なんだと、心臓がバクバクした。電車とバスで園へ向かった。園は大勢の人だかりで、何か現実でないことが起きたとわかった。兄が死んだ事実を受け止められず呆然とした。顔はとても穏やかで今にも起きてきそうだが、とても信じられなかった。犯人は働いていた植松聖と報道で知ったが、名前は、聞いたことはない。（第4回公判より）

同じ居室で刺されながらも1人は亡くなり、1人は生き残った。生死を隔てる境界は何であろうか。まさに「悲劇」である。私自身は甲Oさんのことも一矢さんと同じように鮮明に覚えている。お悔みを伝えるために挨拶に行こうと私自身、何度も訪問を試みたが、かなわなかった。家の前のアコーデオン門扉には「マスコミ関係の方はお断りです。宜しくお願いします」と白い張り紙が貼られてあった。インターフォンを押しても反応はない。居留守なのか部屋の暗灯はついていた。公判で、甲Oさんの妹の心情意見陳述書が読まれたとき、その気持ちの一端を伺い知ることができた。

4. 甲Oさん（55歳男性）妹の心情意見陳述　第14回公判

被害者の遺族として、裁判所に意見を申し上げたいと思います。被告人がこれまで重度障害者について考えてきたこと、話してきたこと、実行したことはまったく間違っています。それを強く言いたいです。私の兄は、ちゃんと感情がありました。私たちが兄に伝えたいことをちゃんとわかっていました。言葉でのコミュニケーションは難しかったですが、うれしいとき、悲しいとき、びっくりしたとき、気に入らないとき、身体の動作で全身を使って会話をすることができました。兄は、生後、高熱で病気になって障害をもったけれど、両親から深い愛情をもらい、褒められたり、また、叱られたりしながら育ちました。だから、兄としての自覚もあったし、正義感ももっていました。兄は私たち妹と一緒に遊んでくれましたし、留守番もしてくれましたし、家族の誕生日も知っていて、誕生日にはカレンダーの日付を指さしておめでとうという気持ちを表現していました。こういう兄が、人としての尊厳もなく殺害されていいわけがありません。私は、被告人が意思疎通できない人は安楽死させるとか、それが世界平和につながるとかいった考えはまったく理解できませんが、被告人なりに考えに考えた末に到達した考えだと思っていました。しかし、被告人が言っていることを聞いてみると、単なる思いつきだったと思いました。こんなことのために亡くなった兄がかわいそうでなりませんし、兄もさぞ無念だっただろうとあらためて悔しい気持ちでいっぱいになりました。私は、被告人のことも、偏った考えも絶対に許すことはできません。以上です。

（第14回公判より）

「いぶきホーム」では甲Oさん、尾野一矢さんを除いて心情意見陳述はなかった。以下では、甲Mさん、甲Nさん、甲Pさんの遺族の供述書から重要な箇所を抜粋しておく。

5. 甲Mさん（66歳男性）兄としての処罰感情　第4回公判

享年66歳で、2歳年下の弟。生まれつき知的障害ある。言葉は話せないが、身振り手振りで、一生懸命伝えた。小さい頃から見ていたので、「あー」とか「うー」で、言葉にならなくても、少しわかった。人の言葉は理解できたと思う。2歳か3歳の頃、てんかんなどと言われたが、てんかんの症状はなかった。幼い頃の運動能力は私より活発で、大人になっても壁を壊したりした。数年前からリウマチにかかり、次第に手足が不自由になり、3年ぐらい前から車椅子を利用していた。ただ本人は嫌いなようで、床を這って移動したりしていた。食事、排泄は時間がかかるができた。

ラジオのチューニングが好きで、一日中、チューニングしていることもあった。ラジオを分解し組み立てることもしていたが、元に戻ることはなかった。面会に行くと「あー」と、「お土産でラジオ持ってきたでしょ、頂戴！」、というように手を伸ばした。とにかく寝起きが悪く、起きた直後はまったく反応しなかった。障害区分5、療育手帳A－1。小学校も中学校も通っていない。義務教育で、通常の学校の特殊学級に通うところだが、戦中戦後の混乱期なので、通わず自宅に。両親も手のかかる甲Mに疲れた様子を見せながらも、特に母は溺愛していた。甲Mも母が大好きだった。

16歳になった時、市役所の人に知的障害の施設ができたので入らないかと誘いを受けた。集団生活に慣れさせた方がいいなどと考えて入所させた。入ったばかりの頃は母も甲Mも離れるのを嫌がった。それでも父と私は、甲Mの自立のためと思い、我慢して預けた。19歳になり、未成年の施設にいられなくなり、次の施設を探した。それ以降45年以上園にお世話になっている。園は本当によくしてくれて、感謝しかない。楽しく過ごしていることはその表情からもわかった。月1回の面会を甲Mは楽しみにしていた。特に母に会えると、朝から玄関に座って待っていると職員から聞いた。母の死を理解できない甲Mは、母の姿を探し、私たちが帰ろうとすると外で母が待っているのではと思ったのか外へ出た。母がいないとわかるまで数年かかった。最後に会ったのは7月10日。特別なことなく、一緒の時間を過ごし、「また来るからな」と。甲Mの最後の姿は覚えていない。その日が最後なのに、それがわからず、普通に過ごし、普通に別れてしまった。自分の中で、もっと話せばよかった。大好きなラジオ、もっと大きなのを買ってやればと悔やんでいる。せめてと、棺におもちゃのラジオを入れた。天国で母を独り占めして精いっぱい甘えて、何度もラジオを分解している姿が思い浮かぶ。

6. 甲Nさん（66歳男性）姉としての処罰感情　第4回公判

弟は生まれて間もなく、はしか、高熱で、医師から「脳にダメージを受けた可能性」と。当時の医療は今ほど高度でなく日に日に悪化。「脳性小児マヒ」と。身体に重度の障害が残った。現在、脳性マヒ、てんかん。言葉はほとんど話せないが「あー」「うー」と声を出し一生懸命に話してくれた。歩く、トイレは自分でこなせた。1986年頃、網膜剝離にかかり、全盲になっている。車椅子になっているが、あくまで移動のため。家族がサポートすれば日常生活を送ることできる。施設入所まで自宅で家族と暮らしていた。弟は生まれたとき、祖母と同居。祖母は兄弟のなかで唯一男だったことでかわいがった。「あー」「うー」と声出して周りの人を楽しませてくれた。やまゆりの人と私が楽しそうに話していると会話でわかったようだ。弟の笑顔を見たくて、家族はいつも楽しい会話が広がっていた。

1977年、園に入所するまで家族みんなで弟の面倒を見ることとした。姉妹が結婚して家を出るなどして、両親だけで見るには負担が大きすぎると思っていたところ、両親がどこからか園のことを聞きつけ預けようということになった。いざ預けようとすると弟は強い抵抗をし、わざとおしっこを我慢し、職員さんを困らせることがあった。3日も我慢したことがあった。困った職員が母を呼んで相談すると、弟はニコニコしてちゃんとおしっこした。弟なりの、ささやかな抵抗だったと思う。私も暇をみつけて夫や家族を連れて面会に行った。本当に楽しい思い出ばかり。弟はドライブ大好きで、すぐ車のところに行って、自分で車に乗り込んだ。「あーあー」と声を出し、はち切れんばかりの笑顔。病で目が見えなくなっても、車内では、まるで、外の景色が見えているように、身体をゆすりニコニコとしていた。果物も好きで、サクランボ狩り、桃狩りがお気に入りだった。バス旅行に行った時は、甘くおいしい果物をいっぱい食べ、その後、宿泊先でおいしいものを食べた。

6月18日に、江の島バス旅行し、江ノ島水族館などを見に行った。目が見えないが、私たちが「きれい」「すごい」という楽しい声を察するのか、ニコニコしていた。離ればなれになっている私たちには特別な時間だと思い、一緒にいる時必ず弟と一緒に写真を撮り、アルバムをつくっていた。しかし今となっては、写真一つひとつが今回の凄惨な事件を思い出す引き金になる。こんな思いが続くならと、今月2日の告別式のとき、写真を入れたが、江の島水族館、山梨県に行った時の写真が少し残っていたので、見て下さい。本当に楽しそうにしているのがわかると思います。今となっては、弟の大切な笑顔を見られるのはこの写真でしかありません。

7. 甲Pさん（65歳男性）兄としての処罰感情　第4回公判

7月26日の朝、いつもと同じように5時30分頃、目が覚め、何気なくテレビをつけたらニュースで大変な事件があったらしく騒がしい様子だった。「相模原市の施設で事件発生。たくさんの死傷者が出ている」と。まさか、甲Pのところじゃないだろうと考え、心配になった。その番組では「施設」と言っていたがNHKに変えてみると「やまゆり園」とはっきり言っていた。頭を殴られたような思いになった。電話がないのは無事な証拠。わざわざ電話すると悪いことが舞い込んでくると思った。そう考えると、自分は甲Pは大丈夫だと言い聞かせながら、不安を抑えようとしてたのだと思う。しばらくすると、「ニュース見たよ、おじさん大丈夫かな?」と子から電話。それで自分から電話する決意をした。矢継ぎ早に「甲Pの兄です。弟は大丈夫ですか」と聞いた。相手は一瞬、黙り込み、「甲Pさんは亡くなりました。施設に来られますか」と、静かに言った。何か、自分の感情が壊れたように心がストップした。防衛反応で自分が壊れるのを防いでいたのだと思う。すんなり死を受け入れている自分がいた。「何で、甲P亡くなったんだ。来られるなら来てくださいってなんなんだ!?」と疑問と不満が次々とわいてきた。娘が迎えに来て車で園へ。もの凄い人だかりで、あり得ない事件が起きたことがわかった。部屋へ通されても、何の説明もなかった。娘が、「となりの部屋に時系列みたいなものあるよ。あと名簿も」と。隣の部屋へ行くとホーム別の名簿があった。甲Pの名前の横に、「死亡」と書かれていた。死を受け入れたが、こんな文字じゃなく、早く顔を見たいと思った。しかし職員に思いを表すことはなかった。

午後7時30分頃、面会室のようなところで対面。寝ているだけじゃないかと思った。「甲P」「甲P」と何度も名前を呼んだ。「本当なんだ」と。現実を受け入れた。障害の程度はわかりませんけれど、重い方と思う。「いい」「いや」「ない」という簡単な言葉は話せた。

まだ小さかった娘に「チビ」といい、娘が大人になってからも「チビ、チビ」と目を細めて呼んでくれる、心優しい弟だった。動物も大好きで、特に犬が好き。面会で動物の本を持っていくと、とても喜んだ。私は、なるべく甲Pのところに行きたいと考えていたが、商売をしていることと、自分自身が足が悪く、ここ3年くらいは、行ってない。

最後に会ったのは2年くらい前。甲Pが入院していた時に元気がなくお腹が痛いというしぐさをしていた。施設の人が送り迎えをしていたので、何度か行った。退院してからは足が遠のいた。どのような処罰をしてという感覚はない。ただ当然の結果として、法律に沿って処罰してほしい。それだけでなくどうしてこのような事件が起きたか、明らかにしてほしいという思いが強い。

第8章　裁判から何が見えるか　すばるホームの状況

1.「すばるホーム」男性職員の供述調書　第2回公判

私は、２０１３年12月から非常勤のアルバイトとして働き、２０１４年4月から臨時的任用職員、日中支援課担当として勤務していた。事件当日は、「すばるホーム」の夜勤担当だった。

「すばる」は８０１号室〜８１２号室までである。居室には1〜2人住んでいて、計19人住んでいた。当日、午後8時30分頃、ほとんどの入所者が居室に入り就寝。居室の電気を消した。午前0時30分頃、乙Wさんが出てきて、水を飲んだり、居室内でテレビを見たりしていた。午前2時過ぎ頃、「すばる」のトイレの掲示を見て、いっしょに勤務していた丙Eさんは、見回りか何かで支援員室を出た。30分くらい戻ってこなかったと思う。丙Eさんは、仮眠でもしているのかなと思い、特に気にしなかった。８０４号室は熱を出したら重症化する人がいるから施錠していたが、それ以外は施錠していなかった。

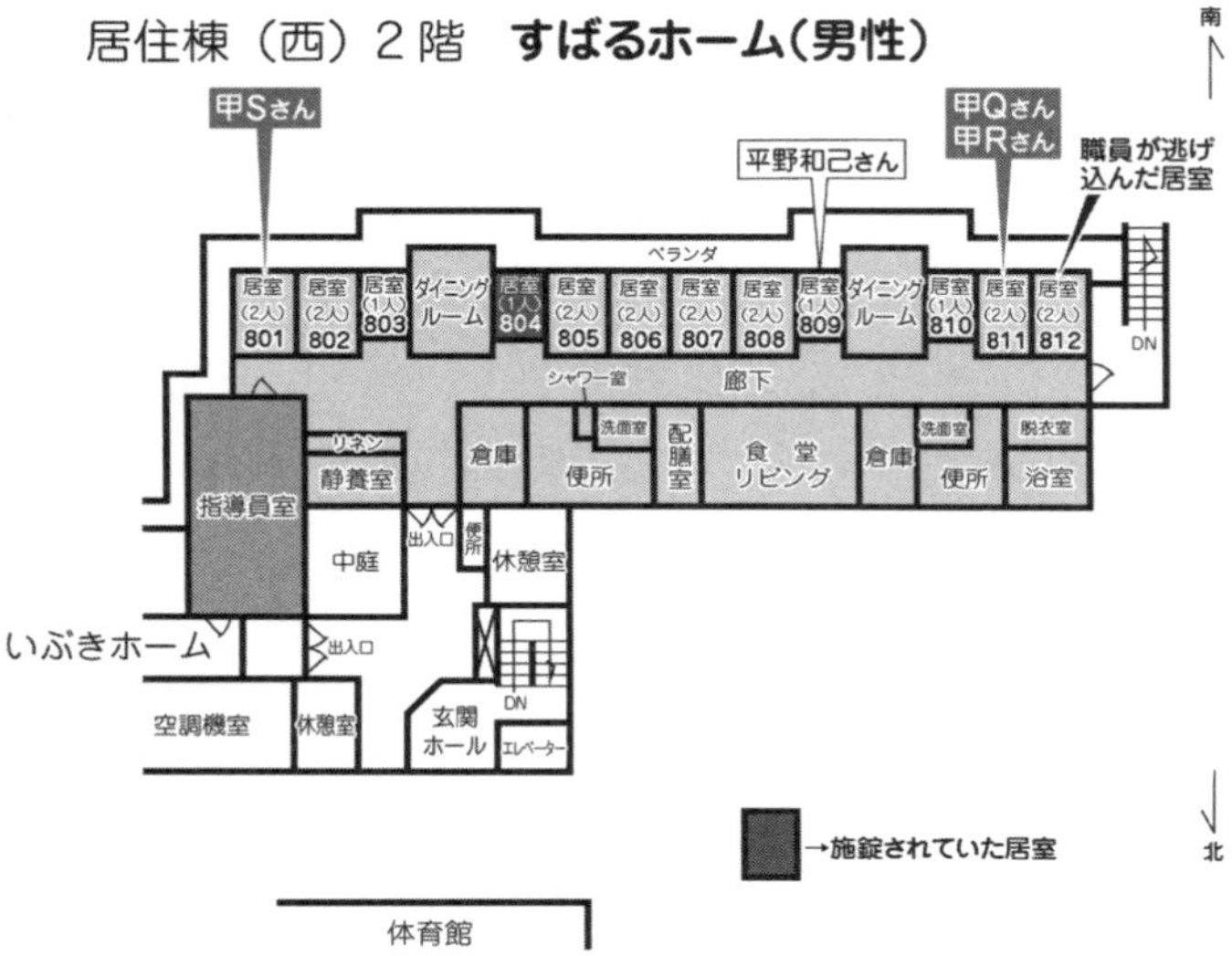

机でパソコンの事務作業をしていると、扉が開いて、目を向けたら丙Eさんでなく、帽子をかぶった男がいた。支援員室には職員しか入ってこられないので、「こんな時間に職員が遊びに来たのか？」と愕然とした。机に何かが置かれた。男は刃体を横向きに置いた。刃物は赤っぽい血が流れていた。血が付いた刃物を持った男がいきなり侵入してくることはおよそ想定できず、何がなんだかわからなかった。事件後、男が持っていた袋は結束バンドだと知った。

男は「心配ないから」と言った。一瞬、何のことかわからなかったがすぐ我に返り、何の返事もせず椅子から立って、逃げ出し、開け放しのドアを閉めながら出ようとした。しかし男が手をかけたので走って逃げ出した。男も「大丈夫だから」と言いながら走って追いかけてきた。大丈夫と言っても信用できるはずなく、廊下の一番奥まで走って逃げた。812号室に入り、押さえた引き戸を開けられないようにした。男は812号室の引き戸を3回か4回ぐらい思い切り開けようとした。「じゃあいいや」という声がした。私は、持っていた携帯電話を取り出し110番した。オペレータが出ると同時に、811号室から「ウワァ」「痛い!」という声が聞こえた。これを聞いて、2人が刺されたと思い、「津久井やまゆり園です。ナイフ持った男がいきなり入って来ました。ドアを押さえてます」と、通報した。通報時間は午前2時45分頃。男に会ってから110番までの時間は1~2分で、支援員室に入ってきたのは2時43頃である。オペレータは電話を切らないでつなぎっぱなしにするよう言った。812号室の引き戸を開けたら殺されると思った。「出頭してきた人がいる」という声が聞こえてきた。しばらくして「開けて!」という声がしたが、「信じられない、違う人じゃないか」と思いしばらく開けることができなかった。5~10分経ち、おそるおそる開けたら廊下が血まみれで、812号室に誰かが座っているのが見えた。非常口から外へ出ると丙Cさんや警察官たちを見つけたので、私は110番を切った。3時16分まで通話継続していた。丙Cさんと合流し、ようやく、もう大丈夫かなと思ったが811号室の2人も刺されていることがわかった。また、801号室でも刺していたこともわかった。

「すばる」は、801号室から812号室までである。本書に掲載されている居室図を作成した平野泰史さんの息子、和己《かずき》さんは809号室である。804号室は重症利用者向けだったので居室の施錠をしたが、それ以外は施錠をしていない。すばるホームのこの男性職員は、自身の身の安全のために一番奥の８１２号室に逃げ込み引き戸を閉めた。携帯電話で１１０番通報している隙に植松は隣の８１１号室に入り、甲Ｑさんと甲Ｒさんを刺した。２人は同じ居室であった。そして最後に刺したのが８０１号室の甲Ｓさんである。公判では遺族の供述調書、処罰感情が述べられた。

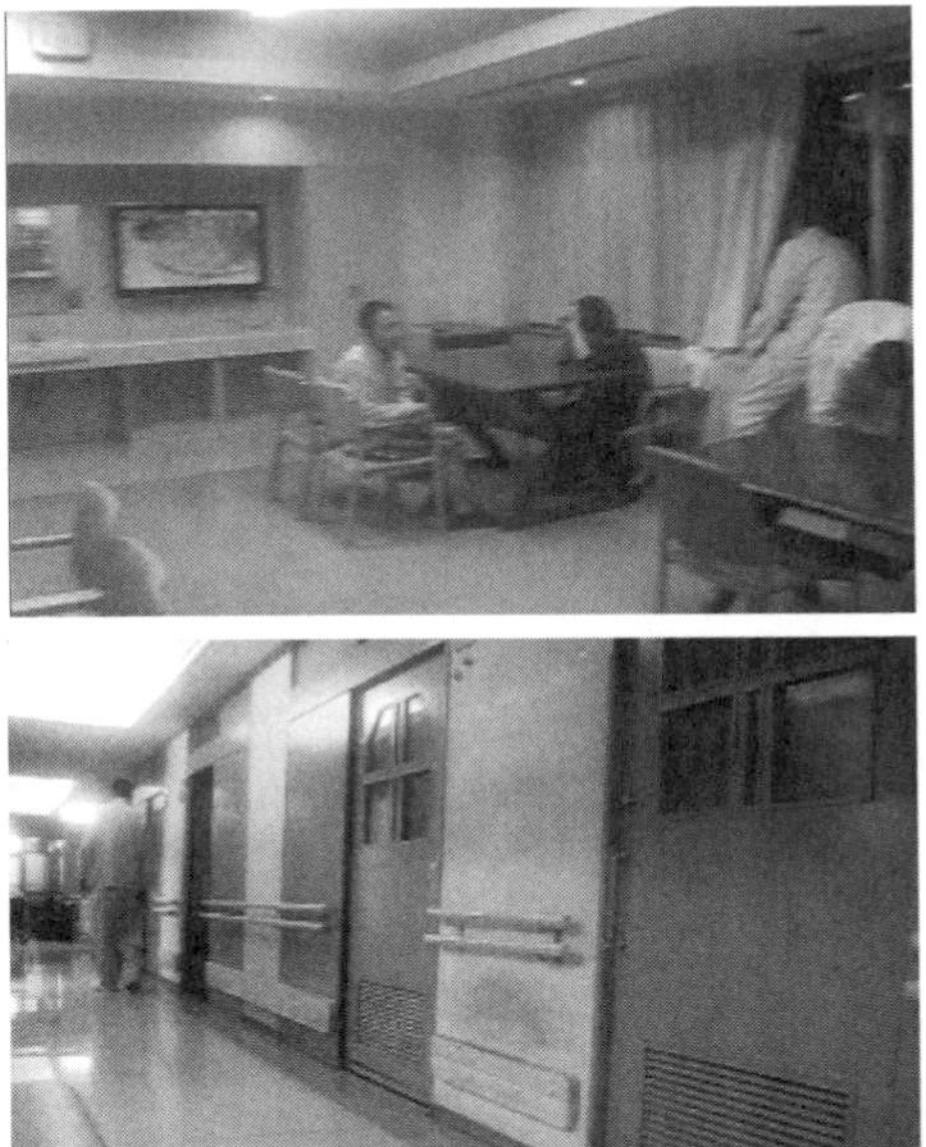

すばるホームの内部　上：食堂　中：廊下　下：出入口
写真提供：平野泰史
平野さんの息子・和己さんが入所中に持っていた携帯電話に保存されていた動画データより

2．甲Qさん（49歳男性）母の遺族調書　第4回公判

甲Qが殺されました。園で男に殺されたのです。甲Qは幼いころから情緒不安や、知能の障害が確認され、これまでつらい思いでいっぱいで、年を追うごとに元気がなくなった。亡くなった時、そんな辛さがなくなると思うと気持ちが軽くなったが、いろんな思い出、顔を思い出し、自然と涙が出てきた。本当に手がかかるけど、かけがえのない子だった。身勝手な犯行で殺されたのに憤りを覚える。甲Qははじめての子どもで、赤ちゃんの頃は他の子と比べて変わらなかった。2～4歳の頃、同年代よりも言葉の発達が遅いと思い、児童相談所や病院で診察を受けた。情緒の発達が遅れているということだった。しかし夫は不安がるどころか「障害があろうがなかろうが、自分の子どもは絶対捨てない」と言っていた。それで安心して子育てをした。夫との囲碁や私と外出するのが好きだった。碁を打つ姿からは、障害を抱えているとはとても思えなかった。テレビで見たところに行きたがり、「富士山見たい」と言うので富士山の周りをぐるっとしたこともある。都内でグラタンやメロンソーダを飲食したこともある。グラタンが大好きで、いい顔を見せてくれた。甲Qは車が大好きだった。旅先では、得意げな顔で旅行を満喫している様子だった。成人になり、成人の日を迎えて、甲Qは、本人の希望で、その当時流行っていたパンチパーマをかけ、スーツ姿で写真を撮った。「姿ばかり立派になって」と言ったが、この頃から甲Qは人に迷惑をかけることが増えた。自分が欲しいものを相手に確かめることなく取ったり、相手とトラブルになることもあった。近所でいじめに遭い、心沈んでいる時

に近所のおばさんから、何か言われトラブルもあった。行動改善するよう厳しく言い、リハビリセンターに通ったが、治らなかった。夫と私が老いたときのことを考え不安になり、亡くなっても甲Qが暮らせるよう入所を決断したが、私の中で、甲Qを自立させることができなかったという後悔が、心の中でずっと引っかかった。

身の回りのことはでき、以前は等級は高くはなかったが、入所前、再度診断すると療育手帳A－2だった。精神病院にも入り、医師投薬治療もした。28歳ぐらいの時、施設に入り、月1回の父母会の時に夫と面会に行った。夏は自宅に帰った。甲Qは施設に入れたことを怒ったこともあったが、慣れるにつれ、それもなくなった。ただ、甲Qは施設で怪我をすることが多く、心配だった。施設の人に内緒で、こっそり、甲Qの生活を調べたこともあった。夫が亡くなり、施設へ送迎できなくなり、父母会に参加する時だけになった。5年くらい前に、私は股関節を痛めて行けなくなり、2か月に1回くらい、自宅に甲Qを連れてくるようになった。自宅に来ると、甲Qは父に線香をあげると、しばらくそこに座っていた。

昨年夏に、重度の白内障を患いほとんど視力を失った。車椅子になり、ベッドから車椅子への移動も難しくオムツをするようになった。そんなことを見るたび心配だった。誕生日に電話をかけ、「お誕生日おめでとう。いくつになったの」と聞くと「49だよ」と答えた。「いい子にして、みんなと仲良くね」と言うと、照れくさそうに「もういいよ！」と職員にかわったのが最後の会話である。

事件を知り、電話を慌ててかけたら職員が「わからない」と繰り返すばかりだった。次男と一緒に施設へ行くと、職員から、甲Qが亡くなったと知り、頭が真っ白になった。夕方面会し、目を閉じている姿を見ると涙が出た。必死で生きてきたあの子の人生はなんだったんだと思う。施設に入所させなければと後悔した。死を受け入れるしかなかった。甲Qは、つらい思いを経験しながら、強く必死に精いっぱい生きた。私は甲Qが生きてるだけで幸せだった。今でも、甲Qの人生はなんだったんだろうと。極刑をお願いしたい。

3. 甲Rさん（67歳男性）兄としての処罰感情　第4回公判

甲Rの兄です。最後に会ったのは2016年7月10日のこと。この日は20分ぐらい、身の回りの世話などをし、会話ができなかったので、コミュニケーションはなかなかとれず、話しかけても理解しているのかわからなかった。ただ、一生懸命言葉を発してくるので、注意深く表情を見ると、なんとなくわかることもあった。「兄ちゃん帰るからな。また来るからよ！」と言うと、甲Rは「おう！」と手を挙げた。職員は甲Rさんは「一番いい顔してるね！」と、言ってくれた。まさか、これが最後の姿になるとは思いもしなかった。

甲Rは、生まれつき知的障害をもっていると親から聞いていた、会話できず、大きな声を出して暴れることもあった。1990年頃、重度の知的障害と認定してもらっていた。手元に資料がないがたしか区分6と思う。園を気に入っていたのか、年に何回か、一時帰宅した時、洋服を「先生から着せてもらった」と言っていた。着替えでも「これは脱げない」と。甲Rは職員を本当に信頼していたのだと思う。甲Rは比較的、意思疎通がとりやすいのか、職員の手伝いをしていたと聞いた。草刈りがうまく、職員に草刈りの仕方を教えたこともあったと聞いた。甲Rの姿を見ると、施設の人は良くしてくれたと思う。入所時、着替え、歩行は1人でできた。最近は衰え、目が見えづらい。移動も車椅子を使うようになった。障害をもっていたが、甲Rは両親にかわいがられた。とくに父にかわいがられ、しかられても父の所に寄っていった。小さい頃、言葉が片言なので、甲Rには障害があるのではないかと思っていた。「あー、うー」しか話せなかった。何度も教えて、「兄ちゃん」と。小さい子に「危ないよ！」と声をかけることもある優しい人間だった。一緒に沢ガニをとったり、虫をとったりした。私の手の血をみると、泣き出したりすることがあった。私は、家を出て仕事をしていたが、甲Rは家におり、家を守ってくれたと思う。父が亡くなり、甲Rを施設に入れる時、母はとても寂しがった。甲Rは入所し、月1回面会に行った。7月26日早朝、事件のニュースが流れた。ニュースを見ていると園から電話があり、「事件で甲Rが亡くなった」と聞いた。植松という職員に刃物で刺し殺されたと知った。血を見るだけでも泣いてしまう甲Rが、最後にどれだけ怖い思いをしたかと思うと想像を絶する。今は、何としても犯人には罪を償ってほしい。今まで、手のかかることが何度もあった。でも、甲Rを人間として見なかったことは一度もない。とにかく罪を償ってほしい。

4. 遺族訪問記

甲Rさんに関しては、事件発生から1年を迎えるにあたり、長年にわたって担当していた元職員の細野秀夫さんから甲Rさんの遺族に遺品を返したいという申し出があった。そして私も同行させていただくことになった。その遺品とは湯飲みである。湯飲みは、甲Rさんが、北島三郎のコンサートに行った帰り際、細野さんに直接プレゼントしてくれたものである。甲Rさんは北島三郎の大ファンで、CDやカセットテープなど数え切れないほど持っていたという。2004年正月明けの1月15日、細野さんは、甲Rさんのリクエストに応えるために北島三郎の歌謡コンサートを2人で観に行くことにした。場所は、神奈川県民ホールである。相模湖から電車に乗り、甲Rさんは、切符もはじめて自分で買ったが、紙幣で購入したため、おつりをもらい忘れたというエピソードもある。コンサート終了後、出入口付近のグッズ売場で、甲Rさんは「この茶碗ほしいな」と手にとった。1個でよいのに、なぜか2つ買って、「これひとつ先生にあげるよ」と細野さんに手渡した。それが、遺品となった湯飲みである。細野さんは、お揃いのその1つを大切に使っていた。細野さんによれば、「甲Rさんが園で愛用していたもう1つの湯飲みの所在はわからないが、遺族が、遺品になった湯飲みを引き取りたいと言われれば、そうするつもりであった」という。しかし、遺族は「本人のためにも使い続けてほしい」とのことである。私たちは、遺族に直接話を聞くことができ、細野さんと2人でお墓参りをして帰った。遺族は多くは語らなかったが、「事件を風化させない」、「犠牲者を忘れない」ということについては了解は得られた。その時の様子を記しておくことにする。

甲Rさんの遺品となった北島三郎の湯飲み
（筆者撮影）

２０１７年6月28日午前10時頃、小雨が降っているなかでの訪問であった。甲Rさんのお兄さんとお連れ合いの義理のお姉さんは、物置小屋で農作業をしているところであった。お姉さんが「お墓へ行ったら」と言われた。細野さんがお花を持ってお墓に行き、後からお姉さんと私がついていった。お墓は、家から近く、畑の急な傾斜を登った頂にある。家の裏方の上段に位置するその場所には、大きく立派なお墓がそびえ立っていた。周辺には梅の木が生い茂っていた。鹿も出没するそうだ。本人が夏期の帰宅訓練中、庭の蛇口からバケツに水汲みをして畑に水をやってくれ、帰宅した時、刈った草を一輪車で運んでくれたこともあったという。帰り際にお兄さんに挨拶したら、「いいよ。いいよ」と、ニコニコして「また来てください」とのことであった。亡くなった彼の分まで長生きしてくださいということで、別れた。お兄さんは、県から追悼式の案内状が来たから追悼式には参加しますとのことであった。

義理のお姉さんによれば、甲Rさんは、自分の名前を書くことも言うこともできなかった。数字も知らない。耳が不自由だったという。40歳過ぎまで、家のお手伝いをしていた。山に行くのが好きで、ゴルフボールを拾いによく行っていた。ある時「危ないから来ないでください」「お客さんが怖がっていますから」「寄せつけないでください」と言われた。「行ってはいけない」と言うと、行き場がなく、何もすることがないから、家で滅茶苦茶に暴れ出した。たたいたり、物を壊したりした。当時、甲Rさんは会社で働いていて、手に負えないので呼び出されることがあった。電話がしょっちゅうかかってきて、どうにもならなかった。幻覚をわずらったりしていた。それで仕方なく市役所の職員を呼んだ。「年金を出しますから施設に入れてください」と言われ、入所となった。体はいたって健康だった。入所までは、家で竹や薪を割ったり、草を刈ったりとお手伝いをしていた。「のぞみホーム」と「つばさホーム」を経験して「すばるホーム」に移った。その頃は千昌夫の「星影のワルツ」がお気に入りであった。当時、職員は地元採用で、園は、甲Rさんと甲Rさんの実姉の2人を受け入れてくれた。帰宅訓練ではよく家に戻ってきていた。自宅でみることはいつも考えていたが、40歳を過ぎても、物を壊したり、窓を壊したりと、暴れることがあったので、その経緯を考えると地域生活移行は難しいと感じたようである。

義理のお姉さんによれば、事件後いきなり報道陣が来てカメラをパチパチやったので、近所から苦情が来たという。近所には何も話していないので、近隣住民から怒られることもあったという。近所にわからないように、ひっそりと身内だけで通夜をやったそうだ。詳細については弁護士に任せてあり、関わりたくないというのが本音である。訪問以降、甲Rさんの弁護士から細野さん宅へ電話がかかってきた。「湯飲み茶碗のことは知っていたが、あなたでしたか。彼のよいところばかり引き出してくれてありがとうございます」ということであった。細野さんは、その弁護士がこの男性に心を寄せて対応している様子を感じ、あたたかい気持ちになったという。

そして最後に刺されたのが甲Sさんである。

5. 甲Sさん（43歳男性）母の意見陳述（代理人弁護士）第14回公判

私は、今回の事件で被告人に殺された甲Sの母です。息子が亡くなって4回目のお正月が過ぎたばかりの今年1月8日から、ようやく裁判が始まりました。しかし、この「ようやく」という思いとは裏腹に、私の時間は息子が亡くなった2016年7月26日で止まったままです。息子が亡くなってから、私は年賀状が書けません。「明けましておめでとうございます」と書けないのです。年賀状をいただいた方には返信するようにしていますが、「おめでとうございます」だけはどうしても書けません。息子は、お正月には毎年自宅に戻ってきていました。家族で箱根駅伝を見ながらのんびり過ごすのがいつものお正月で、息子と一緒に笑いながら過ごす時間はとても幸せでした。でも息子と一緒にお正月を過ごすことはもうできません。毎年、お正月やお盆など息子が自宅に戻ってきていた時期が来ると、もう息子がいない現実を突き付けられているようで、悲しくて辛くなります。私は、被告人に息子を奪われ、同時に幸せも奪われたのです。

息子との思い出はお正月だけではありません。キャンプに行ったり、海に行ったり、美術館に行ったり、楽しい思い出がたくさんあります。海へ行った翌年は山へ行くように、夏は海と山を交互に行っていましたし、息子は車に乗るのが好きだったので、毎年家族みんなで長野の高原へドライブに行っていました。旅先で息子はとても喜んで、飛びながら歩いていました。そんな息子の笑顔は本当にかわいくて、私や家族を幸せにしてくれました。夫が亡くなり、体の大きい息子に力でかなわない私は、2004年7月に息子をやまゆり園に入所させました。息子と離れることは辛かったですが、入所後も息子が楽しそうに生活しているのを見て、ここを選んで本当によかったと思っていました。日中活動で農業をしたり、お散歩をしたり、ドライブに行ったり、息子はやまゆり園での生活が気に入っているようでした。自宅では私にべったりなのに、一時帰宅からやまゆり園へ戻ると、ニコニコしながら「もう帰っていいよ」と言わんばかりに私に手を振っている姿には、寂しさを感じながらも笑ってしまいました。

息子は優しい子で、私たち家族のことも常に気にかけていて、やまゆり園で小旅行へ行けば、お饅頭や漬物等、必ずお土産を送ってきてくれました。亡くなる直前も、7月7日から8日にかけて御殿場へ旅行に行っており、息子から自宅へスイートポテトが届きました。もちろん職員さんが手配をしてくれているのですが、息子が私たち家族のことを思いながら何を送るのか選んでくれていたのだと思います。また、家族も一緒に行ける日帰りバス旅行が年に1回あり、2016年は富士サファリパークへ一緒に行って、楽しい思い出ができたところでした。

私は、障害があっても、息子にはいろいろな経験をして社会参加してもらいたかったので、養護学校へ12年間一緒に電車で通学しました。養護学校を卒業した後は作業所で黙々と働き、少額ながらお給料をもらっていたこともありました。息子は、言葉こそ出ませんでしたが、理解力はありましたので、周りの言うことを理解して行動することはできました。自分が何か伝えたいことがあれば、私の手を引っ張ったりして伝えられましたし、喜ぶ時にはよく笑い、怒った時には声を出すなど感情表現もできたのです。また、体はいたって元気で、特に病気などもしていませんでした。それなのに、どうして被告人がこんなことをしたのか、最初から息子をいらない子だと思ったのか、思ったのならどこでそう思ったのか、面識はあったのか、なんで息子がいらないと思われてしまったのか、私たちには大切な子で幸せをたくさんくれたのに、この事件はわからないことばかりでした。

そのことが知りたくて、私は、職場の理解を得て仕事を休ませていただき、1月8日の初日から一昨日の2月10日まで、毎回、裁判所へ足を運んでいろいろな人が話す内容を聞きました。聞くのが本当につらいことばかりでしたが、事件当時の様子がわかったので、この点については良かったと思っています。けれど、息子のことについてわかったのは、被告人が、息子が誰なのか、どんな子なのかもわからないのに、刺してしまったということだけでした。被告人は自分勝手な主張をしていますが、私には、息子は、被告人が逃げる途中にたまたま入った最後の部屋で、無差別に殺されてしまったのだとしか思えません。私は、息子の左腕の傷を見て、息子が刃物を払いのけるなど抵抗したのではないか、被告人に襲われたときに何か声を上げたのではないかと思っているのですが、被告人は当時の状況を覚えておらず、息子が最期にどのようにして亡くなったのかを知ることはできませんでした。

また、被告人は、障害者を施設に入れて面会に来ない家族もいると言っていましたが、中には身寄りのない方だっていますし、体調の関係で面会に来たくても来られない家族もいます。誰でも、高齢になれば、体に不具合が出てくるかもしれないし、認知機能が衰えたり会話が難しくなるかもしれない。事故に遭ったり病気になることだってあるかもしれない。誰だっていつ障害者になるかもしれないのです。障害者だって1人の人間なのに、自分が理解できず勝手に思い込んだことだけで命を取るなんて、ただただ悔しいです。

また、裁判では、被告人の偏見に同調するような友人の言葉もありました。私は、こんなことが二度と起こらないように、障害を持った人たちがどんなふうに生きているのか、今を生きている障害者たちの現実の姿を、もっと世間の人たちに知ってもらいたいですし、その人たちがこれからもっと生きやすい社会になるようにしてほしいです。私は、元気だった息子が急にいなくなってしまって、息子の死を受け入れることができませんでした。今もまだそうですが、ただ、この裁判にずっと出てきて、息子がいなくなってしまったというのを少しずつ理解し始めたような気がします。被告人は障害者は不幸を作ると言っていますが、不幸を作ったのは被告人です。息子は不幸なんて作ってません。いつも幸せを作っていました。大変なときもありましたが、苦労と不幸は違うのです。私は、息子を返してほしい。息子にもう一度会いたいです。

6. 甲Sさん（43歳男性）姉の意見陳述書（代理人弁護士）第14回公判

私は、甲Sの姉です。植松が一番最後に殺したのが、私の弟です。私のただ1人の、血を分けた兄弟でした。弟は、父の入院が続いていた時期に、やまゆり園の短期入所を利用するようになり、父が亡くなった頃には、正式に、やまゆり園に入所をしていました。弟は、入所してからも、年末年始やゴールデンウィーク、お盆休みには、自宅に帰ってきました。生きていれば、殺された年の夏も、帰ってくるはずでした。弟がもう、この世にいないということが、未だに信じられません。今でも、相模湖のやまゆり園に、車で迎えに行ったら、ピョンピョン跳ねながら、元気に出てきてくれるような気がします。やまゆり園という安全な場所で、規則正しい生活をしている弟は、病気や事故にあうリスクは低いと思ってました。私よりも長く生きると、当然のように思ってました。しかし、２０１６年7月26日の未明、弟は、植松に殺されました。痛ましかった弟の死を思うと、自分の中の何かが壊れ、考えれば考えるほど、自分がわからなくなります。私たちが植松に奪われたものは、弟の人生だけではなく、私たち家族の、弟との、これからです。

裁判での、植松の「意思疎通ができない重度障害者はいらない」「重度障害者は不幸を作る」という言葉を聞いて、弟だけではなく、まるで、世の中の障害者全体が、殺されたような気持ちになりました。今回の事件がきっかけで、障害者のなかには、自分はいなくなった方がいいのではないかと考えてしまう人、植松のような考えをもっている人に、突然、街中で襲われてしまうのではないかと、外出が怖くなった人、障害者への偏見が強くなったと感じている人もいると聞いています。世の中には、心の奥底で、植松のように考えている人は、少なからずいるのではないかと思います。一方、そういう自分も、重度障害者本人や、その家族が不幸ではないと、断言はしません。健常者と同様に、不幸な人も、幸せな人もいるのだと思います。しかし、植松の起こした、殺人という行為に、納得や共感をする人は、いないであってほしいです。植松のように「障害者はいらない」と考えている人が、何らかのきっかけで、社会的に弱い立場になった時に、精神が弱ってしまった時に、植松のように、一線を越えてしまう人が、出てきてしまうかもしれない、そう考えると大変不安で、恐ろしくなります。どんな事情があるにせよ、どんな動機があるにせよ、これだけの人間を殺傷して、許されるようなことは、決して、あってはならないと思うのです。

裁判で、植松が、各入所者が、しゃべれるかしゃべれないかを確認して殺した、ということがわかりました。しかし、しゃべれるか、しゃべれないか、ということと、意思の疎通ができるか、できないかということは、結びつかないと思います。そのことを、障害者施設で、3年も働いていた植松が、知らないはずはないと思うのです。家族が、施設に障害者を入所させる理由に、家族が高齢となったり、病気になったりと、様々な理由があることを、障害者施設で働いていて、知らないはずがないと思うのです。この裁判を見ていると、どんどん疑問がわいてきます。むなしい。やるせない裁判です。この裁判を見てきて、植松は、世界平和のために革命を起こしたかったのではなく、自分の思い込む方法で、命を懸けて、自己実現をしたかったのだと、思います。今は、裁判や取材・報道で自己実現が出来て、さぞかし、満足していることと思います。植松は、措置入院のときには、おとなしい、いい子のふりをして、生活保護を受給していたときには、うつ病のふりをしていたと聞きました。この裁判でも、「自分には責任能力がある」と言いながらも、「責任能力がない人」を演じているように見えます。事件から3年経っても、未だ「自分の考えは正しい」と思っている植松は、機会があれば、またなんらかの歪んだ方法で自己実現をするのではないでしょうか。こんな身勝手な植松に、弟を含め19人、負傷者を合わせて計43人が犠牲になったことが、本当に腹立たしく、悔しくてなりません。植松には、植松の考える定義の重度障害者、名前も年齢も、住所も言えないような状態になって、自分の伝えたいことを、身振り手振りで必死に伝えようとしても、植松をわかろうとする人が、一切いないような環境のなかで、生きる気力を失い、絶望しながら、一生を過ごしてほしいです。しかし、日本には終身刑がないため、そのようなことは望めません。そうなると、選択肢は、ひとつしかありません。

以上

7．植松は現役職員時代に何を経験したのか

植松は、２０１２年12月1日から日中支援課の非常勤、２０１３年2月1日から3月末まで「つば

さホーム」の臨時的任用職員を経験し、同年4月より「のぞみホーム」の常勤職員となった。臨時的任用時代と正規の時代には変化はあったのだろうか、それともなかったのであろうか。2015年暮れの忘年会の時にけんかしたのは、当時上司でもあった「つばさホーム」のホーム長であった。植松は、園の職員でもあった幼なじみの友人の紹介でやまゆり園に就職し、「つばさホーム」では同僚となった。わずか2か月とはいえ「つばさホーム」の経験が大きい。はじめて園の夜勤を経験し、夜勤を経験すれば施設のことは大体わかるからだ。雑誌『創』に寄せた「鍵の中で」というエッセイでは植松は、施設内の様子を次のように描いているが、この叙述は、「ホーム」の経験者でなければ書けないものだ。

《鍵の中で》

「もう大丈夫ですよ。今まで御苦労様でした。後は私達にまかせてください」

「本当に有難うございます…宜しく御願いします…」

8秒間、深々と頭を下げていたが、その後はやたら饒舌で、いつの間にかお客様のような注文をしている。帰る時には目を細めた暖かいまなざしで別れを惜しむが、その足どりは軽やかだった。

「ここで何をするの?」

「…」

「ここで何をするの?」

「…」

「ここで何をするの？」

「何もしないよ」

「何も？」

「そう、この車椅子に縛られるだけ」

普通の車椅子とは少し違うように見える。全体がリクライニングして横にもなれるように大きい。

「食事は？」

「流動食で嚙む必要もないから、口空《ママ》けてー」

急に態度が変わった。声の色、表情も無機質になったし、こんなもの食べられたものではない。が、口を閉じるとスポイトでねじ込まれた。水分もゼリーに変えられている。

「トイレは？」

「オムツの中にパッドを3枚、上手に巻けばしばらく平気だよ」

廊下を歩いている人が道しるべのようにウンコを漏らしている。

「あっ!!またやりやがった!!」

「ウギィ!!」

腹を思いきり殴られた後、シャワー室に引っぱられている。周りを見ると日当たりもよく明るい雰囲気だが、糞尿の臭いが充満している。

これから、ずっと、この場所で暮らすのか。

ガンッガンッガンッガンッガンッガァンッガァンッガァンッガンッガンガンッガンガンッ

ガァンッフーーーッガンガンッガァンッフーッフゥーーガンガンガシッ
「えーっ16時20分、自傷行為のため身体拘束、薬持ってきて‼︎…コイツ厄介だなぁ…」
この鍵の中では生きることも死ぬこともできない。
「考えるから辛いんだよーはいっ口開けてぇアーンッ…」
「あゃうは、いーんなっんーんなっうなぁいー」

（初出『創』2019年8月号、41頁）

現役職員への聞き取りでわかったことは、植松は2016年2月19日に退職するまで、20枚以上のヒヤリハットや事故報告書を書いていることである。その内容をすべて公表するわけにはいかないが、どれを見ても通り一遍のもので、立ち入ったものではない。報告書自体、極めてシンプルな様式である。報告書にはホーム長やリスク委員、上席者のコメントがある。2015年4月6日の報告書にはリスク委員として植松聖の名前があるから驚きである。園は植松を危険人物として把握しておきながら危機管理や、権利擁護の中核を担うリスクマネジメント委員に植松を抜擢しているのだ。この件について園の職員に訊ねると「持ち回りで委員を担当していた」という。法廷や面会では「浴槽で溺れた利用者を助けても感謝されない」との趣旨の発言がみられたが、これは「のぞみ」時代に書かれたものであることがわかった。

同僚の職員によれば「植松は友人の誘いで働いたが働いてみると虚しく感じた」という。「刺青がバレて周囲から見放され、孤立していた」との証言もある。つまり、周りの職員からはバカにされていたというのだ。つばさホームで一緒に働いていた女性職員によれば、正規になり、のぞみホームに移って辞めたいという趣旨の発言があり、植松本人は孤立していたのではないかというのだ。

２０１４年12月31日に刺青が発覚して以来、毎月のように管理職に呼び出され面接指導が実施された。利用者の手首に「腕時計」の絵を描いたり、終業時間前の退勤などもあったというが、相当のプレッシャーがあり、それが本人を追いつめていったのではないかというのだ。しかし、植松本人は、「反省」というよりはネットへの書込みや動画サイトで賛同を求め、自身の考えを深めていったのだ。もちろん、ベースには大麻の乱用がある。しかし不思議なことに植松本人からは、園や共同会への怒りや批判は聞かない。なぜだろうか。裁判で語られた「2~3年やればわかるよ」というのが、おそらくその回答かもしれない。一般的には新人職員にはＯＪＴが適用される。職場の上司や先輩が、部下や後輩に対し具体的な仕事を与えて、その仕事を通して、仕事に必要な知識・技術・技能・態度などを意図的・計画的・継続的に指導し、修得させる、これがＯＪＴである。そして新人職員は先輩職員の支援方法を見て独り立ちしていくのである。しかし、「持ち回り」で「リスク委員」を任されたことからもわかるように、ＯＪＴそのものが機能していなかったのである。植松本人には、職員は利用者に食事を流し込んだりして、人間として扱っていないと映ったのである。「障害者は不幸をつくる」「税金の無駄使い」などという発言にしても、植松自身のオリジナルな言葉というより、周りの職員がそのような発言・思考をしていた可能性も高いのではないか。それを植松自身、真に受けた可能性もある。こうした職場環境のなかで教育され、利用者支援をしていたのが植松である。彼のなかの小さな芽が、園で働くなかで培養されていったのだ。しかしこの問題は、彼だけの問題ではない。

植松が、他の職員と大きく異なるのは大麻の乱用であり、「ネット空間」のなかで周りからの賞賛を求めたりするなどの彼自身の特異な「パーソナリティ障害」である。植松自身が園を批判しないのは、同僚をはじめとして関係者への「配慮」からであろう。つまり迷惑をかけたくないからである。面会時には自らの家族のこととなると多くを語らなかったし、メディアなどの関係者の悪口を口にすることは一度もなかった。植松のイラストやエッセイには障害者の似顔絵なども登場する。例えば、こういう件がある。「日中はオムツとヘッドギアを付けて車椅子にしばり固定されており、食事は流動食を食べさせると同時に多量の服薬を行います」。「眠る時は服を脱がないようにつなぎを着て、指を動かさないようにミトンでしばります。もちろん、Gさんは言葉を話すことができませんし、目は動き回りなにをみているのかわかりません」（『創』２０２０年2月号、１０５頁）。これが彼が目にした利用者支援の実態なのである。

昨今、津久井やまゆり園の運営母体である「かながわ共同会」の利用者支援の実態（不必要な身体拘束、居室への閉じ込め、虐待や暴力）が解明されつつある（第1章36－38頁参照）。植松聖を生み出したのは「津久井やまゆり園」であり「かながわ共同会」である。「津久井やまゆり園」は被害者というよりは一面において加害者なのである。その意味では植松聖は「かながわ共同会」という巨大組織のなかで教育された被害者ともいえる。だとすれば「かながわ共同会」の責任は重い。そしてこの問題は、津久井やまゆり園だけの問題ではなく、現在、日本社会の障害者支援施設の抱えている問題である。利用者支援のあり方が変わらなければ犠牲者は浮かばれないであろう。

第9章　友人たちの証言

1．犯行当時の被告の足取り

２０１６年7月25日午前0時20分頃、植松は相模川の河川敷で友人２人とともにポケモンＧＯをして遊んでいた。大麻をタバコ状に巻き、回して吸っていた。「大麻やカジノが合法化されるといいね」と話していたという。突然、植松本人は「今日は具合が悪いから帰る」と言って足早に車で走り去った。マクドナルド城山店の駐車場に車を止めた。車はホンダのシビック。ナンバープレートは１００１である。この数字には「新たな門出」という意味があり、10月１日までに計画を決行する予定であったという。予定が早まったのは、貯金残高が少なくなり、ドナルド・トランプが11月には大統領になることが予想され、その後では「トランプのような人が大統領になったからこんな事件が起こった」と言われて迷惑をかけると思ったからだ。マクドナルド城山店店長が、車が店の駐車場に放置されていたと判断し、津久井警察署に通報した。植松は鍵をつけたまま車をマクドナルド城山店の駐車所に放置し、ヒッチハイクで移動。三ヶ木のバス停留所で始発まで待った。25日早朝、電車で新宿駅へ向かいコンビニでノートを購入。漫画喫茶で自分の考えをまとめた。後の「新日本秩序」と称する構想を練り上げていたのだ。漫画喫茶では3時間くらい仮眠をしたが、母親から連絡があり、25日昼ごろ津久井警察署に車を取りに戻る。その後、ホームセンターでハンマー・結束バンド・ガムテープを購入し、今度は車で新宿へと向かう。25日午後5時57分から26日午前0時頃、南青山1丁目コインパーキングに車を駐車。駐車場にてバンパーをぶつける。

25日午後8時45分頃、被告の大学時代にフットサルサークルで知り合った後輩友人女性（交際女性B）と代々木駅で待ち合わせ。一緒にタクシーで歌舞伎町の焼肉店へ向かう。もともとは、27日の約束だったが、早めるようにこの朝、LINEでメッセージを送った。約束を前倒しにした理由を女性が聞くと「時が来たんだよ」と語ったという。広告代理店に勤めている女性が「今は出版業界も厳しくて、本も売れない」と言うと、「マジで、本を書いているので出版業界の人に渡してほしい」などと返答した。その後、25日の午後11時頃、歌舞伎町のホテルにてデリヘル嬢を呼ぶ。植松本人の太ももには「ゲゲゲの鬼太郎」のタトゥーがあったので、彼女が笑うと、「そうなんですよ」と言って笑っていたという。26日午前0時頃、コンビニで封筒と切手を購入しホテルをチェックアウト。自分の考えをまとめたものを出版社に送る。26日午前0時26分、歌舞伎町からタクシーで南青山1丁目へ向かい、止めてあった自分の車に乗り換えて走らせる。

26日午前1時33分、中央道相模湖東出口で下車し、壊れたバンパーを確認する。その後、やまゆり園近くの民家前に車を止める。地域の住民は次のように証言した。「物を引きずる大きな音がして、家の前に車が止まっていた。防犯カメラで確認すると1人の男が外れた車のバンパーを手で持ち上げるなどして直していた。男は車に戻り、袋を持ってやまゆり園の方に立ち去った。地元でよく見る車で『ぶつけたのかな』と思い、手伝ってあげようと外に出たら本人が戻ってきた。『大丈夫ですか』と話しかけると、『大丈夫です。やまゆり園の人間です』と答えた。午前2時半頃、大きな音で車が立ち去るのが聞こえた。園の方に歩いて行くと、結束バンドが100本くらい落ちていた。車があった場所には、雨粒くらいの血痕も落ちていた」。

「世界が平和になりますように」というフェイスブックの投稿は、ドナルド・トランプを意識したものだった。「金髪に染め、赤いネクタイつけてドナルドっぽい」。「障害者を殺せばトランプが『いいね！』を押してくれる」と考えていたという証言もある。美帆さんを刺した際に傷ついた「小指」をコンビニで洗い、エクレアやタバコを買い、午前3時05分に津久井警察署に出頭した。

初公判時には右手の「小指」を口元にもっていく仕草をして取り押さえられ、翌日拘置所で「小指」の第一関節を完全に噛み切ったが、「小指」には美帆さんの「呪い」がかけられていたのかもしれない。

2. 男性友人の供述調書

第6回、第7回公判では、友人、同級生らの供述調書が読み上げられた。プライバシーに配慮し、個人名をここではすべてアルファベットとした。供述調書からわかることは、植松被告は、男女問わず友人が多かったということである。幼なじみの友人、高校の同級生、大学の後輩、そして大麻仲間である。やまゆり園就職にあたっても、友人の紹介があった。幼なじみの友人たちは、植松の実家の近くに住んでおり、やまゆり園からも遠くない。友人たちの証言には、脱法ハーブや大麻の使用状況、イルミナティカードやフリーメイソン、障害者に対する差別的発言も出てくる。

男性友人A　脱法ハーブ、大麻使用状況、2015～2016年2月までにおける言動。「自分は選ばれた人間」など発言について。（第6回公判）

私は植松と知り合いで、事件以前に殺す計画を打ち明けられたことがある。高校1年の時、同じ高校の同級生であるOJ、KDが、さとくん（注：植松の愛称）と同じ中学、同学年だったので別高校のさとくんとも、OJらを通じて付き合うようになった。出会った頃は、真面目で物腰柔らかく、おとなしい印象だった。その後20歳頃から、再び付き合い、その頃は、はっちゃけた感じになってた。具体的には以前は真面目でおとなしい印象だったが、再会時は自ら仲間を引っ張ろうとする積極的な面がみられた。刺青をしていて、周囲には「彫師になりたい」と言っていた。さとくんが鯉などの下絵を描いていたのを見た。大学に入り、変な憧れをもったのかなと思った。さらに、20歳の頃、脱法ハーブを、そして後に大麻を吸うようになった。私も今はまったく使ってないが、当時は仲間内ではやってたこともあり、さとくんとこまめに連絡を取り合い、月1回くらいの頻度で、OJ、KD、Dと一緒に大麻を吸ったり、クラブに行って遊んだりしてた。実際、大麻を吸っている時もそうでない時も特に変わった言動はなかった。大学卒業後、X（注：公舎から駆けつけた「つばさホーム」の男性職員）の紹介で、やまゆり園で働き始めた。２０１１年頃と記憶しているが、「仕事をやってて楽しい。仕事は楽だ。障害者はかわいい」と話し、「こうしたら喜んでくれる」と身振り手振りまじえて話すことあり、当時は、仕事を楽しんでいた様子であった。ところが２０１３年６月頃、突然「意思疎通できない障害者は、生きてる意味がない」と私に言うようになった。その頃、D、MZからも、さとくんが同じような話をしていると聞いた。一方でさとくんは「重度障害の人は、人間扱いされていない、かわいそうだ」とも話していた。急にそんなことを言い出し、「変なこと言うな、仕事で何かあったのかな」と思ったが、特に深刻に受け止めなかった。２０１５年年末頃、さとくんは、電話でと記憶してるが「税金を重度障害者のために使うのは無駄だ。税金をほかのことに使ったほうがいい。重度障害者は殺したほうがいい。俺は殺せる」と話した。同じ頃「安倍総理に手紙を出そうと思ってる。今からその手紙を読むから、どう思うか教えて」と電話口で内容を読み上げた。細かいところは覚えてないが「私は意思疎通できない障害者を殺すことができる。安倍の許可が下りれば実行に移す」という内容だったと思う。手紙の内容を聞いて、「何、バカなこと言ってるんだろう」と思った。その頃、２０１６年の年明け頃だと思うが、D、MZも、さとくんが周囲の仲間にも同じようなことを聞いて、意見を聞いて回ってると聞いた。

２０１６年明け頃、イルミナティカードの画面を出し、「このカードは当たるんだよ」「このカードは俺のことを言っている」「俺は伝説に残る男になる」と、真顔で話したことがあった。顔を見て、カードのことをすっかり信用しきってると思い、殺害ということを聞いたので、「伝説になるなら死ぬことになるよね」と言うと、その言葉を聞いて、「俺、死ぬのかなあ」と真顔で言って落ち込んでいるのを覚えている。その頃と思うが、アメリカのトランプのことを尊敬してると言い、「自分が障害者を殺せば、アメリカも同意してくれるはず」「UFOを見たから自分の人格が変わった」と言っていた。UFOをいつ頃見たか、さとくんから聞いたかもしれないが覚えていない。「未来人がどーたらこうたら」と聞いたが、詳しい内容は覚えていない。同じ頃、「自分は選ばれた人間だから、自分が障害者を殺さなければいけない」と言っていた。

さらに、措置入院前か、退院後か、はっきりしないが、「話しかけても返事がないやつを殺す」と言っていた。「園には話しかけても反応ないやつがいる。夏を楽しんだ後、10月にやる」と言った。「どうして10月？」と聞くと「夏は遊んで楽しみたいから」と言っていた。実行すれば金をもらえてウハウハになると。「どう考えてもそれは無理だよ」と言うと、「いけるよ」と自信ありげに言った。

最後に会ったのは2016年7月24日。当日は、私、さとくん、D、地元のKNと4人。川へ行って、ゲーム、ボウリングに行った。4人で相模原市内のラーメン屋でラーメンを食べた。KNだけ帰り、さとくんから誘われ、私とDは、さとくんと一緒にムエタイジムへ。黙々とサンドバッグを叩き、午後11時ごろ解散し、別れた。この時のさとくん、私から見て、特におかしなところはなかった。障害者殺害という危険な考えを私たちに話すこともまったくなかった。私は「危ない考えは捨てて、昔のさとくんに戻ったのかな」と思った。ところが、次の日の夜、事件が起きてしまった。

男性友人B　脱法ハーブ・大麻使用状況、2016年2月～犯行までの言動。フリーメイソンに関する発言など。（第6回公判）

私は、植松と高校生の頃からの知り合い。本人から障害者を殺そうと思ったと言われたことがある。知り合ったのはお互い高校1年の頃。植松が通う高校とは違っていたが、放課後よく地元のコンビニでD、MZとたむろしてるところに植松も顔を出すようになったので、知り合った。つるんでいたのはD、MZ、KD、KH、ST、SG、NMたち。今挙げたのは多少なりとも悪ガキ。不良グループだが、その中にあって、植松だけは真面目だった。明るく、周囲の空気も読めるタイプだったが、21〜22歳になる2011年頃から、髪の毛を明るく染め、刺青を入れたりと派手になった。さらに2011年か2012年頃から、脱法ハーブも吸うようになった。仲間内でも、時々、脱法ハーブを吸うこともあったが、植松は仲間の中でも飛び抜けた頻度で吸っていた。この頃会う時、植松が脱法ハーブを吸っていない時はなかった。ほぼ毎日、脱法ハーブを吸っていた。本人は、「吸い過ぎて、効いている時と効いていない時の境目がわからなくなってきた」と言っていた。植松が施設で働いていることは聞いていた。2014年か2015年頃、施設で、服薬しなければならない薬を利用者にあげなかったと聞いたが、聞いたのはそのくらいである。障害者を殺す発言はなかった。ところが2016年2月頃だと思うが、突然、LINEでメッセージが来た。それはKWという知らない人とのやりとりのスクリーンショット。画像が3枚くらいあり、この後「ご意見聞かせてください」とあった。画面は「意思疎通がとれない障害者は不要な存在である」という内容。文章が長いし、意味がわからないので途中で見るのをやめた。その後Dから「植松がおかしなこと言ってたことで、病院に入れられた」と聞いた。2016年3月頃、退院したこともDから教えてもらった。さらにその頃、Dから、植松の考えを否定するようなことを言ったところ、植松がDを付け回すようなことをしたと聞いた。仲間から、改めさせようとしたSGにも植松がキレてけんかになったと聞いた。これを聞いて私は、植松とあまり関わりたくないと思った。

2016年4月頃、植松から私に電話があった。普段にましてバカ丁寧に、「お疲れ様です。お時間大丈夫ですか。お元気ですか。ご相談あるんですけど」と。「障害者は世の中にいる意味がない存在と思いませんか。障害者を殺そうと思ってます」。話が、途中から、フリーメイソンとか、わけわからん話になり、「で、何が言いたいの」と言うと、「夏までには障害者を殺す作戦を決行しようと思っています」と。「人を殺すとつかまっちゃうからやめたほうがいいよ」と返答すると、「みんな賛同してくれないんですよね」と不満そうに言っていた。あまり関わりたくないと思い、「忙しいから切るね」と言った。地元の友人OJから、電話があり、「さっきコンビニで、さとくんに会った」。「障害者殺すとか、フリーメイソンとか。さとくん、大麻吸っていた」と言っていた。私は、同じ内容を電話で話されたと言った。2人で、「植松はやばいから、あまり関わらないようにしよう」と言った。事件数日前、コンビニで偶然、Dと会った。「さとくん最近ちょっと、まともになった。ムエタイジムに通ってて地下格闘技の試合に出ようとしてるみたい」と言っていた。しかし、何人もの人に考えを話し、友達とけんかすることまでした植松が、そんなに簡単にまともな考えに戻ったのか、半信半疑だった。その後逮捕された。

男性友人C（第7回公判）

第7回公判では、友人の供述調書が読み上げられた。この友人は、植松被告の1歳下の後輩で運送の仕事をしている。この供述調書には2016年3月以降、植松被告が障害者を殺害すると話したという話や、前日の7月25日未明、植松被告と大麻を使用した時の言動、脱法ハーブ、大麻使用状況が記されている。また、2016年2月頃、植松本人から総理へ手紙を出す相談を受けたことや、殺害方法などについても記されている。警察官が聴取したのは、2016年7月30日である。この友人は、植松被告が使用した携帯電話の発着信履歴から発覚したものである。

俺は、地元でオーシマグループという大麻を吸うグループに入っていた。さとくんは、相模湖グループという相模原にある別のグループによく通っていた。クラブ内でもお互い目立つ存在になった。クラブで会えば互いに話もした。さとくんと話すようになったのも、2016年から2年ぐらい前、2014年夏頃だと思います。何度か話してると、脱法ハーブや大麻をしていることや、同じトレーニングジムに通ってる話も出て、2015年1月頃から2人でよく遊ぶようになった。さとくんの性格は、明るく後輩の自分に対しても物腰の低い良い先輩の印象です。

障害者への言動は、知り合って間もない頃、さとくんと車に乗ってる時、一度、身体障害者を見かけた時のことである。「あ、シンタイだね」と、さとくん。まったく興味を示さなかった。ところが昨年（2015年）夏頃から、意思疎通ができない人について「死んだ方がいい」と言うようになった。年末くらいから「殺す」と言うようになった。安楽死させた方がいい。犯行計画は2015年末頃から「障害者に何億円金使われてるか知ってるか？　別のところに回せば、日本はもっとよくなる。重度障害者は人口の○○％いるんだ」と言うようになり、俺も話に感心して「そうなんですか。その金があれば、日本もよくなりますね」と言った。

後日、園の障害者を殺す手紙を書こうと思うと語り、「殺す」「抹殺」「瞬殺」「どれがいいかな？」と聞かれたので、「抹殺なんて言葉、狂気感じますね」と言った。俺もさとくんも、妄想話をするのが好きなので、あくまで仮定の話として言った。その頃、相模湖グループの人から「さとくん、マジでヤバイから、気をつけたほうがいいよ」と言われたが、俺自身は、妄想話だと思ってたんで気にしてなかった。

退院してから、「俺は金持ちになる。本を書く。意思疎通できない障害者を抹殺する話の上下巻を予定している。11月にトランプが大統領になれば、日本では非難されるかもしれないけど、世界では賞賛されるみたいだ」と、言っていた。「テレビによく映るように整形した。決行したら必ず自首する。できれば、町田あたりで、事前にチラシを配りたい」と言っていた。ＧＷ頃、「いけるなら１００、最低でも50は殺そうと思ってる」。「なにで殺せばいいかな？」「アキバの時はどうしたんだっけ」。「健常者は殺したくないから、拘束したい。どうすればいいかな」と言った。俺はその頃、人生に嫌気がさしてる時期で、さとくんの話は度を過ぎてるとは思ったが、妄想話だと思ってたので、俺は「そうなれば革命的ですね。やっぱ、ナイフとか包丁で殺せばいいんじゃないですか」と答えた。

その後、２人の携帯のオークションサイトで、刃物を調べた。どちらの携帯か忘れたが、ランボーで出てくるような、刃先が曲がってギザギザになったものをみつけ、これなんかいいじゃないですかとなったが、値段が４万、８万など高額なものしかなかった。さとくんに「人間切ると脂で刃先が壊れるので侍は刺すと聞いたことがある。４本ぐらい。ドンキにありますよ。刺すなら首がいいですよ。

神経が集中しているそうです」と言った。次に、健常者の拘束については、俺は「以前、不良にラチられた時に、右と左手の親指を結束バンドでしばられたことあって、あれマジで身動きとれないですよ」と言った。さとくんは「そうか」と言っていた。こうしたやりとりは計10回くらいしていると思うが、どの話を何回目にしたか覚えてない。

その後「11月にはトランプが大統領になるから10月までにはやりたい」。「自分ですべて殺すから協力してほしい。早ければ早いほどいいけど、お前が協力してくれるなら、10月まで待ってもいい。拘束するだけでいい。捕まっても『何も知らない、見てただけだ』と言えばいい。10億円入るはずだから、折半でもいい。なんなら7：3でも8：2でもいい。俺は金のためにやるんじゃないから」と言われた。計4～5回ぐらい誘われたと思う。その後「俺には2人の協力者がいる。1人は後輩、もう1人のやつももうすぐ落ちそう」と言っていると聞いた。その「後輩」が俺のことか、他の人のことかはわからない。

今までは「妄想」と思い、話に付き合っていたが、さとくんがあまりに現実的なので怖くなり、できるだけ話を逸らすため、違う話をするようになった。例えば、さとくんが「10月」と定めていたので、敢えてその先の話を、「11月になったら、バーベキューに行きましょうよ。旅行、行きましょうよ」と誘ったが、さとくんは「ああ」といった返事。6月下旬、さとくんの車中で、威圧的に「協力しろ」と言われたことがある。俺は、「ヤバイっす。ムリっす」と断った。すると急に態度が変わり、不機嫌になった。その後も襲撃話はしていたが、俺に協力を要求する話はしなくなった。

7月24日午後7時28分、俺はさとくんに「大麻が手に入ったので一緒に」と電話した。さとくんは

「その話、待ってました」と、かなりノリノリだった。午後11時04分にもう一度電話。待ち合わせ場所と、友人のHYが一緒に行くことを伝えた。相模川近くで待ち合わせ、さとくんが吸ってると、急にさとくんは走り出し、車に戻った。日付が変わり、午前2時51分頃、「今日は効き過ぎたんで、このまま家に帰るね」と。俺はコンビニに商品配送する仕事をしていて、職場が八王子方面で京王相模線めじろ台近辺である。猛スピードで横切るホンダシビックを見かけた。昨日の行動が気になって午後4時01分にさとくんに電話した。「昨日は大丈夫だったんですか？　めじろ台にいましたよね」と言うと、慌てたように「なんで知ってるんだ？」と。「見かけたので、生きてるんだと」と言ったら、「そうか。生きてたよ」と。これがさとくんとの最後の会話である。次の7月26日ニュースでやまゆり事件を知った。さとくんの手紙の方法、手口、俺と話した内容のものだったのでびっくりした。

3. 被告の障害者施設での体験

男性友人D　幼稚園、小学校、中学校の同級生（第6回公判）

植松被告とは幼稚園小学校中学校が一緒の同級生。同じ学校に通学していた。小学校の頃、Kくんという重い知的障害をもった子がいた。自分で頭を叩いたり、友人の消しゴムを口に入れてそのまま返したりしていた。1年年下にも障害をもった子がいて、私の同級生の女の子を階段から突き飛ばしたこともあった。怪我はしていたが、どういった怪我かは覚えていない。そのように、周りに知的障害者がいたが、偏見や差別的な発言は聞いたことがなかった。中学校では人数が増え、他の小学校の人もいたが、同様にそういったことはなかった。その後高校に入り、別の高校に進学した。私は同じ高校のDと仲良くしていたことから、みんなで遊ぶようになった。私やDは悪いこと暴行などをして警察にお世話になることもあったが、さとくんは悪いことには関わらず、根は真面目で、そこに誘うことはなかった。（第6回公判より）

検察官（女性）　小学校のとき、同じ学校に障害者の児童がいた？

被告　はい。

——当時はどう思った？

被告　大変だなと思っていました。

——どういうところ？

被告　奇声を上げて走り回ってしまうので、大変だなと。

——本人が？

被告　周りの人です。

——では、あまりいいイメージはもっていなかった？

被告　はい。

——大学生になり、実習で障害者施設に行ったことがある？

被告　はい。

——その時は施設について、どう思った？

被告　ろくに勉強していないなと思いました。

――環境としては？

被告　そこは多分、国の施設なので、きれいでした。

――施設の人は？

被告　重たい人もいれば軽い人もいる施設でした。

――その人たちについて。

被告　いる意味があるのかなと思ったりしました。

――園に行き、驚いたと。

被告　大の大人が裸で走り回ったりしていたので、なかなか、見たことない景色だと思いました。

――ほかに？

被告　驚いたところは、自分で排泄ができない方もこんなにいるんだなと、あと、昔は社会にいた人が入所していたことも。

――食事は？

被告　重たい方の食事は、ひどいめしを食べてるなと思いました。

――どんな？

被告　液状のもの。

――固形じゃなく、流動食を？

被告　そうです。

——家族について。

被告 入所してる方は気楽なんですけど、短期の方は重々しい雰囲気だなと思いました。

——あなたとしては、長期の普通の入所の方は？

被告 入所してる方はお気楽でした。

——何か思うところは？

被告 職員さんの悪口とかも言っていたので、気楽だなと思いました。

——職員さんについては、思うところは？

被告 少し感覚がずれてしまうのかなと思いました。

——どんな？

被告 人間として扱えなくなってしまうのかなと思いました。

——「人間として扱えなくなる」とは？

被告 口調が命令口調というか。

——入所者に話すのが、命令口調になってしまう？

被告 はい。

——そのほかは？

被告 やっぱり、人として扱ってないと。

——手を出してしまうことは？

被告 食事の時、流動食の時は、職員がするが、人に食事を与えるというより、もう、流し込むような状況。人間ではないなと思いました。

——暴力を振るうとか？

被告　そういう話は、聞いたことはあります。

——実際に見たことは？

被告　あ～暴力!?

——職員とはそのような話をしたことがあるんですよね。

被告　自分は暴力は、はじめはよくないと思いました。

——暴力の話題になり、よくないと言った？　相手職員は？

被告　2～3年やればわかるよ、と言いました。

——2～3年やって、あなたは？

被告　嘘じゃないなと思いました。私は無駄な暴力は振るったことはありません。動物と同じで、しつけと思い、やったことはあるけど、甘やかしすぎて、食べなくなった利用者がいて、鼻先をこづきました。

——もともと食事ができた方が、職員が甘やかして、今まで食べられた人が食べなくなり、鼻先をこづいたのか？

被告　犬も鼻先をこづいていたので。

——ほかには？

被告　便を触ってしまう人をトイレに座らせる時に、しつけをしたと聞きました。痛みとか恐怖とか

ない方がいる。

――裸で走り回ったり食事を流し込んでいた。職員は人間として扱っていない。そういう経験をして、あなたとしては、重度障害者は要らないと思った？

被告　はい。

――「不幸を生み出す」と。

被告　そうです。


（第９回公判　被告人質問より抜粋）

４．精神鑑定から浮かび上がった人物像

２０１６年の事件発生当初、公開された数々の被告写真や映像を見ると、とても正常な人間が起こした事件とは思えない。被告は、事件発生以前からツイッターなどで刺青やクラブでの写真などを公開していた。「世界が平和になりますように」という文言は、最後の投稿である。現在ではアカウントは削除されているが、いわゆる「ヤンキー文化」のなかで育ったのだ。友人の証言によれば、当時、オーシマグループと相模湖グループという大麻を吸うグループがあったという。植松本人は相模湖グループであったが、クラブで会えば互いに話もするし、よく遊んでいたという。ツイッターやフェイスブック、インスタグラムなどを駆使し、世界情勢などの情報を摂取するとともに、社会に対して発信している。裁判では紹介されなかったが、「ドレの深夜食堂」で知られる動画配信サイト「アフリ

カTV」もその1つであった。ここでは、公判の鑑定人尋問から浮かび上がった人物像について紹介することにしたい。

植松聖は、父が小学校図工教師、母が漫画家という家庭環境で育った。兄弟はいない。出生時、新生児黄疸で、血液交換治療をしたが特に後遺症はなく、発育発達に遅れはなかった。素直で手がかからない子だった。小学生の頃は勉強は中の下。明るく人なつっこく、目立ちたがり屋でもあった。クラスに自閉症の子がいたが、普通に接していた。

中学生の頃も勉強は中の下。バスケ部に所属。中3から友人に誘われ飲酒や喫煙、万引きを時々していた。いわゆる「不良」と呼ばれる友人との交友があった。思春期には親に反抗して物を壊したり、壁を殴って穴を空けることもあったり、教師に反発して教室の窓ガラスを割ることもあった。いわゆる、優等生キャラではなく、リーダー的な存在でもない。問題行動も見られたが、明らかに反社会的な逸脱した行動はなかったという。明るく社交的で目立ちたがり屋である。他方で、人の影響を受けやすく、場当たり的で、キレやすい性格の持ち主である。精神科医は「やんちゃなお調子者」だと評している。

高校は、面白そうだという理由で調理科に進学。勉強は中の下くらい。バスケ部に所属した。高校2年生の時にバスケ部員を殴り1か月停学になったが、夏休みと被っており特段影響はなかった。女性と交際したり、バイトをしたり、バイクを乗り回したり、学生生活を楽しんでいた。

父が小学校の先生だったこともあり、「先生になりたい」と言い、AO入試で大学では教育学部に進んだ。しかし勉強には熱心に励まず、飲み会中心のサークルに所属していた。大学2年生のころ、脱法ハーブに手を付ける。週数回吸引。大学3年頃、刺青を入れた。他方で学童保育のバイトや障害者施設で教育実習をした。しかし採用試験は受けなかった。自意識過剰でナルシストで、他人の意見を聞かないといった面が見られ、その一方で気遣いができる人なのではないか、という精神鑑定での評価もあった。

卒業後は、「楽そう」と考え運送会社に就職。自販機に飲み物を補充する仕事をしたが、わずか8か月で退職している。彫師をめざして師匠の許可なく勝手に客をとったこともあったという。当時は違法ではなかった脱法ハーブを使い、後に「脳が壊れた」ので大麻を吸うようになったという。社会人になってからは、街でけんかをすることもあった。車の運転で暴走したり、赤信号を無視したり交通違反で捕まることもあった。この頃から金儲けの意識に目覚め、「出会い系」で知り合った女性をアダルトビデオに出演させようとしたことがあった。

その後は知人から「楽だよ」と聞き、やまゆり園に2012年、就職した。当初は「障害者はかわいい」と話していたが、働く意義を見失いはじめ「給料のために働いている」と思うようになった。一人暮らしを始め、時間に余裕ができたことと、親の目がなかったこともあり、クラブに行ったり、出会い系アプリで出会った女性と交際したりするなどした。大麻を使うようになったのは23歳の頃である。一方で「自宅に盗聴器をしかけられている」という被害妄想的な発言もするようになった。この頃から職場での仕事が雑になった。私生活でも信号無視をしたり、殴り合いのけんかをしたりする。イルミナティカードにはまった他、美容整形をしたり、髪を金髪に染めたりしたのだ。

5. イルミナティカードの暗示

衆院議長宛ての手紙の衝撃的な内容については知られているが、イルミナティカードの複写が入っていたことはあまり知られていない。イルミナティは、フリーメイソン系の団体である。ドイツのバイエルンで18世紀後半に結成され、ごく短期間活動をした。近年では、ダン・ブラウンの『ダ・ヴィンチ・コード』や『天使と悪魔』でも話題になった。イルミナティカードは、1982年に発売されたスティーブ・ジャクソン・ゲームズ社が開発したものである。このゲームのカードに描かれたイラストが、後の重大事件を予言しているとして「都市伝説」で話題になっている。被告人質問では、13013という数字が出たが、圧縮するとBOB、すなわち、「伝説の指導者」であるボブを意味する。カードと事件との関係はあるのだろうか、それともないのであろうか。第8回の被告人質問では、この点について被告人の弁護士が質問をした。

被告人弁護士　イルミナティカードはどうやってみつけましたか？

被告　ネットやテレビ番組で見ました。

——どんなことが書かれていましたか？

被告　なるほどと思うような真実ばかり書かれています。例えば、コマーシャルに出ている俳優の足下には大金が置かれているとか、ケチャップは野菜だというふうに言っていました。大切な要求をするときには拳銃を突き付けたほうがいいと。

――他には？

被告　日本が滅びると書いてありました。

――いつ滅びると？

被告　今年滅びると思います。

――どういう形で？

被告　首都直下型地震など、いろんな問題が起きると思います。

――ここは横浜ですが、何か横浜については書いてありましたか？

被告　横浜には原子爆弾が落ちる、と。

――それはいつですか？

被告　２０２０年の6月7日か9月7日です。

――それはイルミナティカードに書いてあったのですか？

被告　それは『闇金ウシジマくん』に書いてありました。

――実際に起きたことでイルミナティカードに書いてあったことはありますか？

被告　9・11、ビットコイン、トランプ大統領、世界情勢のことが書かれていました。

――他には？

被告　3・11とか。

――イルミナティカードに植松さんのことはありましたか？

被告　ありません。

――あなたが書いたノートに5つの数字が書いてありましたが、覚えていますか？

被告　はい、13013です。

――それはどういう意味ですか？

被告　わかりませんが、聖なる数字と伺っています。

――その数字は何を示すのですか？

被告　わかりません。

――イルミナティカードに書かれてあることで、あなたは何を思いましたか？

被告　日本はヤバイと思いました。

――それを誰かに話しましたか？

被告　周りの友人です。

――日本が滅びたら大変ですか？

被告　はい。

――そのために何かしようとしましたか？

被告　社会に貢献しようと思いました。

――それは今回の事件とつながりがあるのですか？

被告　はい。

――社会に貢献するために重度障害者を殺したと。

被告　はい。

――先ほど、友人に話したと言いましたね。友人の反応は？

被告　信じてくれる方と、信じてくれない方がいました。

――その割合は？

被告　人生がうまくいっている人はあまり興味なかったかもしれません。

――うまくいっているとは？

被告　充実している人です。

――あなたが思う充実とは？

被告　社会的地位や金銭的な面でしっかり働いている方です。

――お金持ちの方とか人生がうまくいっているということですか？

被告　はい、そうです。

――イルミナティカードについて友達に話をしたとき、友達は何か言っていましたか？

被告　「すごいね、そういうのがあるんだね」と話していました。

――友達には自分のことをどんな言葉で表しましたか？

被告　「伝説の指導者」と、ネットには書いてあったのでそう言いました。

――「伝説の指導者」にあなたがなれるかもしれないと。

被告　そうです。

――他には？

被告　ありません。

――自分が世の中を変える話は友達にしましたか？

被告　したと思います。

――具体的には？

被告　重度障害者を殺すと話しました。

――何人ぐらいに話しましたか？

被告　50人ぐらいです。

――賛成する人、反対する人はいましたか？

被告　はい。

――その割合は？

被告　半分以上の方に同意してもらったと思います。

――どういう台詞で同意したんですか？

被告　私はよく冗談を言うのですが、一番笑いがとれたと思います。

――それはあなたが冗談を言っていると思ったのではないですか？

被告　それが真実だと思ってくれたんだと思います。

――例えば、友達はどんなことを言っていましたか？

被告　「悪いけど、悪いことじゃないね」と言ってました。

――「日本が滅びる」という話は、措置入院の前からしていたのですか？

被告　前からだったと思います。

——その後もしていたのですか。

被告　はい。

——どっちが多いですか？

被告　後の方が多かったと思います。

——「社会を変える」何か別な表現を使ったことはありますか？

被告　革命を起こす、と。

——革命を起こすこと自体について友達は何か言っていましたか。

被告　驚いていました。

——革命が成功すると思いましたか。

被告　わかりません。

（第8回公判　被告人質問より抜粋）

第10章　交際女性たちの証言

植松被告は、同性の友人が多いが、女性の友人も多かった。中学で2人、高校3人、そして大学に入ってからも少なくとも2人の女性と交際していた。裁判で呼ばれた1人目の交際女性Aは高校時代の同級生で、指輪のプレゼントや花束を渡されたこともあり、家族ぐるみの交際をしていた。大学は別だが、新宿で会ったり、社会人になっても同窓会で会ったりしていた。美容整形、彫師のこと、イルミナティカードの話、障害者に対する差別的発言も出てくる。2人目の交際女性Bは、事件前日、高級焼肉店で「最後の晩餐」を過ごした女性である。この女性とは大学時に新歓コンパで知り合った。広告代理店に勤務しており、事件前日、突然、被告から誘いを受け、新宿歌舞伎町の高級焼肉店で食事をした。新しい法律を6つ作るといった話も出てくる。3人目の交際女性Cは、法廷での証人尋問に応じた女性である。この女性は、最後まで被告と付き合った女性である。2014年8月頃、電車に乗っている時、被告から突然、声をかけられ、LINEのIDを交換。2日後には被告の自宅にも訪問している。一度別れたが、2015年の冬から事件当時まで付き合っていた。

1. 交際女性Aの供述証書

第6回公判午前　弁護側立証開始。

植松被告は青のフリースに黒いズボン。靴はサンダル。右手小指に包帯のようなものを巻いている。ミトンは付けていなかった。刑務官6人に連れられ入廷。

交際女性A　高校の同級生の供述調書（第6回公判）

高校時代の言動や性格について。2016年頃から言動や性格に変化が現れたことについての供述。当時、同じ高校の同級生で、一時交際していた。事件前に「障害者は人間ではない」というメッセージのやりとりがあった。

交際の状況について。高校には2005年当時、普通科、調理科、情報処理科の3つがあった。調理科には2クラスあり、私と彼はそこに通っていた。2005年、1年生の時に同じクラスで知り合った。8月に告白され、付き合うようになった。当時、彼は、バスケットボール部だったが一緒に登下校したり、土日も一緒にいるなど、常に一緒にいた。やさしく、連絡をマメにする人だった。記念日に手紙をくれるなど、大切にしてくれていると感じた。確か1年目だと思うが、内緒で指輪を買ってきて「そんなに高いものじゃないんだけど」と言ってくれた。サイズが合わなかったが、私のことを思って一生懸命選んでくれたということと、初めて好きな人から指輪のプレゼントをもらったことから、大切にしていた。その後、お互いに異性に焼餅を焼き、2回別れたが、仲直りし交際は続いた。2回目に付き合った時、体育館に昼頃呼び出され、「今から会えないか」と言われ、その時に花束を渡された。とても嬉しく今でもよく覚えている。実家にも行き来する関係で、遊びに行った時には、お母さんは息子の彼女には一般に良い感情をもたないだろうと思って緊張していたが、お母さんは「あらかわいい子ね、さとし、よかったじゃない」と言って下さってほっとした。その後もよく「喉渇いていない？」と気遣ってくれた。お父さんは口数が少なく、最初は、とっつきにくい印象だったが、ある日声をかけられ、リビングに行くと、昼ご飯にパスタを作ってくれた。私が「おいしい」と言うと「そうか」と嬉しそうに言っており、その後は打ち解けていった。当時は、彼がご両親に私とどこへデートに行ったとか、何でもオープンに話していたので、私から見て仲良さそうに見えた。私の母は彼について「はきはき明るく挨拶する子」と好印象を抱いており、父は娘の彼氏に対して複雑ながらも「いいんじゃないか」と悪い印象は抱いていなかったと感じる。

交際中の性格について。彼について、根は純粋なのだと思えるエピソードがある。ある日ゲームセンターで、誰のかわからない財布を拾い、彼がお金を取り出し使い切ったことがあった。私ははじめは躊躇していたが、結局遊んでしまった。帰宅後に、彼から電話があり、「知らない人のお金を使ってしまった、やったらいけないことだった。嫌な思いをさせてしまってごめんね」と言っていた。その時に私は「いいことと悪いことの判断がつき、本当は純粋な心をもっているんだ」と思った。クラスではリーダー的な存在で、体育祭でダンスの練習を面倒くさがっている人に大きな声で「やるぞー！」と声をかけ、雰囲気を明るくさせて皆のやる気を起こさせていた。一方で気に入らないことがあると物に当たることもあった。ある時先生からベルトの色で身だしなみを注意されたことがあり、腹を立て、物を思いっきり投げたり、黒板や壁を殴ったり、ゴミ箱にひびを入れ、暴れたりすることもあった。だいたい1年に1回位あった。ただ、暴れた後は、腕組みして、散らかった様子を見ながら片付けていた。女子たちは呆れながら「うけるよねー」と笑っていた。3年の時も同じクラスだった。2年生の夏頃、バスケットボール部の部員を殴り停学になったことがあった。なぜ殴ったかはわからない。2006年の秋か冬頃、女性との関係に焼餅を焼き、別れた。高校3年生では同じクラスになったが、気まずく、私も別の相手と交際し始めたので、関わることはなくなった。別の大学に行き、大学2年、2009年夏頃、電話があった。「教育学部にいて、将来教師になるんだ。久しぶりに会おう」と言われ、新宿で思い出話をした。明るく優しい様子は、高校の頃と変わらなかった。その後も半年に1回は近況報告も兼ねて電話することがあった。彼は携帯から耳を離さないといけないくらい大きな声で話していたが、大学3年生の頃、ぼそぼそと、「俺、大学に入って、付き合ってもない女の子と関係をもつようになり、汚れてしまった。高校のころはピュアだった。俺はもう一度、あのピュアな恋がしたい」と言っていた。本心で言っていたのではないかと思う。その後、刺青を入れていたことに驚き、教師になることは不可能なのではと思い「先生になるんじゃないの？　バカじゃないの」と言った。すると「バレないようにする」と言っていたので、呆れ、なぜ刺青を入れたかなど詳しい話は聞かずに電話を切った。

社会人1年目。2012年の夏頃、同窓会で会った。この時は、髪や服について派手な印象は受けず、むしろ喜怒哀楽を見せていた高校時代とは違い、周囲の人を気遣う様子も見られたので「大人に

なった な」と好印象だった。彼も周囲の人に対して「俺、変わったでしょ? 大人になったでしょ」と言っていた。半年に1回は連絡を取っていたが、私が転勤・結婚・出産などで忙しく、話半分で聞いていたので内容はあまり覚えていない。電話の度に「彫師のところにいる」「障害者施設で働いている」「キャバ嬢の運転手をしている」など職を変えていたような気がする。2015年8月末頃、電話があり「俺、最近病んでいる。お前は結婚して妊娠して人生大成功してるなあ」と、ため息まじりに言っていた。「彼女とか、いないの?」と訊くと、「今はきちんと付き合ってる彼女がいない」「この先どうなるんだろう。親がそういえば近所と猫のことでトラブって出て行った」と言っていたので、肯定も否定もせず「そっか、そっか」と聞いていた。すると私の容姿について「お前は普通よりいいんじゃない?」「けど旦那はそうでもないよな」と言ってきた。私は旦那のことを悪く言われたことに腹が立ち「お前よりはいいわ」と言うと、「整形するしかないな」と言ってきたので「そうだね、それしかないね」と返した。他にはタトゥーについて「お前が外国人のこと好きだって言ってたからタトゥーを入れた」と言われ、「嘘でしょ」と返すと、「嘘」と言っていたので、冗談だと思っていた。その後、別の日にLINEで「鼻を整形しました」と整形前と後の写真と一緒に送られてきたので、整形したということがわかった。2015年11月、電話がかかってきてイルミナティカードの話を突然していた。「イルミナティカードって知ってる? ネットで調べてみて」と言うので、電話を切って調べていると、LINEのメッセージで「今までの世界中の大きな事件は予言されていた」と書いてあって「これ見て」とイルミナティカードの画像を送ってきて、反対から読むと「3、10、4」の数字が出てきて、「サトシになる。すごくね?」と言っていた。私は「あほらしい。さとしなんて何人いると思ってるの」と言うと「でもさあ。でもさあ。すごくない？」と聞く耳を持たず信じきっている様子だった。

障害者に対する差別的な発言について

2016年2月頃、LINEのメッセージで「今電話できる？　旦那さんも一緒にいれば聞いてほしい」ときた。その時は、夜遅く、旦那の夕食も支度するなどしなければいけなかったので「LINEで言って」と言った。「LINEで聞いて下さい。障害者の命のあり方についてです。目や耳に障害の有る方は尊敬しています。しかし生まれてから死ぬまで重複障害者の人は、周りを不幸にします。重複障害者は果たして人間なのでしょうか。彼らはずっと車椅子に縛られ、ドロドロの食事を食べさせられています。拷問です」。「話、続けていい？」ときたので、「いいよ！」と答えた。「第三次世界大戦で多くの命が奪われている。遠くのことと、無関係に思っている私たち」ときた。「車椅子で縛られドロドロのご飯を食べさせられているというところで、私自身介護をした経験があり、食事を何がなんだかわからないまま無理やり押し込んだ経験があった。ドロドロした食事にデザートのイチゴを混ぜて押し込んだ。普通の人はデザートとご飯を混ぜて食べたりしない。植松の気持ちは理解できる部分もあった。これが本当に良いサービスを提供しているといえるのか疑問を抱いたこともあったので理解できると思った。介護職と支援職で共通の認識をもっている。相手を助けたい、喜ばせたいという気持ち。しかし現実を見たときに理想とのギャップに苦しむことがあるのはわかっていた。そこで、一経験者として、話を聞こうと「いいよ」と送った。すると「人口は増え過ぎている。人権は最大の約束事であるはずですが、人の形をしているだけで、彼らは人間ではない」と。「彼らとは？」と返答すると、「重複障害者」と答えた。私が「幸せの形は人それぞれだ」と言うと、「牛や豚や犬、ゴキブリは殺すでしょ。莫大な費用をかけて、戦争をするのであれば他にもっと考えることがある」と送られてきた。「彼らは人の形をしているだけで、人間ではありません」というメッセージについて私は「何を言っているんだ」と違和感をもった。信じられず、「彼らとは誰のことか」と聞いた。すると「重複障害者のことです」と言った。私はその時、やはり「重複障害者が人間ではない」と言っているということがわかった。私は「続けて」と送った。すると「戦争をするなら他にも考えることがある。重複障害者は生きている意味がない。面会者の家族も疲れ切り、重複障害者は税金を無駄にし、人を不幸にすることしかしない。重複障害者は必要がない。排除されなければいけない。安楽死のできる世の中にするべき、抹殺すべき」と次々と送られてきて、大きな衝撃を受けた。それまで、人の命を軽く見る言動をするのを見たことがなく、「今の植松は、私の知っている彼ではない」と思った。ただ、今なら何とか優しい植松に戻せると思い、「中には会いたくない家族もいると思うけど、すべての家族がそういうわけじゃない。私が働いていたところも毎日来て、ご飯を食べさせている人もいた。私は、自分の息子が障害者なら生きてほしいと思うよ」と言うと、「それはきれい事じゃないですか」と。私の言葉は、彼の心に響いていないと思った。「世の中には悪いことをして刑務所に入る人もいる。税金で3食、食べれて、雨風しのげる場所で生活できる。こっちの方が無駄じゃないか。妊娠中に障害があるとわかった時点で、生まない選択肢もあるだろうが、私は息子を産む時に、旦那の母親から『預かった命は絶対生んで大切に育てなさい』と言われた。抹殺するくらいなら、生むか生まないか選択できるようにするのが先ではないか」と言うと、彼は「ひどい母親だな」と言い、その後も重複障害者排除のメッセージが送られてきた。私は「何を言っても駄目だ、歪んだ考えを正しいと思い込んでしまっている」と思い、嫌になり、「洗脳が解けたら連絡してこい。今はもう連絡してくるな」と送り、ブロックした。それ以降、どんなＬＩＮＥが来たのか、もしくは送られてないのか、わからない。２０１６年２月になってから私のツイッターのたわいもない記事に、たわいもないコメントをしてきたことはあるが、内容は覚えていない。２０１６年５月から６月頃、ＳＭＳで、メッセージがきた。５月４日「電話はどうしたのかな」。私は電話をした覚えはなく、関わりたくもなかったので「何でもないよ」と答えた。６月３日、「高校の同窓会しませんか」とメールがきたが、関わりたくなかったので「行かない。関わりたくない。マジで連絡しないで。迷惑」と送った。その後も「8月に地下格闘技に出ます」ときたが無視した。

2. 交際女性Ｂの証言

交際女性Ｂ　事件直前に食事。高級焼肉店（第7回公判）

私は、植松の後輩で、さとくんが事件を起こす数時間前の２０１６年７月25日夜、会ったのでこれから話す。２０１０年４月大学に入り、フットサルのサークルに入った。新歓コンパで当時大学３年生のさとくんと知り合った。２０１６年２月17日、ＬＩＮＥで、ＫＷという知らない人とのやりとりのスクリーンショットが送られてきた。「重複障害者は人間じゃない。重複障害者は莫大な税金がかかっている」と。私は、内容が難しく理解できず、ふざけてるのかなと思った。私は、「病んでる？（笑）」。さとくん「重複障害者は不必要である」。私「仕事について悩んでるわけ？（笑）」。さとくん「楽しく生きてて、事故の保険金として300万円入ってくる」という話をしていた。6月30日、2人で新宿の高級焼肉店に行こうと誘われた。そして、7月27日行くことになった。

7月25日になり、突然、さとくんからその日の夜食事に行こうと誘われた。仕事が終わって午後8時、9時頃なら大丈夫だったので、その旨伝えて、代々木駅で合流した。午後8時45分頃、代々木駅に着いて電話すると、さとくんは移動中。少しして代々木駅に現われた。タクシーに一緒に乗って、新宿区歌舞伎町の高級焼肉店に行った。車内の会話か店内での会話か、はっきり覚えていないが、「何で日程変えるの？」と聞くと、さとくんは「時が来たんだよ」、と。私は何を言っているのかわからないけど、これまでのさとくんが思いもよらないようなことを言って笑ってしまうこともあり、聞くことなく聞き流した。

「仕事してなかったけど、どうするの？」と、聞くと「新しい法律を6個作る」。

「はあ？　一応聞いとくけど、何？」。1つ目は、意思疎通出来ない人を殺すという内容。意思疎通ができない人を殺すという考えに恐怖を感じ、流そうと「次は？」と聞くと、2つ目は大麻の合法化。「は？」。3つ目はカジノの合法化。私は障害者を殺すという話からすれば穏やかになってきたと思い、「大麻とかカジノは外国では合法じゃん。日本でもカジノの合法化そのうちなるんじゃない、さとくんも海外行けばいいんじゃない？」。4つ目は女のデブは駄目。「男のデブがよくて女のデブは駄目なのはなんで」と言うと「男のデブは、デブ好きな女もいるから、需要がある」という話。私は、「好きな人もいるから、人それぞれかな」と。5つ目は、結婚相手または、婚約者以外とのセックスは避妊具を絶対つける。もしかしたら、婚約者のところは「好きな人」だったかもしれない。私は、「2人だけの世界だから、それは無理じゃない？」と言うと、さとくんは「生まれてすぐその考えを植え付ける」。私は、「なるほどねえ」と言った。6個目は覚えていない。順番として、3つめ、4つめは順番が逆だったかもしれない。

作りたい法律の6個の話が終わると、さとくんは「女のブス、デブが駄目ってのは嫌じゃないか。かわいい子とブス、デブは男からおごられる金額が違う」。確かにおごり方が違うという話を聞いたことあり、私は「それなりに本人も幸せ感じてるよ」、と言うと、さとくんは「ゆみんちゅは、ブス、デブの気持ち考えたことあるの？」。私は「ないかも」と言ったが、さとくんは優しい先輩だったので強く言われてショックだった。さとくんは、「ゴメン、ゴメン、強く言いすぎたね」。私「別にいいけど」。この日は、強い口調でさとくんが言い返すことがあり、私は、「今日のさとくんは駄目だねえ。私からは頑張れとしか言えないよ」。さとくん「ありがとう。でも、俺が無職になってから、ゆみんちゅ、冷たくなったねえ」。そのようなつもりはなかったが、そのようなことを言われ場の雰囲気が悪くなり、沈黙する時間もあった。さとくん「本書いてるんだ」。広告代理店に勤めていることから「今は出版業界も厳しくて、本も売れない」と言うと、さとくんは、「マジで？ ゆみんちゅから出版業界の人に本を渡してくれない？」。私「無理だよ」。さとくん「マジかよ」。その他、身長を伸ばしたい、顔も小さくしたいと言っていた。「身長が伸びて、顔が小さくなったら、バランス悪いよ」と言うと、さとくんは「それがいいんだよ」と。

30〜40分くらいして、さとくんは「俺には彼女がいるんだけど、大事な日にゆみんちゅを選んだ」と。告白されたら面倒だと思い、話を広げないように私は「意味わかんないんだけど」と流した。この頃、つかまったことを聞いていたので、「手紙を出してつかまったって？　親が聞いたら悲しむから、やめなよ」と言うと、さとくんは、「確かにねえ」。私「彼女は手紙の件、どう思ってるの？」と聞くと、さとくんは「悲しんでるよ。今日も大麻を吸ってきた」。私「あ、そう」。さとくん「ゆみんちゅと会ってる時、はまってない時はないかも」と言ったので、いつも会うとき大麻を吸ってるとわかった。私「そうなんだ」。さとくん「今日で会うの最後かも。しばらく会えない」。私「なんで？」。さとくん「引っ越すかも」。私「どこに？」。さとくん「まだ決めてない。パワーアップして帰ってくるよ」。私「はいはい」。さとくん「昔の自分は嫌いだったけど、俺、今の自分は好き」。私「よかったね」。さとくん「俺、こうなれたのもゆみんちゅのおかげだよ」。私「何もしてないし」。さとくん「今の俺、最強。オーラ出てない？」。私「江原啓之じゃないし。オーラ見えないし」。さとくん「マジで？」と笑っていた。今度、白金の焼肉店に行こうと言ってきたので、行こうと話を合わせた。代金はさとくんが支払った。

さとくんは「今日は来てくれてありがとう」と、握手を求めてきた。いつも軽く、「じゃあね〜」と手を振ってたのに、この時は握手を求めてきた。私は「気持ち悪いからやめて」と言った。さとくん「いいから」と。2〜3回くらい断ったがしつこく求められ、仕方なくさとくんと握手。

さとくん「俺、用事あるから」。私「仕事だから帰るね。飲みに行くの？　野暮用？」。さとくん「うん、野暮用」。私から後輩に電話。友人Dが「自殺は大丈夫だよ。ただ、俺らの前では殺すとか言わなくなったけど、ゆみんちゅには話してるんだな。みんな離れていった。後輩も一緒にやろうと誘われたらしい。俺もさとくんと凄いけんかになった。あいつはヤバイから。頭のねじが1本2本抜けたら一般人も殺しちゃうと思う」。怖くなった。「ニュースとかでさとくんの名前とか出たらどうしよう、怖いよ」。友人D「まあ大丈夫だよ。俺が何とかするから」。

3．元交際女性Cの証人尋問

元交際女性Cは、2014年8月頃から被告と交際を始め、その冬に一度別れて、翌年の9月くらいに連絡をもらったのをきっかけに2015年の冬くらいから事件当時まで付き合っていた。別れた理由は「一緒にいる時間をつくりたい」と話したところ「友達と会う時間を削ってまで、お前と会うつもりはない」と言われたからだという。2度目の交際の時には障害者は「生産性がない」「生きていても意味ない」「人間ではない」というネガティヴな言葉が増えたという。当時はドナルド・トランプがアメリカ大統領選挙に立候補しており、「絶対、この人は大統領になる。一般的に社会的地位が高い人が話すことで、民衆は動く」と言っていた。イスラム国や、フィリピンのドゥテルテ大統領のこともネットで調べていたという。また、イルミナティカードについてのエピソードもいろいろ話してくれたそうだ。以下のやりとりは、第5回公判からの抜粋である。

検察官　措置入院の前と変わらず、刑務所に入ることになるよとか、死刑になるよ、とか言いましたか？
元交際女性　はい、言いました。

――措置入院後は、それに何と言っていた？

元交際女性　世間一般の人がタブー視しているような重い障害者をやることで、自分が先駆者になるというか、もしかして、刑務所に入るかもしれないけど、すぐ出てこられると。

――どうして被告が「先駆者になる」といった、考えになったと思うか？

元交際女性　当時、アメリカのトランプ大統領など、一般的に過激といわれるような発言で賞賛されていたり注目されたりという世間の反応を見て、自分もその中に入りたい、実行者になりたい、という気持ちだったのではないかと思います。

――映画を見ている時にそういった発言はあったか？

元交際女性　はい、あります。

――障害者に対して？

元交際女性　障害者、というより人権についてです。

――何の映画を見ている時？

元交際女性　『テッド2』という映画を見ている時、世間知らず、と。

――それは、映画館で見たのか自宅で見たのか？

元交際女性　ＤＶＤを借りて、自宅で一緒に見ました。

――どんな場面でどんなことを話していた？

元交際女性　話ができる熊の人形に対して人権や市民権を与えるかという裁判の場面がありました。テッドの弁護士が「人間性の基準とは何か。自己を認識できることだ。自己を認識できる証拠として、あなたの名前は？」と訊ねられ、聞かれた人形が名前を答え、人権が認められる場面です。その時に「これだ、俺が言いたかったのはこれだ！」と興奮して言っていました。

――どういった様子だったか？

元交際女性　私の肩をポンと叩き、目をきらきらさせて、合点がいっているような感じでした。

――それはいつ頃か？

元交際女性　措置入院の翌月。退院して、４月くらいと思います。

４．ＤＶＤ『テッド２』に着想があった

映画『テッド２』は、いのちを吹き込まれたテディベアに人権を与えるか否かをテーマにした娯楽作品である。テッドは「熊のぬいぐるみ」で、ＣＧ映像が使用されている。

テッドは、タミ＝リンという女性と結婚したが、人形であるため子どもを儲けることができず、人間の精子提供者を探すことになる。タミ＝リンは婦人科医から薬物乱用のため子どもをつくれないと宣言され、養子縁組を考える。養子斡旋所に向かったが役所にテッドは人間ではなく「所有物」と言われ、スーパーの仕事を首にされ、銀行口座やクレジットカードも失効とされる。さらにはタミ＝リンとの結婚も無効にされたのだ。身元調査の過程で、それまで人間同様に扱われていたテッドの法的人権が当局より否定されたため、裁判に向けて動き出す。裁判では、テッドは胸にあるボタンでしゃべる「ぬいぐるみ」であり、「人権」はなく「所有物」であるとする判決が下る。「君の望みは法的な

人間だ……人間というのは、社会貢献や国民の向上に役立つ必要がある。だが君はどうか」「テッド、君は特別だ。世界を変え、指導者や人々の模範になれたのに、今の君は……まわりの人間に悪い影響しか与えていない」。人権派の弁護士に弁護を頼むが断られる。テッドが人間ではなく物となればテッドを誘拐しても罪に問えないので、玩具として量産して儲けようとする悪人まで現れる。

ある時テッドは、誘拐され、危うく解体されそうになる。テッドは助けを呼び、友人ジョンがその身代わりに事故に遭い、意識不明で病院に運ばれる。友人は心肺停止に陥るが無事蘇生。医師と共謀してテッドらに死んだと思わせ、周囲を驚かす。そこに「テレビ」に映し出されたテッドの涙に感動した人権派の弁護士が現れ、再び裁判に挑むことになる。

人間の定義は何か、所有物とは何か、その違いは?／人類学者・倫理学者のドーン・ヒューズ（筆者注：架空の人物）が人間性の基準は、自己認識と複合感情を理解する能力と／共感する力にあると主張／ご存じですね／テッドは自己を認識できる／名前は?／テッド・クラバー・ラング／複合感情と共感する力に関しては／映像をご覧のはず／倒れたジョンの隣で／テッドは泣いていた／あの映像でテッドは人間性の資質の全てを提示したのです／誰の目にも明らかだ／法廷は定義上それらに値する全ての者に基本的人権を与えなければならない／奴隷解放宣言のように／合衆国憲法修正第13条にあるように／陪審員の皆さん私が招待します／一緒に世界を変えよう／完全勝利ね／人間と認められた今、何か声明は?／あるよ／タミ＝リン結婚して／はい／これで物語は終わり。テッドとタミは再び結婚し、ほどなくして男の子を養子に迎えた。（『テッド2』日本

語版字幕より引用）

植松被告は、『獄中手記』において人間の条件を「自己認識ができる」「複合感情が理解できる」「他人と共有することができる」としているが、これは『テッド2』に着想を得たことに間違いない。意思疎通がとれるか否か、「熊のぬいぐるみ」のテッドを人間として認めるか否かもこの作品のテーマである。そればかりではない。薬物乱用もベースにある。『テッド2』の結末ではテッドに人権が認められたが、被告は、意思疎通がとれないものには人権を与えてはいけないという。むしろ、安楽死・抹殺の対象とするべきだというのだ。しかし、テッドには感情と心があり人間と同じだということは被告自身も認めている。ではなぜ、殺害へと突き進んだのか。事件そのものを起こすことにより注目され、社会的に賞賛されることを強く望んだとみるべきではなかろうか。

元交際女性は当時の被告の様子を次のように証言している。「一般的に過激といわれるような発言で賞賛されていたり注目されたりという世間の反応を見て、自分もその中に入りたい、実行者になりたい、という気持ちだった」。トランプ大統領への賞賛もそうだが、これは、まさに『テッド2』を再現させたかのようだ。事件は、そして裁判は、空想、妄想の世界から現実世界へと転回＝移動したのだ。被告の生活基盤には常に大麻による快楽・高揚感があるのを忘れてはならない。

拘置所にはジャーナリストや学者、弁護士、障害者団体など様々な人が面会に訪れている。「面会取材を受けることは事前から計画している」とも語っている。彼自身は、自分の主張をほとんど「一問一答形式」で答えており、これは裁判のリハーサルであったともいえる。事件発生から半年以降、被告はメディア各社に自分の主張や書画を送りつけている。メディアはこれを「身勝手な主張」として取り扱わなかったが相当程度送っており、面会では、「自分の主張は社会に伝わっている」と自信を見せていた。まさに自作自演の劇場型犯罪なのである。

「裁判では本質的なことが審理されない」「責任能力のあるか否かを論じた裁判でしかない」「真実が解明しきれていない」などという批判があるが、被告は世間から注目される事件を起こし「意思疎通がとれなくなったらあなたはどうするのか」を広く社会に問いたかったのではないかと推測する。両親が証人として出廷しないのは様々な理由が考えられるが、出廷することが被告自身の自己演出型の裁判の妨げになるからではないか。だとすれば、裁判において、施設のあり方、支援のあり方などを問題にしないのも理解できる。これは、あまりにも現実とは乖離し過ぎているのではないか。

5. 自己演出の劇場型裁判

障害者大量殺傷事件の裁判は2月19日に第16回の最終弁論を終え結審した。この事件の裁判では、植松聖被告の責任能力の有無と程度が争点であった。そして最終弁論では、被告は3つの問題を提起し、次のように締めくくった。「この裁判の本当の争点は、自分が意思疎通がとれなくなった時のことを考えることだと思います」。

しかし、裁判の争点は、刑事責任能力の有無である。この点に、大きな乖離がある。これをどう考えるべきなのか。確かに、誰しも意思疎通がとれなくなったり、重度の障害者になったりする可能性はもっている。しかし、この裁判の争点の大前提は、植松被告の責任能力の如何である。精神鑑定医の証言においても、この点が大きく分かれている。問題は、裁判が被告の主張を展開する場として利用されたということである。私は、被告の前述の発言を聞いて自作自演の劇場型裁判だと感じた。第8回の公判の被告人質問においても「新日本秩序」と題する『獄中手記』に書かれた7項目を展開し、自論を繰り返していた。これは異例である。遺族や被害者からすれば「支離滅裂」という他はない。

だが、こうした自己演出は裁判だけではない。事件そのものが、である。裁判を傍聴していて、被告は、多くの友人や同級生、交際女性にも囲まれていたことはわかった。被告自身は、むしろ子ども好きで、アルコールには弱いこともわかった。結婚し子どもを育てることに生きがいを見出せれば、別の人生があったはずだ。いわゆる「非モテ」や、貧困や怨恨などといった理由から行った犯行ではないのだ。裁判では言及されなかったが、被告は優生思想もヘイトクライムも、ナチスドイツの「T4作戦」も知らなかった。公判中に「歌手や野球選手になれれば事件を起こさなかった」という趣旨の発言も見られたが、浅はかな知識での短絡的な犯行である。そもそも本人は、事件を起こす自分なりの裏付けとなるもっともらしい動機をどこに見出したのであろうか。それが元交際女性と一緒に見たDVD『テッド2』の「人間の条件」だ。第5回公判では、この元交際女性が証言台に立った。遮蔽板で仕切られているため、被告や傍聴人、遺族には見えないように配慮がされている。この女性は植松被告の両親公認の女性で、何度か被告の自宅に行ったこともある。事件前日に高級焼肉店をともに訪れた女性ではない。事件に及んだ動機や真相が充分解明されなかったのは、そもそも被告自身にその経緯や動機を語らせる自作自演の劇場型裁判という手法をとったからではないか。

第11章　判　決

1．判決当日

3月16日の判決の日、傍聴整理券の抽選会場である「象の鼻パーク」は人であふれていた。一般傍聴席10席を求めて１６０３人が列をつくった。倍率は１６０倍である。通常、一般傍聴席は26席用意されているのだが、新型コロナウィルス感染症の拡大予防のため、半数以下になったのである。そればかりではない。抽選用のリストバンドの配布方法にも変更があった。通常であれば、係員が列に並ぶ人々にリストバンドを巻くのだが、今回は、参加者自身が巻かなければならないのだ。手首以外にもバッグなどに巻くことは許可されていた。法廷内でもアルコール消毒液を用意するなど異例の対応である。法廷内では横2席を開け、前後には着席しない措置がとられている。

開廷時間は、午後1時30分。裁判所の周辺ばかりではなく、ロビーにも報道関係者が大勢詰めかけていた。私もロビーにいたが、開廷後まもなく、固唾をのんで見守るなか、法廷から記者が出てきて「主文後回し」と叫んだ。その後、45分経って「死刑判決」と告げられた。裁判長が閉廷を宣告した直後に、植松被告が手を挙げて「最後にひとつだけ」と発言を求めたこともわかった。3月25日の面会時に確認してみると内容は、「世界平和に一歩近づくためにはマリファナが必要」と言いたかったという。なぜ、

傍聴整理券抽選結果発表の様子
2020年3月16日、横浜市・象の鼻パークにて筆者撮影

大麻ではなくマリファナなのか。「マリファナは世界的であり、死について考えを深めることができるようになるからだ」という。被告は「長生きするだけでは駄目なのだ」と強調していた。「大麻が認められている国は安楽死を認められている国が多い」と公判では語っていたが、閉廷後の被告の最後の発言は認められなかった。また、小学2年次に書いた「障害者は不幸を作る」という作文内容についても明らかになった。この作文は、第11回公判の被告人質問のなかで明らかになったものであるが、この年齢で書くような内容ではない。恐ろしい内容だ。その頃と考えていることが変わっていない。この作文は、もともとは被告自身の供述調書に述べられたものである。被告自身は、その時の先生の名前を憶えておらず、作文にはコメントがなかったというが、「戦争をするなら障

害者に爆弾付けて突っ込ませたらいい」というものである。「戦争に行く人が減るし、家族にとってもいいアイデアだと思った」という内容だ。この作文について植松の友人は、雑誌『創』（2020年7月号、『創』2020年8月号、64‐69頁）のインタビューで次のように答えている。「ああ、ありましたね。思い出した。それ、めちゃ怒られてた」。「でも先生が叱って書き直しになった記憶がありますね。叱らなかったら逆に教師として問題でしょう。その作文、俺も知ってるから、みんなで自由に書いてたのかな」。「でも普通、作文書けって言われて、そんなの書かないじゃないですか。自由に書いていいと言われて、さとくんはみんなを面白がらせようと思って書いたのでしょうか」。「担任の先生は1年ごとに違ったんで、小2の時ということになりますね。まだ差別だとか不謹慎だとかわからなかった時期かもしれない」。植松の友人によれば、障害者に対する差別的感情は、その頃にあったという記憶はないという。この点について判決後の面会時に本人に直接、問い質しても、事件と結びつけるようなものではないと力説していた。しかし、彼は、小学2年次に持っていた差別意識を、その後社会で矯正する機会があったとしても手離すどころか、むしろ深めてしまった。そして、園の利用者と接するなかで増幅させてしまったのだ。さらに、「殺人」という最悪の形で自らの考えを世間に問うてしまった。家族関係も含め、この問題についてはほとんど触れられることなく裁判が終了してしまったことが残念でならない。

判決後、関内駅近くのスカーフ会館で記者会見が行われた。会見は、2つの部屋で行われた。園の関係者、弁護士、障害者家族、裁判員、補充裁判員を含めた8人である。その会見の様子は大きく報道された。その一方で、結審後の2月28日の報道では、2人の女性裁判員が辞退を申し出て横浜地裁に解任される事態も起きている。50代の女性は「選ばれた以上は、職務を全うしたいと思ってやってきた」。補充裁判員だった女性は、「非現実的な殺人事件で、何に悩んでいいのかもわからない状態だった」と打ち明けたという。2人の女性裁判員が辞任したことについては被告も知っており、面会時には「心が豊かであった。理解してもらえた」と語った。判決後、公判に参加した裁判員ら8人が報道陣の取材に応じたが、問題なのは、被告の弁護側の記者会見がないということである。なぜか。弁護側は大麻を長期常用したことで慢性の精神障害となり、心神喪失状態だったとして無罪を主張したものの、植松被告は、自分には責任能力があり、大麻が原因ではないと主張していた。このような見解の相違は、裁判以前からあった。被告は公判において「控訴しない」と宣言し、「弁護士が控訴しても取り下げる」と語っていた。一時は、弁護士を解任すると口にしたこともある。裁判の争点においても被告は「自分が意思疎通がとれなくなった時のことを考えるべきだ」と主張し、刑事責任能力の有無を争うべきではないとしている。被告と弁護士のこのような正反対の主張についてそもそも被告の弁護をしようがないのではないか。面会時に確認すると、弁護士から控訴しないと自殺と同じことになると説諭されたという。裁判前に被告は「私が殺したのは人ではない」などと公判で屁理屈を言うつもりはないと語っていたが、その根拠となるのが、自身の障害者施設での経験にあることは間違いない。

2. 判決文の考察

判決文では、「被告人自身の本件施設での勤務経験を基礎とし、関心を持った世界情勢に関する話題を踏まえて生じたものとして動機の形成過程は明確であって病的な飛躍はなく、了解可能なものである」としている。夜勤職員に会話ができる利用者かどうかを確認したり、自分で声を掛けたり、自分で見た部屋の様子や自分の勤務経験に基づき、殺害対象を的確に選別している。被告は、勤務開始当初、友人らに対し、利用者のことを「かわいい」と言うことがあったが、仕事中、利用者が突然かみついて奇声を発したり、自分勝手な言動をしたりすることに接した。また、溺れた利用者を助けたのにその家族からお礼を言われなかったり、短期利用者の家族は辛そうに見えたりした。その反面、施設に入所している利用者の家族は職員の悪口を言うなど気楽に見えたり、職員が利用者に暴力を振るい、食事を与えるというよりも流し込むような感じで利用者を人として扱ってないように感じたりしたのだ。それゆえ、「『重度障害者は不幸であり、その家族や周囲も不幸にする不要な存在である』と考えるようになった」と記されている。

判決後の記者会見時には、施設側は暴力の存在を否定したが、現場では多かれ少なかれ虐待が報告されているのが現実である。入所者に食事を与えるというより、流動食を流し込むような状況であったり、命令口調で指導したり、被告には人間として扱ってないように映ったのである。かつて社会学者のアーヴィング・ゴッフマンは、『アサイラム——施設被収容者の日常世界』（誠信書房、1984年）において「全制的施設」における「無力化の過程」と表現したが、まさに施設の構造的な問題である。たとえグループ・ホームであったとしても「ミニ施設」であることには変わりない。さらに被告はこのことを、皮肉にも自身が措置入院時に実際に体験したに違いない。「トイレと監視カメラが付けられた部屋に入れられ、部屋のなかを歩き回って自分の考えが正しいか考えた」と語っている。最終弁論では、「裁判の本当の争点は、自分が意思疎通をとれなくなった時のことを考えることだ」と力説したが、被告は、現在、求められている共生社会についてどのように考えていたのだろうか。

乙Eの弁護士　世界平和に近づいたと思う？

被告　近づいた？　まだ何も。ただ、良い方向に変わればよいと思います。共生社会を目指すようになったことは、ある意味、一歩、前進したのかなと思います。

――どういうこと？

被告　安楽死を認める、このような段階を踏まなければ、社会はいけないのかなと思っています。

――では、共生社会を目指すのがひとつの段階？

被告　共生社会を実践して現実的な考えでないとわかる。実践してみて無理だとわかる。

――いつか、共生社会が破綻すると言いたい？

被告　そうです。

――共生社会を目指すとは？

被告　事件を起こし、とんでもない、おかしい、障害者は大切だ、命は大切だといわれているが、実際は介護殺人、無理心中、問題があることは誰でも知っているからです。

――ということは、社会としては、共生社会へと進んでいるということか？

被告　はい。

（第11回公判　被告人質問より抜粋）

意思疎通のできない重度障害者は家族や周囲も不幸にする。自分が殺害することで不幸が減り、賛同が得られ、先駆者になれる。「心失者」に使われていた税金を他に配分することができ、世界平和につながる。それが判決文で示された犯行の動機であった。「19人もの人の命を奪ったので極刑、死刑にしてほしい」。それが遺族らの願いであり、死刑判決であった。そして、被告自身は、意思疎通のとれないもの、責任能力の問えない「心失者」こそ、不要であり、抹殺の対象だとして事件を起こした。事件そのものは、命の選別に始まり、裁判においても命の選別で終わる。個人による命の選別か、国家による選別かの違いでしかない。命が大切だということであれば、植松被告の命も、もちろん大切である。つまり被告を社会から抹殺・排除しただけでは問題の解決にはならないのである。

第9回公判では、被告は「匿名裁判は重度障害者の問題を浮き彫りにしています」と語った。この命題自体は間違ってはいない。重度障害者でなければ匿名ではなかったということであるから。実名が法の内側にあるものだとすれば、匿名は「法の外」にあるものである。つまり、法外に追いやっているのは、家族であり、健常者だということになる。「敵」は外にいるのではなく、私たちの内にいるのだ。法の内にいる家族や私たちが、重度障害者を法外に追いやっている。つまり、私たち自身が、無意識的にも他人事にしているのだ。被告と私たち「健常者」は地続きである。誰しも口を揃えて被告を批判、否定しようとはするが、私たちは被告の考え方を簡単に否定できるのであろうか。安楽死、優生思想、生産性の問題一つ取り上げても明らかである。では、被告を糾弾し、彼の考え方が社会に出ないように監視強化、社会防衛を徹底すれば問題の解決につながるのだろうか。それは正しいとはいえないだろう。なぜなら「敵」は外にいるのではなく、私たちの「内」にいるからだ。

被告の思想を裁こうとするのは愚かだ。むしろ、被告のような考え方は私たちの社会では、支配的なのかもしれないのだ。現に社会の半数以上が重度の障害者、国会議員の過半数が重度の障害者などということは、誰も想像すらしていないだろう。なぜなら社会は健常者中心に動いているからである。社会は、特に日本社会は、障害者の抑圧の上に営まれている。そして、被告のこうした優生思想的な考え方を批判・否定したいのであれば、2014年1月20日に批准した「障害者権利条約」をおいては語れない。しかし残念なことに、条約が批准された当初メディアは、当時騒がれていた「特定秘密保護法案」ばかり報道しており、「障害者権利条約」が広く社会に浸透していないのである。「私たちのことを私たち抜きで決めないで（Nothing About Us Without Us）」というスローガンで知られる「障害者権利条約」は、2013年12月4日、参議院本会議で、「障害者基本法」の改正や「障害者差別解消法」の成立に伴い、国内の法律が条約の求める水準に達したとして、条約の批准が承認された。だとすれば、先の参議院選挙で当選した「れいわ新選組」の舩後靖彦議員、木村英子議員の登場は、この問題の解決の方向性を指し示しているといえるのではなかろうか。「LGBTは生産性がない」などという議論にせよ、となりに座っている当事者を前にして語る議員はいようはずもないからである。重度障害を持つ「れいわ新選組」の舩後靖彦議員と木村英子議員は判決日、死刑判決が言い渡されたことを受け、コメントを発表した。

3．相模原市障害者施設殺傷事件の判決を受けて

参議院議員 舩後靖彦

障害のある方々が犠牲になった相模原市の障害者施設殺傷事件について、本日、横浜地裁は被告人に対して死刑を言い渡しました。犠牲になられた方々のご冥福をお祈りしますとともに、お怪我をされた方々、ご家族の皆様に改めてお見舞い申し上げます。

被告人は「意思疎通できない重度障害者は生きる価値がない」と公言しています。この主張によれば、介助者がおらず機器がなければ言葉を出せない以上、被告人に殺されたのは私だったかもしれません。私は政治家になる前から、「命の価値は横一列」であることを強調してきました。命の価値に序列をつけ、凶行に及んだ被告人を到底、許すことはできません。

ただ一方、被告人の罪を裁くだけで、この事件、すなわち障害者への差別、命の選別という問題が解決する訳では決してないと考えます。

私自身も障害者療護施設の入所時、職員から虐待を受けたことがあります。入所施設は、職員と障害者の間に「上下関係」が起こりやすい環境です。重度障害者は当事者の実感として、生きてゆくことも、容易ではありません。施設に入る位の障害を持つ人なら、どの障害であっても、介助者によるケアを必要とします。このことによって、見えない「上下関係」が固定化してしまうのです。

その施設に入所していた際、「おれのケアがなければ、舩後は生きてゆけないよ」と言った介助者

がいると、その同僚が教えてくれました。これが、前述した見えない「上下関係」の実例であり、それを介助者に感じさせてしまうのが、施設という閉鎖空間の特徴なのです。加えて申し上げるなら、これこそが、入所した者でないと言い尽くせないことと、私は確信しています。

結果として、被告人のような「重度障害者は、生きている価値がない」と偏った思想を生んでしまう土壌になってしまうのではないかと考えています。施設という場所は……。申し上げるまでもなく、これは「やまゆり園」だけの例外的な問題では決してありません。

裁判が一つの節目を迎えたことを機に、改めて、命の価値に序列をつけず、誰も排除しない社会をつくるためにどうしたらよいか、皆様と一緒に考えてゆきたいと思っております。

最後に、「命の価値は横一列」をこれからも私は、主張し続けてまいります。

（参議院議員舩後靖彦オフィシャルサイトより　https://yasuhiko-funago.jp/page-200316-2/　２０２０年10月閲覧）

参議院議員　木村英子

19人の障がい者が殺害されたやまゆり園事件、植松被告の判決によって今後、私たち障がい者にとってどんな影響をもたらしてしまうのかを考えると、私はとても恐怖を感じます。

常時介護の必要な重度障がい者は、家族が介護できなくなったら施設しか生きていく場所が無い現状を抱えています。

私の家族も重度障がいを持つ娘である私の介護の負担が重すぎて、育てることができずに私が物心つく前に施設へ預けました。

幼い時から施設や養護学校で職員からのいじめや虐待を受けてきた私は高等部を卒業したら次の施設に入れられたくなくて親や教師の勧める施設を拒否して19歳の時に家を飛び出し地域での自立生活を始めました。

私にとって施設での生活は職員の顔色をうかがいびくびくして過ごさなければならない牢獄のようで、ベットの上で天井を見つめる生活が一生続くと思っただけで心が死んでしまいそうな毎日でした。今、私は国会議員になりましたが重度障がい者としての介護がなければ生きられないという現状と社会的バリヤで地域での生活が困難であることはなんら変わりません。参議院の活動以外は介護者探しと仲間とともに障がい者運動を続けていかなければ今の生活を維持していくことはできませんし、重度訪問介護制度の充実と人手不足の解消が解決されなければ命がけで築いてきた私の地域での生活はすぐに壊され施設へ入れられてしまう危険といつも隣り合わせなのです。

施設の生活は「好きな物を食べたい、外へ遊びに行きたい」そんなあたりまえの望みすら叶わない世界なのです。そこに長く入れられたら希望を失っていく人は沢山います。そしてそこの障がい者を介護している職員も初めは志をもって接していても、家族でさえ担いきれない介護なのに、限られた職員の人数で何十人もの障がい者をみなくてはならず、トイレ、食事、入浴と繰り返すだけの毎日の中で、体力的にも精神的にも疲弊し、いじめや虐待が起こってもおかしくない環境なのです。

そんな中で、人に迷惑をかける存在でしかない障がい者を抹殺することが彼にとってのゆるぎない正義であり、死刑すらも恐れない植松被告の使命感に私は恐怖を感じずにはいられません。

私は今回の判決で植松被告が罰せられても、今の重度障がい者が隔離され施設しか行き場が無い現状が改善されない限り、第二、第三の植松被告が生まれてくると思います。障がい者と健常者が分けられ同じ社会で生きにくくされている事の弊害が、残虐な事件を起こした植松被告を生み出してしまった原因だと私は思えてなりません。

（参議院議員木村英子オフィシャルサイトより　https://eiko-kimura.jp/2020/03/16/activity/646/　２０２０年10月閲覧）

舩後議員は「被告人を到底許すことはできない」とし、「罪を裁くだけで障害者への差別、命の選別という問題が解決するわけではない」と強調した。「誰も排除しない社会をつくるためにどうしたらよいか、皆さんと一緒に考えていきたい」と訴えている。また、木村議員は養護学校などで虐待を受けた自身の経験に言及し、「重度障害者が隔離され、施設しか行き場がない現状が改善されない限り、第2、第3の植松被告が生まれてくる」と指摘した。

4. 公判を振り返って

公判では、今までほとんど語られなかった小中学校・高校、大学の友人・知人や当日勤務の職員の証言、風俗店の女性従業員の調書、理髪店、心理カウンセラーなどの証言が次々と証拠として読まれ、事件当時の全容がほぼ明らかにされた。知られることもなかった事件当初のショッキングな生々しい状況が浮かび上がった。裁判の最大の争点は、刑事責任能力の有無と程度であった。検察側は、犯行の計画性や一貫性、被告に違法性の認識があった点を強調し、病的な妄想などの影響を否定している。他方で弁護側は、大麻の濫用で事件当時は心神喪失、もしくは心神耗弱の状態であったとし、無罪・減刑を求めた。

第8回公判の被告人質問において被告は、自らに責任能力があることを訴え「責任能力がなければ即死刑にすべきだ」と主張した。責任能力のあるものは法の裁きを受けることができ、責任能力のないものは法の裁きを受けることができない。つまり、被告は、自ら規定した「心失者」に自らがなることを恐れているのである。これは被告にとって「屈辱」以外の何ものでもないはずだ。意思疎通のできない重度障害者は家族や周囲も不幸にする。自分が殺害することで不幸が減り、賛同が得られ、先駆者になれる。「心失者」に使われていた税金を他に配分することができ、世界平和につながる。それが判決文で示された犯行の動機であった。

第16回の最終弁論において被告は、「この裁判の本当の争点は、自分が意思疎通のとれなくなった時のことを考えることだ」と訴えた。被告は重度障害者を「心失者」として規定し犯行に及んだ。それは、法と「法外なもの」の関係であった。法の内側の健常者は責任能力があり、法の外側の「心失者」には責任能力を問えない。被告は意思疎通がとれるか否かで線引きをし、「心失者」の殺害を実行した。裁判においても責任能力があると認められ法の裁きを受けられたが、結果として死刑判決が下された。自分は法の内側の人間だと思っていたのに、判決と同時に法外に追いやられてしまったのだ。つまり「心失者」と同じ存在になってしまったのである。公判では2005年から施行された「医療観察法」についての言及はなかったが、私たちもまた「お前こそいらない」として被告に死刑判決を突き付けた。しかしこうした「言説」は、実は被告自身が言っていたことである。これは、いわば「同害報復」の論理である。死刑判決を支持した瞬間に、私たちもまた、植松被告と同種の論理に巻き込まれてしまったのである。法は正義ではない。暴力である。つまり、「判決」の瞬間に「法」と「法外なもの」のパラドックスが直ちに立ち現れたのだ。「法」は、自らを正義として人々を信奉させる強制力をもち、常に無傷で存在し続け、「法外なもの」を絶えず再生産・再措定するのである。死刑は「法」そのものの根源的な暴力の露呈である。法の外に追いやられたもの、法の庇護を受けられない社会的弱者にこそ正義の可能性があるのだ。法暴力によって法外へと追いやられた社会的弱者が法の中に入り法の内部を変えるとともに、法の外部の社会をも変えていく。そのことが期待されている。

第11回の公判において被告は、「共生社会を実践しても現実的ではない」ことに社会は気づくだろうと語っている。介護殺人、無理心中、社会保障費、難民などの問題があるからである。被告は「安楽死の段階を踏まなければ社会は成り立たない」と主張したが、もし安楽死や尊厳死の合法化が被告の意図するところであるとすれば、私たちはこれをどう受けとめたらよいのであろうか。被告を抹殺や排除、死刑にしただけでは終わらないのである。私たちは「内なる優生思想」「内なるコロナ」にどう立ち向かうのか。私たちに突き付けられた課題はあまりにも重い。

第12章　安楽死・尊厳死を考える

1．NHKスペシャル「彼女は安楽死を選んだ」

2019年6月2日の日曜日、NHKスペシャル「彼女は安楽死を選んだ」が放送された。重い神経難病を患っている1人の日本人女性が、安楽死を切望し、彼女の選択と向き合い続けた家族の姿を描いたドキュメンタリーである。番組の説明には次のようにある。

「安楽死が容認され海外からも希望者を受け入れている団体があるスイスで、一人の日本人女性が安楽死を行った。3年前に、体の機能が失われる神経難病と診断されたAさん。歩行や会話が困難となり、医師からは『やがて胃瘻と人工呼吸器が必要になる』と宣告される。その後、『人生の終わりは、意思を伝えられるうちに、自らの意思で決めたい』と、スイスの安楽死団体に登録した。安楽死に至るまでの日々、葛藤し続けたのが家族だ。自殺未遂を繰り返す本人から、『安楽死が唯一の希望の光』

だと聞かされた家族は、『このままでは最も不幸な最期になる』と考え、自問自答しながら選択に寄り添わざるを得なくなった。そして、生と死を巡る対話を続け、スイスでの最期の瞬間に立ち会った。延命治療の技術が進歩し、納得のいく最期をどう迎えるかが本人と家族に突きつけられる時代。海外での日本人の安楽死は何を問いかけるのかを見つめる」

2. 番組への批判と抗議声明

安楽死は、日本では認められていない。法的に安楽死を認めている国はあるが、外国人にも適用できるのはスイスだけである。日本の場合、患者が医師に「安楽死」を要求したとして実行した場合、医師は、刑法199条の「殺人罪」で死刑か、無期、もしくは5年以上の懲役となる可能性がある。また安楽死の協力者や仲介者も、刑法202条の「嘱託殺人罪」に抵触する。積極的安楽死が認められない日本では、患者本人の意思表示の有無にかかわらず、薬物を投与した医師は、第199条の対象になる。第202条は、医師による自殺幇助も該当となるのである。NHKのこの番組には既に各団体から抗議声明が上がっている。それは、津久井やまゆり園事件の被告の思想と通底しており、障害者の生を否定するものだというものだ。そればかりではない。日本自立生活センターからは「介護の苦しみによる介護殺人や尊属殺人をも後押ししかねないメッセージを含んでいる」という批判や声明も上がっている。「死んだ人のことをあれこれ言うな」「私たちもつらい」「そっとしてほしい」という家族の訴えは一見するともっともらしく聞こえる。そっとしてほしいのであれば、誰にも知られずに、ひそかに息を引き取ることもできたはずだ。「彼女がそうしなかったのは、ただひっそりと死にたかったわけではなく、自分の死に方を社会的に認めさせる主張をするためにテレビに出演し、書籍を出したからにほかなりません。一連のテレビ出演には、自らが死ぬことを通して自己の主張を正当化するねらいがあるのです」（全国「精神病」者集団　公式サイト）。

もし、そうだとすれば、死とは何を意味するのであろうか。あらためて考えさせられる問題である。被告は、衆院議長宛ての手紙にて「私の目標は重複障害者の方が家庭内での生活、及び社会的活動が極めて困難な場合、保護者の同意を得て安楽死させる世界です」と述べたが、2018年1月31日の面会時に確認してみると「日本尊厳死協会」や、その前身である「日本安楽死協会」のことも知らなかった。すなわち、手紙を書いた時点では、安楽死と尊厳死すら区別がされておらず、その意味について深く考察したものではなかったのである。「安楽死」という言葉は、一見すると響きがよく聞こえるかもしれない。私の担当の授業で学生にアンケートをすると半数以上が賛成する。この現象は学生に限ったことではない。脚本家の橋田壽賀子の『安楽死で死なせて下さい』（文春新書、2017年）では、「国民の7割が賛成している」と記されている。その他では、ジャーナリストの宮下洋一の『安楽死を遂げた日本人』（小学館、2019年）も参考になる。宮下氏は、NHKのこの番組に登場する女性にスイスの民間団体を仲介した人物でもある。宮下氏はインタビューで次のように答えている（DIAMOND online「日本人への安楽死適用が難しい理由、Nスペ安楽死のジャーナリストが語る」）。

「これまでに日本人が同団体で安楽死を施行した例は、1件もありませんでした。世界中から応募者が殺到しているため、半年でできればまだいい方で、そもそも施行できること自体が珍しいのです。

最終的には女性医師の判断によりますが、Aさんの場合、このタイミングを逃したらもうできないとわかっていることや、待機リストの人が亡くなったりして、申請してわずか3カ月弱の11月に奇跡的に施行できることになったのです」

3. ALS嘱託殺人

事件発生から4年目を前にした2020年7月23日、衝撃的なニュースが日本を震撼させた。医師2人による京都のALS女性患者（当時51歳）に対する嘱託殺人事件である。当初、「安楽死」殺人とも報じられた。植松被告は、「この裁判の本当の争点は、自分が意思疎通がとれなくなった時のことを考えることだ」と述べていたが、まさにそれを象徴する事件が起きたのだ。医師2人は当然のことながら起訴されたが、安楽死の是非を問う論争まで起きている。コロナ禍において命の選別が現実になされるような状況にあるのだ。植松被告の雑誌漫画のタイトルが「トリアージ」(TRIAGE)であったことを思い出す。トリアージとは、災害発生時などに同時に多数の傷病者が発生した場合に、傷病の緊急度や重症度に応じて治療優先度を決めることである。つまり「命の選別」である。

4月に、アメリカのアラバマ州において医師会が、重度の知的障害者や進行性認知症をもつ人々は、人工呼吸器の補助の対象にはならないという旨のガイドラインを提出したが、障害者団体がこのガイドラインに対抗する声明文を出した。また、ALS嘱託殺人については、日本ALS協会のサイトには、次のようなコメントが掲載された。「ALS患者さんが死にたいと関係者に吐露し依頼することは珍しいことではなく、患者さんの思いや行為を非難することはできません。……報道から考えうる問題は、主治医でない医師2名が患者さんの依頼を受け、金銭を受領し、偽名で患者さん宅を訪問して大量の睡眠薬を胃ろうから投与して殺害したことです。このことについては医療倫理に背く行為であり、二度とあってはならないことです。……ALSは人工呼吸器を装着すれば長期に生きられることから、呼吸筋麻痺をもって必ずしも『終末期』と言えません」。他方で、日本尊厳死協会のサイトでは、「協会はリビングウイルに基づいて延命治療を差し控え、充分な緩和ケアを施されて自然に迎える死を尊厳死と定義しています。それに対し、安楽死は積極的に生を絶つ行為の結果としての死で、日本では安楽死は一般的に認められておらず、自殺ほう助は犯罪です。……医師の倫理規定違反は明白で、到底容認できるものではありません」という見解が掲載されている。

4.「安楽死」と「尊厳死」

わが国には、かつて「日本安楽死協会」があった。今日の「日本尊厳死協会」の前身である。「日本安楽死協会」は、1976年1月に産婦人科医で、旧社会党の国会議員でもあった故太田典礼を理事長として医師や法律家、学者、政治家などが集まって設立された。太田典礼は、産婦人科医にして、国会議員として1948年に「優生保護法」の制定に寄与した人物として知られている。「日本尊厳死協会」のサイトでは、「尊厳死」と「安楽死」の違いについて次のように説明されている。「尊厳死は、延命措置を断わって自然死を迎えることです。これに対し、安楽死は、医師など第三者が薬物などを使って患者の死期を積極的に早めることです。どちらも『不治で末期』『本人の意思による』という共通項はありますが、『命を積極的に断つ行為』の有無が決定的に違います。協会は安楽死を認めていません。わが国では、いわゆる安楽死は犯罪（違法行為）です。ただ一定の要件を備えれば違法性を阻却できるという司法判断は出ています」。重要なことは、意思疎通がとれないから安楽死させるというのではなく、「本人の意思による」と明記されていることである。そして、その意思確認の方法が「リビング・ウィル」と呼ばれる「終末期医療における事前指示書」である。つまり、「自分の命が不治かつ末期であれば、延命措置を施さないでほしい」と宣言するということである。

超高齢化社会を迎えた日本において「安楽死」「尊厳死」は現実的な問題である。安楽死は「致死薬の投与により肉体的苦痛を除去して直接死なせること」であり、尊厳死とは「延命治療を拒否あるいは中断して自然な死にまかせること」である。安楽死や尊厳死の研究は海外の事例紹介も含め多い。欧州では、オランダ、ベルギー、ルクセンブルクの三国で積極的安楽死が合法化されている。また、新たにカナダ、オーストラリアのヴィクトリア州がそれに加わった。米国のいくつかの州とスイスでは、医師による致死薬の投与は認められないが、医師が患者に致死薬を処方し、患者自らが服用などして自死する「医師介助自殺」が合法化されている。日本では、森鷗外の『高瀬舟』（1916年）など「安楽死」を扱った文学作品もある。だが、「安楽死」に比べて「尊厳死」という言葉は、聞きなれない言葉かもしれない。「尊厳死」という言葉が、日本のメディアに登場したのは、1976年の米国のニュージャージー州でのカレン・クインラン裁判である。カレン・クインラン裁判とは、カレン・クインラン（当時21歳の女性）に装着された人工呼吸器の撤去の可否が争われた裁判である。この裁判のなかで「患者には尊厳をもって死ぬ権利がある」(right to die with dignity)、「尊厳ある死を」(Death with Dignity) という言い方がなされるようになり、この事件を契機に「安楽死」と区別された「尊厳死」という概念が日本のメディアに登場したのである。

カレン・クインラン事件が世界中で話題になった1970年代は、日本では、有吉佐和子の長編小説『恍惚の人』(新潮社、1972年) がベストセラーになって老人問題がクローズアップされたり、「植物人間」が話題になり始めたりした時期である。『恍惚の人』は、森繁久彌の主演で映画化され、老人福祉行政の進展にも影響を与えた。1960年代から70年代にかけて日本の人口が1億を超え、1972年には東京でアジア人口会議が開催されている。1970年代のこのような時代状況において、安楽死の法制化を唱えたのが太田典礼であった。太田自身は、「尊厳死」という言葉を宗教性をもつものとして嫌い、「品位ある死」という訳語を使い続けた。その太田が会の名称を「日本尊厳死協会」と改めたのは、脳性マヒの当事者団体である「青い芝の会」をはじめとする身体障害者団体や松田道雄ら当時の知識人からの激しい反対があったからである。現在の「日本尊厳死協会」は、言うまでもなく太田典礼の思想がそのまま引き継がれたものではない。だが、私には、太田の安楽死思想は、津久井やまゆり園事件の被告の思想と通底しているようにも思える。旧優生保護法にしても、安楽死思想にしても太田典礼なしには語れないからである。「医者として安楽死させます」と太田典礼は言った。優生保護法は、議員立法として1948年に成立しており、旧日本社会党も法律の制定には関与していた。旧日本社会党の福田昌子と太田典礼は、産婦人科医でもあり、加藤シヅエは、社会運動家であった。また当時の民主党の谷口弥三郎も産婦人科医としての知見をもっており、国会における趣旨説明においても産婦人科医という立場から「不良な子孫を防止する」という考え方に説得力を持ち得たのだ。では、優生保護法と憲法に規定された人権とは矛盾はなかったのか。その根拠としているのが、日本国憲法第12条にある「常に公共の福祉のためにこれを利用する責任を負ふ」という文言である。この文言が優生保護法を正当化するために使われたのである。GHQ文書研究の第一人者荒敬は「公共の福祉は、この時代の治安対策のキーワードであった。公共の福祉の名の下、民衆の権利を制限し、占領政策の遂行に利用していた」と分析している（毎日新聞取材班『強制不妊——旧優生保護法を問う』毎日新聞出版、2019年、85頁）。優生保護法は、1948年から96年まで半世紀近く続いていた。母体保護法に変わっても何ら変わらない。「不良な子孫を防止する」、結果的にそう考えている人は少なくない。はじめから家族に障害者が生まれてくることを望まないのだ。

5. 日本安楽死協会の設立の「前史」

太田典礼が、はじめて安楽死の法制化に言及したのが『思想の科学』（1963年8月）に発表した「安楽死の新しい解釈とその合法化」という論考である。これが安楽死・尊厳死の法制化運動のはじまりである。太田はこの論考で次のように語っている。「苦痛を和らげることを主目的にするもので、死期を早めることを目的としない。従って、使用するのは薬剤であって、麻薬あるいは睡眠薬、神経安定剤である。ただ、その使用の結果、生命を短絡する危険があってもそれにこだわらないという立場に立つ」。すなわち、医師の立場から、苦痛緩和を目的とする間接的な安楽死の合法化を求めたのが太田典礼であった。

「日本安楽死協会」を組織する発端となったのは、1968年に植松正や稲田務らとともに設立した「葬式を改革する会」であった。「葬式を改革する会」は『葬式無用論』（稲田務・太田典礼編、葬式を改革する会発行、1968年）といった書物も刊行している。太田典礼は、『葬式無用論』に収められた論考「葬式無用と改革」において次のように述べている。

私は、青年時代にキリスト教の洗礼をうけ何年も信仰生活をつづけてきたが、神の存在、霊魂の問題に対して疑念を抱き、数年間の苦悩の末、ついに神から自己をとりもどした。宗教のもつ良いところは認めるが、害悪の方がはるかに大きい。なるほど宗教は阿片であると悟り、一さいの宗教を否定し、それからずっと無宗教者として生きてきた。あらゆる宗教は、何らかのマジナイを伴っており、医者としても、マジナイ宗教はごめんだ。

太田典礼は、戦前の唯物論研究会の会員であり、宗教に対しては、生涯にわたって厳しい批判者であった。『無宗教生きがい論』（みずうみ書房、1976年）では、「無宗教は非宗教であり、脱宗教、反宗教でもある。そのもとは現世の肯定、人間としての自信である」とし、「神にたよらず、自ら自身をもつことこそ人間の強さであり、そこではじめて人間性の回復、自立性の確立が可能となる」と述べている。そして、自らの無宗教の立場を「宗教的神秘主義をかなぐりすてた科学的合理主義に立つもの」であると述べている。太田が、キリスト教に惹かれた背景には、6歳で実母を癌で亡くした喪失体験、その葬儀では儀礼ばかりが重んじられ遺児の悲しみなど捨て置かれた孤独と傷心の体験、翌年父の再婚によって継母と心が通わず味わった疎外感などの諸事情があった。

「葬式を改革する会」では、安楽死が何かと話題になり、会員の刑法学者の植松正の協力を得て『安楽死』（太田典礼編著、クリエイト社、1972年）を出版することとなった。そして翌年には、今日的古典ともいえる単著『安楽死のすすめ』（三一書房、1973年）を出版し、安楽死立法化への再提案を試みるのである。

太田は、『安楽死』に収められた「立法化への基準」という論考において、薬剤、心理的処置、宗教家の役割、医学的条件を列挙し、「不治の病」についての判断は極めてむずかしいとしながらも、死期の遠い不治に関しては「植物的人間と同格に議論がある」としている。その範囲には、「中風、半身不随、脳硬化症、慢性病の寝たきり病人、老衰、広い意味の不具、精薄、植物的人間」を含めている。

安楽死立法化の発言が再開された1972年は、先に述べたように有吉佐和子の長編小説『恍惚の人』がベストセラーになって老人問題がクローズアップされたり、「植物人間」が話題になり始めた時期である。当時の時代状況のもとで太田典礼自身のなかにおいて「植物人間」と「老人」は分かち難く結びついていき、安楽死運動となっていったのである。安楽死運動は同時代の植物人間・老人の問題と連動してマスコミに活発に取り上げられるようになった。

また、ベルギーでのサリドマイド児を殺害した母親・医師・家族らに対する無罪の判決をめぐって賛否両論が渦巻いていたこともその背景にある。『婦人公論』（1963年2月号）は、ベルギーのこのサリドマイド事件を契機に「誌上裁判――奇形児は殺されるべきか」という座談会（石川達三・戸川エマ・

小林提樹・水上勉・仁木悦子）を特集している。また、日本において司法の現場で、いわゆる「安楽死6要件」（1962年2月、名古屋高裁山内判決）が示されたことも背景にある。そして障害者による草分け的な文芸同人誌として知られる『しののめ』誌も「安楽死をめぐって」という特集を組んだ。障害者が「安楽死」について議論することが極めて現実的なものとなったからである。

『しののめ』誌とは、1947年、日本最初の公立肢体不自由学校「東京市立光明学校」（現、東京都立光明養護学校）の卒業生による手書きの回覧誌として始まったもので、花田春兆を編集長とした文芸同人誌である。同人誌という形式上、その規模は決して大きくはないものの1950年代後半から60年代後半にかけて光明学校関係者以外にも広がりを見せ、特に在宅障害者を中心に障害の種別を超えて全国各地にその輪を広げていった。1962年4月、「安楽死をめぐって」の特集号（47号）を発行し、『強いられる安楽死』（しののめ発行所、1973年）も刊行される。また10年後の1972年には2度目の安楽死特集号（75号）が発行されている。『しののめ』誌の特集号は「安楽死」を取り上げた議論としてもかなり早い時期のものである。

「安楽死をめぐって」は、外部識者と同人たちとの往復書簡・外部者へのアンケート、評論、エッセイ等で構成されている。花田は、当時島田療育園園長であった小林提樹宛ての往復書簡のなかで特集の動機について次のように語っている。

すべては健康な社会人だったのです……この事実は安楽死問題の提起が外からなされているものであり問題は社会と結びつけているのを示す証明にもなりましょう。議論された声として提出されていないのはむしろ障害者の側の声ではないでしょうか。イギリスの安楽死論争でも、……ライン内の人には理解力や発言能力で無理な人が多かったでしょうが、ボーダーライン層がどう反応したかもわかりません。全然報道されず、資料もキャッチ出来なかったのです。つまりこの論争は外でこそ火花を散らしていたのです。

この特集は、安楽死の是非を問うというよりも、障害者の「安楽死」を議論する声が健常者側からばかり発せられることへの疑問があったから組まれたのではないかと思われる。こうした現状から障害者自身に発言権を与えるべきであり、その声がいかに過酷な現実から発せられているかを訴えることにこの特集の目的があったと考えられる。

6. 「青い芝の会」の安楽死反対運動

太田典礼による1972年の安楽死立法化の発言の再開と前後して、母親の障害児殺しに対し地元町内会や神奈川県心身障害児父母の会による減刑嘆願運動が起こった。そして「殺される側」からの異議申し立てを行ったのが「青い芝の会」神奈川県連合会であった。1972年、中絶を認める経済的理由の撤廃とともに胎児条項の追加を内容とする優生保護法の改正案が政府より提出され、「青い芝の会」は、「胎児条項」の導入を含む優生保護法の改正問題に対して激しい反対運動を展開していたのだ。こうした流れのなかで「行動綱領」も採択され、さらには原一男監督によるドキュメンタリー映画『さよならCP』も制作され、各地で上映会が開催された。「青い芝の会」のこれらの活動は、「障害者殺しの思想」を問うことを意味していた。1977年、九州大学で太田典礼と成田薫の講演会が行われたが、福岡青い芝の会と青年医師連合の抗議があったり、翌年の1978年の京都大学での学園祭実行委員による「安楽死のシンポジウム」で全障連（全国障害者解放運動連絡会議）の抗議により、太田典礼の参加が急遽取り下げられるという事件もおきている。

横田弘は、『障害者殺しの思想』（JCA出版、1980年）において太田典礼の次のような発言を取り上げている。「（筆者注：典礼曰く）植物人間は、人格のある人間だとは思ってません。無用な者は社会から消えるべきなんだ。社会の幸福、文明の進歩のために努力している人と、発展に貢献できる能力を持った人だけが優先性をもっているのであって、重症障害者やコウコツの老人から『われわれを大事にしろ』などといわれては、たまったものではない」。

太田典礼のこの発言に対し、横田は次のように批判している。

これは、『週刊朝日』72年10月27日号『安楽死させられる側の声にならない声』という記事にある元国会議員で、『日本安楽死協会』なる物をつくろうとしている太田典礼の言葉だ。私たち重度脳性マヒ者にとって絶対に許せない、又、絶対に許してはならないこの言葉こそ、実は脳性マヒ者殺し、経済審議会が2月8日に答申した新経済5カ年計画のなかでうたっている重度心身障害者全員の隔離収容、そして胎児チェックを一つの柱とする優生保護法改正案を始めとするすべての障害者問題に対する基本的な姿勢であり、偽りのない感情であることを、私はまず一点押さえておかなければならない。

こうして太田典礼は、優生保護法制定者、擁護者にして安楽死運動の立役者というレッテルを張られ心身障害者と真っ向から対立することになったのである。太田典礼の安楽死運動は、当人の意図に反してマスコミにおいてしばしば心身障害者問題と結びつけられて語られることが多かったが、太田の優生運動と安楽死法制化運動は、「青い芝の会」によって否定されたのである。

7．日本安楽死協会の設立に向けて

1973年に刊行された『安楽死のすすめ』（三一書房）では、「立法化への期待」と題して「任意安楽死法案」を明文化している。「本人の意志、希望を原則とし、非任意、強制ではない」とし、宣言書や、法的要件について言及している。1975年6月19日、「日本安楽死協会」の設立準備会が開催され、翌年の1976年1月20日、「日本安楽死協会」が設立された。同年、11月には協会理事の石川治が私案を作成。1978年2月に第一次法案委員会が発足し、石川治、飛田人徳、和田敏明理事によってそれぞれ私案が作られた。そして最終的には石川私案を骨子に作られた「自然死法第一次要綱案」が5月の第2回年次総会で報告された。6月末には第二次法案委員会が発足し、翌7月には衆参両院の法務、社会労働、文教各委員に法制化推進を文書により要望。延命措置を中止させる権利の確立を共通の目標とすることが確認された。第二回安楽死国際会議をはさんで、11月29日、協会の「末期医療の特別措置法」草案が完成した。草案は理事会の審議を経て正式な協会案として発表された。この法案は、「安楽死」法の適用は、致死薬の投与という積極的安楽死ではなく、また「死にまさる苦痛の除去」ではなく、「過剰な延命治療の停止」であることが明確にされたのである。そして、こうした安楽死法制化運動の動向において真っ向から反対したのが、武谷三男、那須宗一、野間宏、水上勉、松田道雄ら文化人5人を呼びかけ人とする「安楽死法制化を阻止する会」であったのだ。

8.「安楽死法制化を阻止する会」と松田道雄

1978年5月に「安楽死」法案草稿の議論が始まるやいなや、同年11月には、協会の正式な草案が作成されるに先立つ形で、武谷三男、那須宗一、野間宏、水上勉、松田道雄ら文化人5人を呼びかけ人とする「安楽死法制化を阻止する会」が結成された。「安楽死法制化を阻止する会」の声明は、次のようなものである。

最近、日本安楽死協会（太田典礼理事長）を中心に、安楽死を肯定し、肯定するばかりでなく、これを法制化しようとする動きが表面化している。しかし、このような動きは明らかに、医療現場や治療や看護の意欲を阻害し、患者やその家族の闘病の気力を失うばかりか、生命を絶対的に尊重しようとする人々の思いを減退させている。こうした現実をみるにつけ、我々は少なくとも、安楽死法制化の動きをこれ以上黙視し放置することは許されないと、社会的な立場から考えざるをえなくなった。現在、安楽死肯定論者が主張する「安楽死」には、疑問が多すぎるのである。真に逝く人のためを考えて、というよりも、生残る周囲のための「安楽死」である場合が多いのではないか。強い立場の人々の満足のために、弱い立場の人たちの生命が奪われるのではないか。生きたい、という人間の意志と願いを、気がねなく全うできる社会体制が不備のまま「安楽死」を肯定することは、事実上、病人や老人に「死ね」と圧力を加えることにならないか。現代の医学では、患者の死を確実に予想できないのではないか……。これらの疑問を措いて、安楽死を即座に承認することは、我々には到底できない。実態を学びつつ考え、討論し、正しい方向を追求するためには、我々は「安楽死法制化を阻止する会」を組織し、真に生命を尊重する社会の建設をめざそうとするものである。

右、声明する。

1978年11月
安楽死法制化を阻止する会
発起人　武谷三男　那須宗一
野間　宏　松田道雄
水上　勉

「阻止する会」の発起人で、中心的な役割を担ったのが松田道雄である。松田は、小児科医として『育児の百科』などのベストセラー育児書の著者として知られている。戦後日本の代表的な思想家であり、知識人である。ルソーや、ロシア革命史の研究のほか、「べ平連」等の市民運動において大きな役割を果たした。松田は、自らの思想を体系的に提示する思想家ではなかったが、困窮者の結核治療から出発し、戦後、開業医として幼児の治療にあたる傍ら、広く時の知識人のあり方や、ロシア革命について数多くの論文や著書を発表している。最晩年には、『安楽死』(岩波ブックレット、1983年)や、『安楽に死にたい』(岩波書店、1997年)を刊行している。

『生きること・死ぬこと』(筑摩書房、1980年)に収められた2つの論考「自己決定権」「安楽死法制化に反対する」では次のように述べている。「『安楽死法制化を阻止する会』は、いまの医療の実情のなかで、医者に患者を殺してもいいという法律をつくらせないようにするのを目的としている。……私個人の立場では、いまの医療をやっている医師のなかに、患者をころす権利をもたせては危険な人もあると思うので、法制化に賛成できない。いまの医者のなかには、患者の自己決定を全然みとめない人がいる。……こういう医者に、重症の患者の死期をきめさせ、医療の欲するときに生命を絶たせることに、私は危惧を感じる。それは患者の自己決定という名で、医者が臓器移植に都合のいい時期に重症者をころす決定権を行使させることになる」。「『安楽死法制化を阻止する会』にもう一つの原則があるとすれば、強い人間と弱い人間とがいる場合、弱い人間の立場を大事にしたいということであります」。「強い立場にある医者と弱い立場にある患者とが、治療の仕方について争っているとき、医者に患者を死なせる権限をあたえる法律をつくることは、さらに医者を強くし、患者にとっては不利であると思います」。

松田は、ここで安楽死の法制化が患者からではなく、医師の側から提案されていることを問題にしている。医師は、強者の立場であり、患者は弱者の立場である。患者の自己決定が無視されているというのである。それればかりではない。安楽死の法制化は、患者の「自己決定権」という名の下で、臓器移植や医療費削減などを理由に医師が、患者の都合の良い時期に殺す決定権、いわば、生殺与奪権をもつというのである。医師に重症患者の死期を決めさせ、医師の欲する時に生命を絶たせることが可能となるというのである。

「法制化論者のいうように、末期患者の延命治療によってもうけている病院があるとすれば、そういう病院は、延命治療がもうからないものだと判断したら、患者が『リビング・ウィル』の署名者だとわかれば、病院の都合のいいときに、法の名で生命をたつことも考えられます」。「さらに重大と想えるのは、安楽死法制化が公になったときに、重症患者の看護にあたっている看護婦や付添についている肉親や心身障害者、精神障害者から、はげしい反対がおこったことです」。

9. 松田道雄と太田典礼の交錯

太田さんは、重症の心身障害者を積極的安楽死（医者が注射によって永久に眠らせる）の対象からはずしているだけではない、消極的安楽死の対象にもなりにくいといっている。生きている限り治療を打ちきれないというのはそれである。それでは太田さんがどうして心身障害者から大悪人のように思われるようになったか。それは心身障害者の『非常識』とか『マスコミの無責任な扱い方』にすべてをあずけてしまっていいか。それを私は太田さんの『安楽死のすすめ』が『弱者

の論理』によってつらぬかれていないせいだと思う。（『人間の威厳について』筑摩書房、1975年、138頁）

松田道雄と太田典礼は、旧制第三高等学校の同窓であり、医師同士としても付き合いがあった。太田が1968年に「葬式を改革する会」を結成したとき、松田は発起人になることを依頼され、断ったという経緯もある。だが、意外にも、太田が最初に安楽死を提起した編著『安楽死』（クリエイト、1972年）に次のような「推せん」文を寄せている。

かつて医師と法学者との問題であった安楽死は、いま一般市民の切実な問題となった。誰もが死に近づくと病院に運ばれ、密室的状況のなかで病院の経営のペースで生命をのばされる。ガンが全身をおかし、生が疼痛しか意味しないときになっても『生命の尊重』ということで生かされる。この非業の死からのがれる唯一の道は安楽死の権利を基本的人権として回復することである。本書は安楽死とは何か知る恰好の案内書である。

この「推せん」文の叙述から松田が、太田の安楽死運動の啓発・啓蒙に賛同していたことが伺われる。松田は、ある時期まで安楽死運動に理解を示していたのも確かだ。松田が安楽死に関して最初に発言したのは1953年の『芝蘭』61号によせた「安楽死について」である。高草木光一『松田道雄と「いのち」の社会主義』（岩波書店、2018年、216頁）によれば、1953年の時点で松田は「安楽死に関心を寄せつつも、明確な安楽死反対論を展開していた」という。それが1970年代になれば、様相が変わってくる。『暮しの手帖』10号（1971年2月）に掲載された「晩年について」では、条件付きで「安楽死」を容認する考えを示しているのだ。

10．松田道雄が安楽死法制化に反対した理由

では、なぜ、松田は、安楽死の法制化に反対の立場に立ったのか。その手がかりになるのが、松田が文芸同人誌『しののめ』（75号、1972年）によせた寄稿文である。『しののめ』誌は、「青い芝の会」と深いつながりがある。1972年は、太田の『安楽死』の刊行の年でもあり、『しののめ』誌への寄稿の年でもある。

からだの不自由な人間にたいして十分に世話ができる状況がつくりだされれば、本人が、これは自分の人間としての尊厳が傷つけられたと思うことは、ずっとへるだろう。だから、まわりの人間はどうして安楽に自殺させるかをかんがえるよりさきに、どうして十分に世話ができるかをかんがえなければならない。それでもなお、そんなに人の厄介になるのはいやだと思う人間がいたら、その人に楽に死ぬ権利をまわりの人がさまたげることはできない。自力で自殺できない人の自殺の権利と委託殺人の犯罪性をどうやって調和できるかが、安楽死の最大の問題であろう。

ここで、松田は、医師による自殺幇助を法的に認めるか否かを提起し結論は控えているが、高草木がいうように「安楽死をともかく議論の俎上に載せようとしたため」だったのではないかと考えられる。かつて大谷いづみが『思想』（２００６年1月号）によせた論考「『市民的自由』としての死の選択――松田道雄の『死の自己決定』論」において指摘したように、松田と太田は共通項がある。それは、「死の自己決定権」、「老人の自殺権の容認」、「威厳ある死」を求める姿勢である。大谷は、松田道雄と太田典礼を徹底的に分かつものが「心身障害者」への態度であるとみている。「日本安楽死協会」が自発的積極的安楽死を運動方針から除くことを明文化するのは１９８１年の運動方針転換による。太田典礼自身は、１９６３年の提案の時から致死薬投与の合法化を明確にしたことは一度もない。しかし立法化のために条文や草稿以外は、「半人間」という概念がある。太田典礼は『死はタブーか――日本人の死生観を問い直す』（人間の科学社、１９８２年、１３１頁）で次のように述べている。

この半人間の実態はどこまでもあいまいなままにされているが、是非明らかにしてもらいたいものです。……人間の形だけしておれば人間なのか、そのためまともな人権が侵害されることになるのをどう考えるのか、どちらの人権が尊重されるべきか、もっと公正に論じて対策を立てるべきではないでしょうか。

太田のいう「半人間」の範疇とは、「中風、半身不随、脳硬化症、慢性病の寝たきり病人、老衰、広い意味の不具、精薄、植物的人間」である。これに対し、松田は、「安楽死の問題を医者と患者のあいだのことだけ考えることに、疑問をもつようになったのは、安楽死の問題が日本でとなえられるようになっておこった、心身障害者の側からのはげしい抵抗のため」であると述べている。大谷によれば、太田は、「半人間」と一括りにしたのに対し、松田は、「心身障害者の側からのはげしい抵抗」を深く受け止め、これを最後まで手放さなかったとする。そして、心身衰えた「老衰人間」の死の自己決定権と、それを実現するための自殺幇助の合法化を、松田は同時に主張したのである。松田は、『わが生活わが思想』（岩波書店、1988年）に収められた論考「市民的自由としての生死の選択」では、「老人問題のコペルニクス的転回」を唱えている。

『近代的自我』が憲法でいう個人の尊厳と基本的人権の保障にあたるものならば、日本人全体に『近代的自我』の意識をつよめる必要がある。老人医療だけでなく、日々の市民の医療に医師の説明義務を法的だけでなく、市民の義務として、患者にも医者にも常識化させなければならない。それができないかぎり、老人問題のコペルニクス的な転回というべき老人主体の解決はのぞめない。

松田のいう「老人問題のコペルニクス的転回」とは、老人問題を社会保障費、医療費の対象＝客体として捉えるのではなく、当事者意識として、自らの問題として捉えることを意味している。それは、今日でいう「私たちのことを私たち抜きで決めないで（Nothing About Us Without Us）」という「障害者権利条約」の理念である。

1970年代の「安楽死」ブームのなかで、明確に安楽死法制化反対運動を形成したのは、確かに脳性マヒ者を中心とする障害者運動と「阻止する会」であった。しかし、こうした反対運動を下支えした医学界、法学界があり、反対運動に共鳴する人々が一定程度いたこともまた事実である。安楽死法制化運動は、法案自体が、審議未了廃案となり、運動は、終息に向かった。

現在の「日本尊厳死協会」は、言うまでもなく太田典礼の思想がそのまま引き継がれたものではない。太田は安楽死という名で大量殺人を試みたわけではないが、植松聖被告のいう「意思疎通のとれない人間は安楽死させるべきだ」、「人間の形だけしておれば人間なのか」などという主張と通底している。それは、健常者・健全者という「強者の立場」である。1970年代、「日本安楽死協会」の動向は、マスコミによって大きく取り上げられたが、それに比して会員の増加はなかった。会員数が急激に増加を見せるのは「日本尊厳死協会」へと改称してからである。2005年、尊厳死法制化の請願の仲介をした当時の中山太郎衆院議員が委員長になり、「尊厳死法制化を考える議員連盟」が発足した。2007年には終末期における延命措置中止等に関する法律草案が提示されたが、日本医師会から「尊厳死はある程度あうんの呼吸で行われており法制化はこれを制約する可能性がある」との意見が出されたこともあり、成案には至らなかった。厚生労働省は1987年以降、ほぼ5年ごとに終末期医療に関する意識調査を行っており、2017年夏からは、「人生の最終段階における医療の普及・啓発の在り方に関する検討会」を開始し、現在6回を数える。最近の意識調査結果は2018年3月に取りまとめられている。

他方で、2005年6月には、「安楽死・尊厳死法制化を阻止する会」が発足し、2012年8月には、平川克美（経営者・文筆家）、中西正司（ＤＰＩ日本会議理事）、川口有美子（難病患者会）らを呼びかけ人とする「尊厳死の法制化を認めない市民の会」が声明を公表した。尊厳死が法制化されるとすれば、国家による生の選別が可能となり、被告の安楽死思想を後押しすることにつながりかねない。私が最も危惧するのはこのことである。太田典礼と植松聖被告は、「強者の立場」に立って安楽死を唱えているところに共通性がみられる。それに対して松田道雄は、「弱者の立場」に立った視点を持ち合わせている。だが、松田の安楽死思想の流れは矛盾を孕んでいる。それは、『しののめ』誌をはじめとする心身障害者たちとの出会いにより、大きく不可逆的転回をしたためだ。松田は、当事者たちの激しい抵抗を深く受け止め、後に「コペルニクス的転回」を主張している。それは、弱者の視点であり、当事者意識であり、「私たちのことを私たち抜きで決めないで（Nothing About Us Without Us）」という「障害者権利条約」のスローガンとも重なる。太田典礼は、旧優生保護法を制定した人物としても知られているが、今日、多かれ少なかれ、こうした優生思想が社会に蔓延している。「安楽死」の問題然り、「生産性」の問題も然りである。そしてこうした危険を孕む優生思想に対峙するのが、日本が２０１４年１月20日に批准した「障害者権利条約」であることを我々は忘れてはならない。

第13章　根源悪と人間の尊厳について

1．アイヒマン裁判

１９６１年、イスラエルのエルサレムでは、歴史的な裁判が開かれようとしていた。被告は、アドルフ・アイヒマン、第二次世界大戦下のナチスの親衛隊の将校であり、ユダヤ人問題の最終的解決、つまりナチスによるユダヤ人絶滅計画（ホロコースト）を推進した責任者である。15年にわたる逃亡生活の果て、アルゼンチンで身柄を拘束されたアイヒマンは、イスラエルに強制連行され、エルサレムの法廷で裁かれることとなった。１９６３年、ハンナ・アーレントは、数百万ものユダヤ人を絶滅収容所へ送り込むのに大きな働きをした元ナチス親衛隊の中佐アドルフ・アイヒマンを裁くエルサレム法廷を記者として傍聴し、取材した。それを記事にして『ニューヨーカー』誌に連載した原稿が一冊にまとめられたのが『エルサレムのアイヒマン――悪の陳腐さについての報告』である。

一般には「悪」とは、人道を外れた非人道的行為であり、非人道的行為はすべて「悪」なのだといわれている。しかし、アイヒマン裁判を傍聴したユダヤ系政治哲学者ハンナ・アーレントはナチスの行った犯罪行為に対して、人間の尺度を超えた絶対的な悪などというものは存在しないとした。さらに、この犯罪行為の渦中にいたアドルフ・アイヒマンに対しては「悪の陳腐さ」(Banality of Evil) という言葉を与えた。つまり、アーレントは、この「悪」を一括りにするのではなく、「根源的な悪」と「悪の陳腐さ」の2つに分けたのだ。それは一体なぜなのか。そこにこそ悪の本当の定義があるのではなかろうか。

2. アイヒマン裁判とアーレント——「根源悪」と「悪の陳腐さ」

アイヒマンは、いわゆる「ユダヤ人問題の最終解決」を実行した親衛隊の将校であり、数百万のユダヤ人を強制収容所へ移送するにあたって指揮的役割を担った責任者である。そんなアイヒマンについて、アーレントは「根源的な悪」(radical evil) ではなかったと述べている。しかし、一体この根源的な悪とは何なのか。カントによれば、根源的な悪とは、道徳法則に従わず、自己愛や利己心などの特殊な欲求を追求するものであるという。このカントの説明からみれば、歴史的犯罪者であるアイヒマンは根源的な悪といえるではないだろうか。しかし、アイヒマンはそういう男ではなかった。むしろ、とりわけても「極悪でも、常軌を逸したサディストでもなく、ごく普通の人間」(『エルサレムのアイヒマン——悪の陳腐さについての報告』新版、大久保和郎訳、みすず書房、2015年、213頁) であったとい

アイヒマン裁判
（出所）イスラエル国立写真コレクション

う。アイヒマンは、ナチス権力機構の一員として単に事務的な部分を担当したに過ぎず、思考することを放棄した、ごく平凡な小役人に過ぎないというのだ。そこで、アーレントはアイヒマンを「悪の陳腐さ」という言葉で捉えようとした。つまり、アイヒマンは想像力と思考する能力が欠如した人間だったのである。「自分の昇進にはおそろしく熱心だったという他には彼に何らの動機もなかったのである。……彼は愚かではなかった。完全な無思想性（thoughtlessness）——これは愚かさと決して同じではない——、それが彼があの時代の最大の犯罪者の一人になる素因だったのだ」（同、221頁）。そして、こうした「無思想性」こそが「悪」の本当の定義を知るために最も重要な鍵なのだ。

カントにとって悪とは、歴史的起源ではなくて、道徳的起源であり、悪の歴史は自由の歴史だとしている。つまり、悪は「原罪」としてではなく、選択の自由が保証された状態での自律の他律化傾向であり、善への意志によって克服されるべきだとしたのだ。そして、陳腐な悪はアイヒマンのような特定の条件下で現れるのだと。カントが「根源悪」（radikal Böse）概念を最初に出したとされる『宗教論』は、もともとは1792年の『ベルリン月報』誌に発表された「人間本性のうちにある根源悪」という論文を基にしている。カントは、同論文において「根源悪」を「自己愛の動機とその傾向性を道徳法則遵守の条件とする」という両者の関係の転倒であるとして、次のように述べている。「この転倒等への性癖が人間本性のうちに存するならば、人間のうちには悪への自然的性癖が存在することになる。そして、この性癖そのものは、結局は自由な選択意志のうちに求めなければならず、したがってそれには責任が帰せられうるのであるから、道徳的に悪である。この悪は、根源的（radical）であるというのは、それがあらゆる格律の根拠を腐敗させるからである。同時にまた、これは自然的性癖として、人間の力によっては根絶できないものであって、それというのも、この根絶はただ善き格律によって生じうるのであるが、もし一切の格律の最高の主観的根拠が腐敗したものとして前提にされるならば、このことは起こりえないからである」（飯島宗享・宇都宮芳明訳『カント全集　第9巻——宗教論』理想社、1974年、58頁）。

カントが繰り返し述べていることは、「根源悪」は自己愛に基づく動機を道徳法則に対する尊敬の動機よりも優先するような格律を自由に選択するような「傾向」をもつ者のうちに顕れるということである。つまり、個々人は自由に格律を選んでいると思い込んでいるが、実はその選択自体が悪の格律を選ぶという「傾向」があるというのだ。ここでいう自由に選択する悪への「傾向」とは、道徳法則に対する尊敬さえあれば、たとえその行為が非人道的行為であったとしても、それは「根源悪」ではないということである。つまり、それこそがアーレントが定義した「悪の陳腐さ」なのである。

では、「悪」を「根源的な悪」と「悪の陳腐さ」の2つに分けている道徳法則とは一体何なのか。それは、誰もが守らねばならない究極のルールであり、カントが定式化した定言命法と関係がある。

カントによれば、定言命法とは「汝の意志の格律が普遍的な立法となるように行為せよ」ということであり、他の目的のための手段ではなく、それ自体として善い行為ということである。この行為には、自分自身の主観が一切関与することがないのである。つまり、客観的に妥当な無条件の法律や命令または義務である。例えば、「運動せよ」のような命令などである。一方、「もしある目的を欲するならば、それにふさわしい行為をなせ」といった命令でも、無条件な命令ではないものを仮言命法という。例えば、「健康になりたければ運動せよ」といった命令である。この2つの命法について、カントは道徳法則において、具体的で特殊な目的が立てられ、それに応じた手段が求められる仮言命法ではなく、どんな状況下においてもそれを達成しなければならない定言命法が道徳の基礎であるとした。行為する主体が自律的であれば、道徳的なものになるからである。つまり、「悪の陳腐さ」は決して非人道的な行為としての「悪」ではなく、自律的で道徳的な行為であると捉えることができる。そこには、人間は法に従うだけではなく、単に服従の義務を越えて自分の意志を法の背後にある原則と同一化しなければならないという要求があり、それこそが、カント哲学における実践理性である。そのようなカント哲学においてアイヒマンは、総統の意志を継いでいたのである。それはドイツ的な意味合いとして法を守るということは単に法に従うことだけではなく、自分自身が自分の法に従う法の立法者であるかのように行動するという自律性なのだ。そこからアーレントはアイヒマンが実際にカントの格律に従っており、法律は法律であり、そこには何も例外はなかったといっている。つまり、無条件の命令となる定言命法をアイヒマンが体現したと考えられる。そしてアイヒマンは「道徳の格律、とくにカントによる義務の定義」に即して行動してきたと言明した。アイヒマンは定言命法となっている「義務」を果たしたのだ。

しかし、アーレントが見るにアイヒマンは単に上からの命令に従っていただけではないという。アイヒマンは「傾向」「誘惑」という自己愛や利己心などの特殊な欲求を抑え、ナチスやヒトラーの定めた「法」に積極的に従おうとしていたのだ。それは、まるで「根源的な悪」に抵抗していたかのようである。そしてアイヒマンは、ユダヤ人を殺すことは総統の命令だったため、ユダヤ人を殺さなければいけないと考え、自律的にその行いに賛同し、行動していたのだ。つまりアイヒマンは「根源的な悪」に抵抗するとともに「悪の陳腐さ」を受け入れていったのだ。アーレントはアイヒマンについて「彼のすることはすべて、彼自身の判断し得る限りでは、法を守る市民として行っている」と言っている。

3.『獄中手記』からみる植松被告の「根源悪」

さて、ここまでアーレントから「悪の陳腐さ」と「根源的な悪」について考えてきた。そして、今までのことから考えて「根源的な悪」に該当するのではないかと思われる男が1人いる。津久井やまゆり園で起こった障害者大量殺傷事件の被告、植松聖である。なぜ、彼がアーレントのいう「根源的な悪」なのか、それについて被告の『獄中手記』から考えてみることにする。植松被告の手紙には、「心失者《しんしつしゃ》」という言葉が散見される。「私の考える『意思疎通がとれる』とは、正確に自己紹介（名前・年齢・住所）を示すことです。世界人権宣言第一条には『すべての人間は産まれながらにして平等であり、かつ尊厳と権利とについて平等である。人間は理性と良心とを授けられており、互いに同胞の精神をもって行動しなければならない」とあります。……世界には〝理性と良心〟とを授けられていない人間がいます。彼らに人権を渡して良いのでしょうか？　人の心を失っている人間を私は心失者と呼びます」（月刊『創』編集部編『開けられたパンドラの箱――やまゆり園障害者殺傷事件』創出版、２０１８年、31頁。以下『パンドラの箱』と略記）。

「世界人権宣言」第一条を起草したのはカトリック系の神学者・哲学者、ジャック・マリタンである。「人間の尊厳」は、各国憲法に先立って「国際連合憲章」（１９４５年６月）の前文で取り入れられ、１９４８年の「世界人権宣言」の前文と第一条で掲げられた。旧西ドイツで制定された「ドイツ連邦共和国基本法」（１９４９年）第１条には「人間の尊厳の不可侵」と明記されている。「国連憲章」にしても、「世界人権宣言」にしても、戦後世界は、「人間の尊厳」を高々と掲げて出発してきた。しかし伝統的な「人間の尊厳」概念を、そのまま継承してきたのだ。

「人間の尊厳」は、もともとは国王や貴族など高貴な身分にあることとそのこと自体を指していた。つまり、一部の高貴な人間だけに尊厳が備わっていると考えられていた。古代ギリシアではアリストテレスが人間を理性的な動物であるとし、また、キケロは人間は理性をもっている点において動物より優越しており、そこにこそ「人間の尊厳」があるとした。中世のキリスト教社会になるとすべての人間に尊厳があるという認識に変わってくる。キリスト教では、元来神のみが尊厳のある存在者であるが、神の被造物のうち人間は神の似姿として創造されたのである。カトリシズムでは、自由と結びついた尊厳が優勢であったが、プロテスタンティズムでは、「万人司祭主義」の基礎となる平等の思想と結びついていったのだ。ルネサンス期になりイタリアの思想家、ジョバンニ・ピコ・ディラ・ミランドラが登場すると「人間の尊厳」の卓越性が強調されることになる。すなわち、人間の本性はあらかじめ確定されておらず、人間は自由意志によって自己自身の本性を決定できるのであり、それゆえ神的なものに向上することもできれば、動物に凋落することもありうる。人間は自由意志によって低次の存在を選び取ることができるし、高次の存在を選び取ることもできる。このような人間の自由意志による自己実現というものに「人間の尊厳」の卓越性をみたのだ（小松美彦「鏡としての『相模原障害者殺傷事件』」『自己決定という罠――ナチスから相模原障害者殺傷事件まで』所収、言視舎、２０１８年、２７６－３１９頁。とくに２４９頁以下参照）。

「人間の尊厳」概念は、それ以降、フランシス・ベーコン、デカルト、パスカル、ロック、ディドロ、ルソー、カント、ハイデガーなどに続いていくが、「人間の尊厳」概念を哲学的に基礎づけたのはカントである。カントは、『道徳形而上学の基礎づけ』（１７８５年）において人間性はそれが道徳の能力を有しているかぎり尊厳をもつのだと述べている。

わたしたち自身の意志が、みずから採用した行動原理のもとで普遍的な法則を定めることができ、しかもこの普遍的な法則を定める行為によって定められた法則だけにしたがって行為するときには、その意志は理念としての意志となることができるのであり、それが尊敬のほんらいの対象なのである。人間性の尊厳とは、普遍的な法則を定める能力だけに存するのである――ただし人間が立法によって定めた内容に、みずから服従することが条件となるが。（中山元訳『道徳形而上学の基礎づけ』光文社文庫、２０１２年、１６９頁）

カントの場合、尊厳は、尊敬の問題と結びつくと同時に、「人間性の尊厳」として理解され、道徳法則を普遍的に自己立法する意志の能力に定位づけられている。尊敬の対象は意志の自律能力である。この自律こそが、人間の本性、一切の理性的本性に属する尊厳の根拠なのである。カントの「人間性の尊厳」概念の核心は、道徳法則に適合的な尊敬態度であり、理性や精神・良心を備えた健全な人間を想定している。逆説的にいえば、道徳法則に適合的な尊敬態度がなく、健全な理性や精神・良心がなければ形は人間でも人間ではないのだ。「自己認識」ができ、理性と良心を授けられ、「自分で生きようとする意志」があり、この2つを併せもつのが「人間の尊厳」だとされている。これが15世紀末のピコ以来続いてきた「人間の尊厳」の概念であった。植松被告は、「人間の尊厳」を「自己認識できる」「複合感情が理解できる」「他人と共有することができ」、理性と良心を兼ね備えたものと規定しており、「心失者」は、「人間の尊厳」を失っているので安楽死させよというのだ。衆院議長宛ての手紙では、次のように述べている。「障害者は人間としてではなく、動物として生活を過しております。車イスに一生縛られている気の毒な利用者も多く存在し、保護者が絶縁状態にあることも珍しくありません」(「衆院議長宛ての手紙」『ニュース速報 Japan』)。

「心失者」は「他者と意思疎通ができず人の心を持つことができなかった人間」であり、「人の幸せを奪い、不幸をばら撒く存在」である。心失者は「自分たちはお客様で助けられているという気持ちを忘れて」、生命のサポートをしてくれる他者の存在を無視している。それゆえ「動物として生活を過ごして」いる重複障害者は、「保護者の同意を得て」安楽死させることを提案しているのだ。植松被告はその方法として「自殺スイッチ」を挙げている（『パンドラの箱』84－89頁）。障害者に限らず自分が心失者になった場合、自分では判断できないのであらかじめ安楽死・尊厳死の準備をしておくことを提案しているのだ。わが国には「日本尊厳死協会」があり、安楽死の是非をめぐっても議論がなされているが、安楽死・尊厳死については、いまだ法制化には至っていない。こうした動向を植松被告が知っていたとすれば、別の解決の仕方があったかもしれない。「現代社会は障害者と心失者を同じ枠の中にまとめてしまいました。私は心ある障害者を冒瀆しているのではありません。人権を冒瀆してはいけないと考えます。このとても大きな間違いが人間界のルールを狂わせております。人権についての正しい知識を忘れて、人の形をしているだけで人間とする誤った思考が植え付けられてしまいました（傍点引用者）」（『創』2017年10月号、67頁）。「障害者と心失者の区別を明確にすることが私の使命と考えております」（『創』2017年11月号、30頁）。

植松被告もアイヒマンも国家のために行動した点では共通性がみられるが、植松被告は、その方法があまりにも残虐・非道である。「私は大量殺人をしたいという狂気に満ちた発想で今回の作戦を、提案を上げる訳ではありません。全人類が心の隅に隠した想いを声に出し、実行する決意を持って行動しました（傍点引用者）」（「衆院議長宛ての手紙」前掲）。「保護者の疲れきった表情、施設で働いている職員の生気の欠けた瞳、日本国と世界の為と思い居ても立っても居られずに本日行動に移した次第であります」（「衆院議長宛ての手紙」前掲）。カントの定言命法に照らし合わせると植松被告は自己愛や利己心に基づくものであり、アイヒマンは、法や命令に基づくものである。植松被告とアイヒマンとはまったく逆の立場である。従って、植松被告は「根源的な悪」なのだ。

4．ニーチェの思考と植松被告の類似性――安楽死・力への意志・美意識・超人

ニーチェの『悦ばしき知識』には次のような場面がある。

聖なる残忍――ある聖者のもとに、生まれたばかりの子供を抱いた一人の男がやって来た。「この子をどうしたらいいでしょう？」と彼は尋ねた。「これはみずぼらしくて、不具で、死ぬほどのいのちすらないといったざまです」。「殺すのだ」と聖者は恐ろしい声で叫んだ。「殺して、それからお前の記憶に刻まれるようにと三日三晩を自分の腕に抱いているがいい。そうすればお前は、子を作るべきときでないのに子供をつくるようなことは、二度と再びしないであろう」。――これを聞いたその男は、落胆して帰っていった。多くの人々は、聖者が残忍なことを勧めたといって、彼を咎めた。というのも、聖者が子を殺すように勧めたからである。「だが、子供を生かしておく方が、もっと残忍なことではないか？」と聖者は言った。（信太正三訳『ニーチェ全集8　悦ばしき知識』ちくま学芸文庫、1999年、145頁）

ニーチェは『道徳の系譜』とそれに先立つ『善悪の彼岸』のなかで〈善と悪〉と〈よいとわるい〉とを峻別しながら〈よい〉ということが、よいことを示させる側の人間から生じるものではないことを繰り返し強調している。

〈よい〉という判断は、〈よいこと〉をしてもらう人々からおこるのではない！　その判断のおこりは、むしろ〈よい人〉たちであった。すなわち、高貴な者たち、強者たち、高位の者たち、高邁な者たち自身にあった。こうした者たちが、あらゆる低級な者・下劣な者・野卑な者・賤民的な者に対比して、自己自身および自己の行為を〈よい〉と感じ〈よい〉と評価する、つまり第一級のものと感じ、そう評価する。（信太正三訳『ニーチェ全集11　善悪の彼岸　道徳の系譜』ちくま学芸文庫、２００５年、３７７－３７８頁）

つまり、ニーチェは善いと悪いの対立の起源を「低級な種族つまり〈下層者〉にたいする高級な支配者種族の持続的・優越論的な全体感情と根本感情」、すなわち、「貴族的価値判断」にあると見ているのである（同、３７８頁）。カントのように定言命法に道徳法則の基準を求めてはいない。ニーチェによれば、この貴族的価値判断の前提とするものは「力強い肉体、今を盛りの豊かな溢れたるぎるばかりの健康、加うるにそれを保持するうえに必要なものごと、すなわち戦争・冒険・狩猟・舞踏・闘技、さらにおよそ強い、自由な快活な行動を含む一切のものごとがそれである」（同、３８７頁）。従って、貴族的価値判断においては、よいということは、「高貴な、強力な、美しい、幸福な、神に愛される」ということと同じであり、「すべての貴族道徳は勝ち誇った自己肯定から生じる」のである。ニーチェによれば、キリスト教の道徳は、強者に対する弱者の怨恨（ルサンチマン）であり、強者が繁栄している現世を否定して、救いを求めてひたすら神に服従する奴隷道徳に過ぎない。今や、「神の死」によって伝統的な価値や善悪の区別を失った。善悪の彼岸において人間を導くのは人間の生を支える、より強大になろうとする本能的な意志、すなわち「力への意志」である。ニーチェは、大地に根差す「力への意志」の体現者を「超人」と呼んだ。超人は、貴族道徳に基づいて生きる人間の理想であり、神に代わって新たな価値を創造するというのだ。「わたしはきみたちの超人を教える。人間は、超克されるべきところの、何ものかである。きみたちは、人間を超克するために、何をしたか？　従来あらゆる存在者は自分を超え出る何ものかを創造した。……超人は大地の意味である。きみたちの意志は言うべきだ、超人を大地の意味たらしめよう！」（吉沢伝三郎訳『ニーチェ全集9　ツァラトゥストラ　上』ちくま学芸文庫、1999年、22－23頁）。

ニーチェの思想の根幹にあるのは、すべてを力の配置において捉えることであった。すなわち、善悪は、強い、弱いの相対的な比例配置なのである。力が過剰なものは良い、力の不足しているものは悪い。すなわちそれは、価値位階である。内面的に充実したものに基づいて自己の思考や判断を組み立てていくというのである。道徳的な意味での善悪が明瞭な形でメンタリティとして確立したのが19世紀ドイツ教養市民層であった。教養市民層の文化の基盤となっているものは、健全な市民が古典として身につけておかなければならないものであったが、ニーチェは、教養主義を「教養俗物」として罵倒したのである。教養はもはや社会生活と切り離されたばかりではなく、社会によって馴致されることによって俗物的な日常に奉仕するようになったというのである。植松被告とニーチェが類似していることは、表面的な善悪や道徳感情に依拠して物事を判断する考え方である。ただし、誤解があってはならないのは、ニーチェは、弱い者は安楽死すればよいと考えていたのではないことである。確かに、ニーチェには、賎民道徳やルサンチマンの問題がある。弱者は自分たちができないことに対する妬みや嫉妬のような感情から強者の足を引っ張るという考え方がある。賤民道徳やルサンチマンを道徳と称することには問題があるが、安楽死せよとは考えていない。

ニーチェの『反キリスト者』には「悪とは——弱さから生じるすべてのものである」という言葉がある（原佑訳『ニーチェ全集14　偶像の黄昏　反キリスト者』ちくま学芸文庫、2000年、166頁）。

なぜ、弱さから生じるものが悪なのか。ニーチェによれば、社会が弱者を助ける風潮にあるからだ。社会的弱者はこの風潮に甘えて社会の足を引っ張っているというのだ。今の日本でも深刻になっている年金の問題を考えてみよう。年をとって働けなくなったからお金をもらうという制度はまさしく社会が弱者を助けている。社会的弱者は「この風潮に甘えて」社会の足を引っ張っているのだ。若者が近年減少しているのに対し、老人はどんどん増加していく一方である。若者にしてみれば一生懸命働いて稼いだお金を働きもしない老人にもっていかれるのだから、納得がいかない。ましてやそのお金が自分の家族にいくのではないから尚更である。しかし、そこで若者が年金廃止という意見を掲げたら悪者扱いにされてしまう。なぜならば、社会が弱者を助ける風潮にあるからだ。これは「最大多数の最大幸福」を唱えたベンサムの功利主義の思考と同じである。

「『障害者は生きてたらあかんのか。好きで障害者として生まれたわけじゃない。殺させるために生まれたわけじゃない』この言葉は、脳性マヒの方がメディアに伝えた通り飾りない本心です。お気持ちは本当に、充分にお察し致しますが、そこで私がお聞きしたいのは、今、誰の為に生きているのか教えて頂きたく思います。非情に聞こえると思いますが、最低限度の自立（移動・食事・排泄）ができない人間を支援すれば、他の人間が死にます。心失者を擁護する者は、生活保護受給者、年金受給者などの自立ができていない者、それらを食い物にする企業だけで、自分達を守る算段が透けて見えています。筋萎縮症側索硬化症（ALS）である宇宙物理学者のホーキング教授は『これから人類は滅びる』と、くり返し予言されていますが、その原因のひとつは、自分の力で生活することのできない人間がいるからです。人間は、常に心の天秤《てんびん》を使い決断しなくてはなりません。自立ができる人間とできない人間、どちらを救済するか考えた時に、答えは火をみるより明らかです。脳性マヒの方々には、なんとしても最低限度の自立をして頂く必要がございます」（『パンドラの箱』72－73頁）。

「障害者を持つ親と面会すると、トロッコ問題を思い出しました。トロッコ問題とは、トロッコが暴走し線路の先には5人いますが、レバーを引けば1人いる車列に切り替わります。あなたはレバーを引きますか、という問題です。……1人でも自分の愛する人だったら、私は5人を見殺しにすると思いますし、100人でも1000人でも見殺しにするかもしれません」（2018年6月21日付けの筆者に宛てた手紙）。さらに、植松被告は津久井やまゆり園で犯した事件に対して自分は生き残って賞賛されるのだと考えている。つまり「力への意志」によって生を肯定しているのだ。そして彼は「超人」に強い憧れを抱いている。「私は『超人』に強い憧れをもっております。私の考える超人とは『才能』＋『努力』を重ねれた人間ですので、凡人以下の私では歯が立ちません。……悔しいですが、人間は『優れた遺伝子』に勝る価値はありません」（『パンドラの箱』64－65頁）。また、植松被告は、イラスト漫画をはじめとして美容整形や刺青など美に対するこだわりや執着があるが、ここにおいてもニーチェの思想との類似性が垣間見られる。ニーチェは『悲劇の誕生』においてギリシア悲劇を人間の生の根源的な苦悩の現れと捉え、生の残酷さや苦しみそのものであるディオニュソスが見る救済の夢が、舞台芸術の上でアポロ的な美として演じられることによって、その苦悩が仮象の中で救済されるとする。すなわち、「美的現象によってのみ存在と世界は永遠に是認される」というのだ（塩屋竹男訳『ニーチェ全集2　悲劇の誕生』ちくま学芸文庫、1999年、60頁）。言い換えれば、美による世界の救済を唱えているのだ。植松被告がニーチェを読んだか否かは定かではないが、植松被告は自己愛や利己心などの特殊な欲求を追求していたのだ。つまり、「自己愛性パーソナリティ障害」の持ち主なのだ。「『障害者なんていなくなればいい』このバカ丸出しの文書は、朝日新聞の記事を引用しています。……心失者の存在は、莫大な利権に絡んでいます。その最たる協力者が『精神科医』です。精神詐欺医は、この人の言っていることなら正しいのかな、と思わせる為に聞きなれない言葉を常用しますが、頭が良くても善人であるとは限りません。実際にやっていることは毒をばら撒《ま》き、廃人をつくり出すクソ外道です。これは、私に対して『自己愛性パーソナリティ障害』と診断された腹いせではございません」（『パンドラの箱』前掲、71－72頁）。

「人間は天性で誰かに良いことをしたいと考えている。しかし、誰でもはじまりは無知であるから教養や忍耐は取得するものであり、まったくの自由意志に身をゆだねては必ずつまずいてしまう。ふりかかること全ては訓練であり、困難は多くを学び支える道徳性となり得る。高貴な魂は公平さから生まれ謙虚に自制することを思い、目的達成に全力を傾けその価値と尊厳を認める。死を考えることは生命の意義を自覚させ、粘り強く研鑽《けんさん》。追及する理性を与え勇気を育て迫《せま》りくる不安に恐れおののいてはならない。一度、二度、三度のつまずきに耐え継続し、新たな方策を見だす意志と創造から人類究極の目的、永遠平和を確立し」（『パンドラの箱』118－119頁）。この一見崇高な文章は、イラスト漫画に挿入されたものである。

カントとニーチェの道徳をめぐる議論は対照的ではあるが、道徳法則に基づく行為の客観的妥当性を確立しようとしたのが、カントの「汝の意志の格律が普遍的な立法となるように行為せよ」という定言命法であった。それに対して、「欲求」、「誘惑」、「自己愛」や「利己心」といった「傾向性」は、いわば、仮言命法であり、道徳性を基礎づけることができない。こうした「傾向性」は、人間の理性によらず、本性に根差すものであり、悪の誘惑に陥るというのだ。それがカントの「根源悪」概念の核心であった。だが、カントの道徳法則をめぐる議論には盲点があった。それが「人間の尊厳」という概念である。カントが議論の対象としているのは、「成人男子」であり、「健常者」であり、「理性と良心を兼ね備えた健全な身体と精神をもった人間」だけである。すなわち、「自己認識」ができ「自分で生きようとする意志」をもつのが人間であった。それがピコ以来続く「人間の尊厳」の概念であった。他者に対する義務よりも自己自身に対する義務を優位においているのだ。カントにあってはあらゆる道徳構想の起点となっているのはこのような「自己責任論」に他ならない。ニーチェの方法は、人間社会の欺瞞性、偽善性を暴く手法であり、力の肯定性を唱えるものである。ニーチェは、〈強い立場にある者〉、〈法の内にあるもの〉を肯定の論理として捉えようとしているが、植松被告の言動にも多分に思想的類似性が見てとれる。現代社会においては、人間の本性、すなわち嫉妬、妬み、自己愛、利己心といった「傾向性」が、無媒介な肯定性として他者を否定する形で露出している。否定的な感情に対して無媒介に肯定（「いいね！」）する論理は、まさに「根源悪」といえる。そして、「根源悪」は冷戦崩壊後の世界において新自由主義、新保守主義という形で蔓延している人間観、価値観と捉えることができる。すなわち、それは、「強者の論理」であり、力をもった人間が自分の欲望を限りなく追求することが肯定される世界である。今日では、誰もがＳＮＳで無媒介に発言できる環境にあり、建て前ではなく、今までタブーとされた本音の部分が剥き出しになっている。ＳＮＳがなぜ、人を不幸に陥れる凶器として使われてしまうのか。人は、なぜ、匿名の暴力をふるうのか。自分の行っている行為が正義や善であることを疑わず、自分の外に不正や悪が存在するとして、その悪と闘うことで自分の存在を正当化する思考方法こそ「根源悪」に他ならない。

誰もが心に「根源悪」をもつ。これをゼロにすることは不可能である。なぜなら生来のものであるからだ。「根源悪」は「エゴ」ともいえるかもしれない。「根源悪」は絶え間ない「内省」によって自ら律することでコントロールするしかないのではないか。心の内なる「根源悪」の存在に自ら気づき、自己の卑小さに謙虚に向き合うこと。人格の陶冶、自己と同様に他者を尊重し、徳性を涵養することだ。実に孤独な作業であるが、一生をかけるに値する努力であろう。

最後に被告のエッセイを紹介しよう。

5．死の前で

「ちょと待ってくれっ!! 門を閉めるならせめて一目、中の景色をみせてくれ!!」と叫んだが言葉にならない。声は出ているが歯が無いせいか、肺活量の衰えか、自分でも何を言っているのか分からない。つい先日足を失ったばかりだが、ついに言葉も失った。失ったといっても足はついている。が、この足はもう歩くことはできない。「冗談だろ?」と昔の私は思うのだろうが、本当に歩くことができない。なにかにしがみつかなくては立っていることもできず、情けなくなる程細く弱々しい。身体のふしぶしが痛いし呼吸も上手くできず息苦しい。こんな状態で明るく、優しく、おおらかに振る舞えるわけがないだろう。楽しそうな笑い声が聴こえるだけで腹が立つ。それにさっきの男は誰だったのだろう。ぼやけてよく見えなかったし、知り合いだろうがどうも思い出せない。――……私はそろそろ死ぬのかもしれない。というより、私は常に死んでいた。

脳ミソ、目、耳、歯、筋肉の細胞一つひとつが静かに消滅していたのだ。

死んだらどうなるだろう。これまで考えたことがなかった。何故なら、それはまだずっと先のことだと思っていたからだ。死の先は霊界へ逝くか無になるかどちらかだろうが、死ぬ前に愛した人を思い出そう……彼らの笑顔を思い浮べて死ねば、いくらか天国に近いはずだ。がしかし――やっぱり何も思い出せない。ここはどこで、私はだれだっけ?(2018年5月11日筆者宛ての手紙)

2018年1月31日に初めて彼に面会した際、『掟の門』を渡し、レポートを書いてもらったことは前述した(76頁以下参照)。実はその後、時をおいて私に送られてきた手紙がこのエッセイである。読んですぐ、「これは植松が『掟の門』の最後の部分だけ自分なりに描いたものだ」とわかった。もしかしたら彼が主人公の死を考えることで、彼に自らの「死」を意識させることになったかもしれない。植松死刑囚は、自らの内なる「根源悪」を増幅させ、衝動に任せて行動に移してしまった。彼は、殺害した19人の死の恐怖の瞬間にまで思いを馳せることはあったのであろうか。『掟の門』のレポートが犠牲者たちの「死」と、その後ろに連なる多くの家族の悲しみを想像する契機になったことを祈っている。

あとがき

本書は、２０１９年5月から２０２０年4月まで「Ｗｅｂあかし」に連載した論考を基にしている。明石書店の編集部からオファーのメールを頂いたのは事件発生2年目を過ぎた２０１８年8月だった。その後、「Ｗｅｂあかし」を立ち上げる連絡を受け、連載したものをベースに単行本にしたのが本書である。

今回単行本化するにあたり各回の構成を変更し、大幅に加筆・修正をした。第1章は事件直後に『現代思想』（第44巻第19号、２０１６年10月号）に寄せた論考「津久井やまゆり園の悲劇――〈内なる優生思想〉に抗して」、また第13章は『専修人文論集』（第１０５号、２０１９年）の論考「根源悪と人間の尊厳――アイヒマン裁判から考える相模原障害者殺傷事件」を基に加筆・修正をしたものである。

やまゆり園は、建て替えの前に報道陣に公表されたとはいえ、施設の内部を知る人は多くはいない。誰も知る由もなかった事件当初の生々しい状況は「法廷」においてはじめて明らかにされた。公判では数多くの関係者の調書が読み上げられたが、「公判前整理手続」のなかで「厳選」されたものが使用された。本書に収録したものもそのなかの一部に過ぎない。著者の判断で思い切って割愛させていただいたものもある。本書では法廷での証言を忠実に再現しようと試みたが、傍聴メモに基づくものであるから、もしかしたら誤った記述や被害者家族や遺族からみて目を背けたくなるような表現などあるかもしれない。数名の遺族や被害者家族、現役の職員に直接あたったが、裁判で述べられた証言以上のものはない。法廷での証言が最も信憑性があると考える。事件の首謀者である植松聖の呼称は、事件直後の「容疑者」や「被告」、そして「死刑囚」へと時間の経過とともに変転しているが、事件直後から執筆した論考も含まれていることから敢えて統一しなかった。

傍聴券の取得については専修大学の学生の皆さんの他、様々な方々にご協力いただき大変お世話になった。連日朝早くから数十名の学生が傍聴整理券の取得のために抽選会場である「象の鼻パーク」に駆けつけてくれた。なかには遠方から参加してくれた学生もいた。幸運なことに傍聴券が2枚当たり、学生と一緒に傍聴したこともある。授業では、事件や裁判員裁判についての講義を行い、学生たちに『掟の門』の感想を書いてもらった。事件や裁判に関心をもつ学生も少なくなく、学生の要望に応えるため芹が谷園舎を見学し、事件で重傷を負った尾野一矢《かずや》さんの父、尾野剛志さんにも話を伺った。一矢さんは現在、座間で重度訪問介護制度を利用して一人暮らしを始めている。しかし残念なことに介護ヘルパー不足の理由などから、重度訪問介護制度が十分浸透していない。介護ヘルパーが安心して仕事ができるように法人や事業所にさらなる支援を求めたい。

他方で、やまゆり園を退所してグループホームで生活を始めた利用者がいる。平野和己《かずき》さんである。和己さんは、やまゆり園を退所して以来、プラスチックのリサイクル作業に勤しみ充実した生活をしている。やまゆり園の居室図の作成については、和己さんの父であり、デザイナーである平野泰史さんが快く引き受けてくれた。平野さんからは貴重な情報提供を受けた。記して感謝したい。意思決定支援に基づく地域移行がどこまで進められるか。まさにこれからが正念場である。

障害者大量殺傷事件は、警察の「匿名発表」に始まりメディアによる「匿名報道」、裁判も予想されたように「匿名審理」であった。異例の「匿名」づくしであったが、「匿名」では、事件の再発防止のスタートは切れないのではないかと懸念する。

コロナ禍において、大学のオンライン授業やその準備などで予定が大幅に遅れてしまった。企画を提案されたのは明石書店編集部の神野斉さん、そして編集実務を担当してくれたのは辛島悠さんである。辛島さんは、注文の多い著者の意見を聞き入れてくれ様々な提案をしてくれた。いつ完成するかわからない原稿を辛抱強く待ってくれた。心より感謝を申し上げたい。

2021年3月31日　著者

主要文献目録

本文中の引用については本文の該当箇所に文献・資料を記載した。

裁判関係

朝日新聞取材班『妄信――相模原障害者殺傷事件』朝日新聞出版、2017年

――『相模原障害者殺傷事件』朝日文庫、2020年

雨宮処凛『相模原事件・裁判傍聴記――「役に立ちたい」と「障害者ヘイト」のあいだ』太田出版、2020年

――『この国の不寛容の果てに――相模原事件と私たちの時代』大月書店、2019年

神奈川新聞取材班『やまゆり園事件』幻冬舎、2020年

月刊『創』編集部編『開けられたパンドラの箱――やまゆり園障害者殺傷事件』創出版、2018年

――『パンドラの箱は閉じられたのか――相模原障害者殺傷事件は終わっていない』創出版、2020年

森達也『U 相模原に現れた世界の憂鬱な断面』講談社現代新書、2020年

渡辺一史『なぜ人と人は支えあうのか――「障害」から考える』ちくまプリマー新書、2018年

精神医学

井原裕『相模原事件はなぜ起きたのか――保安処分としての措置入院』批評社、2018年

太田順一郎・中島直編『相模原事件が私たちに問うもの』批評社、2018年

小俣和一郎『ナチスもう一つの大罪――「安楽死」とドイツ精神医学』人文書院、1995年

高岡健『いかにして抹殺の〈思想〉は引き寄せられたか――相模原殺傷事件と戦争・優生思想・精神医学』ヘウレーカ、2019年

星野一正『医療の倫理』岩波書店、１９９１年

障害者運動

荒井裕樹『差別されてる自覚はあるか――横田弘と青い芝の会「行動綱領」』現代書館、２０１７年
――『障害者差別を問いなおす』ちくま新書、２０２０年
「生きている！殺すな」編集委員会編『生きている！殺すな――やまゆり園事件の起きる時代に生きる障害者たち』山吹書店、２０１７年
堀利和編著『私たちの津久井やまゆり園事件――障害者とともに〈共生社会〉の明日へ』社会評論社、２０１７年
――『私たちは津久井やまゆり園事件の「何」を裁くべきか――美帆さん智子さんと、甲Ｚさんを世の光に！』社会評論社、２０２０年

施設関係

河東田博『入所施設だからこそ起きてしまった相模原障害者殺傷事件――隣人を「排除せず」「差別せず」「共に生きる」ための当事者視点の改革』現代書館、２０１８年
日本社会臨床学会編『施設と街のはざまで――「共に生きる」ということの現在』影書房、１９９６年
深田耕一郎『福祉と贈与――全身性障害者・新田勲と介護者たち』生活書院、２０１３年
麦倉泰子『施設とは何か――ライフストーリーから読み解く障害とケア』生活書院、２０１９年
渡邉琢『障害者の傷、介助者の痛み』青土社、２０１８年

優生思想

川口有美子『逝かない身体――ＡＬＳ的日常を生きる』医学書院、２００９年
小松美彦『「自己決定権」という罠――ナチスから相模原障害者殺傷事件まで』言視舎、２０１８年
清水貞夫『強制断種・不妊、障害者の「安楽殺」と優生思想――強制不妊手術国家賠償請求訴訟と津久井やまゆ

り園事件』クリエイツかもがわ、２０１８年
立岩真也・杉田俊介『相模原障害者殺傷事件――優生思想とヘイトクライム』青土社、２０１６年
千葉紀和・上東麻子『ルポ「命の選別」――誰が弱者を切り捨てるのか？』文藝春秋、２０２０年
藤井克徳・池上洋通・石川満・井上英夫編『生きたかった――相模原障害者殺傷事件が問いかけるもの』大月書店、２０１６年
――――『いのちを選ばないで――やまゆり園事件が問う優生思想と人権』大月書店、２０１９年
保坂展人『相模原事件とヘイトクライム』岩波書店、２０１６年
毎日新聞取材班『強制不妊――旧優生保護法を問う』毎日新聞出版、２０１９年
松田純『安楽死・尊厳死の現在――最終段階の医療と自己決定』中公新書、２０１９年
優生手術に対する謝罪を求める会編『増補新装版　優生保護法が犯した罪――子どもをもつことを奪われた人々の証言』現代書館、２０１８年
米本昌平・松原洋子・橳島次郎・市野川容孝『優生学と人間社会――生命科学の世紀はどこへ向かうのか』講談社現代新書、２０００年

障害者権利条約

菊池馨実・中川純・川島聡編著『障害法』成文堂、２０１５年
長瀬修・東俊裕・川島聡編『増補改訂　障害者の権利条約と日本――概要と展望』生活書院、２０１２年
藤井克徳『私たち抜きに私たちのことを決めないで――障害者権利条約の軌跡と本質』やどかり出版、２０１４年

その他

阿部芳久『障害者排除の論理を超えて――津久井やまゆり園殺傷事件の深層を探る』批評社、２０１９年
天畠大輔『声に出せないあ・か・さ・た・な――世界にたった一つのコミュニケーション』生活書院、２０１２年
大胡田誠ほか『限界はない――障がいをもちながら第一線の弁護士として活躍する9人の物語』伊藤塾：法学館、

２０１０年
大治朋子『歪んだ正義――「普通の人」がなぜ過激化するのか』毎日新聞出版、２０２０年
萱野稔人『死刑――その哲学的考察』ちくま新書、２０１７年
芹沢俊介『親鸞で考える相模原殺傷事件』東京一組よにん会、２０１７年
西角純志『「津久井やまゆり園」障害者大量殺傷事件について考える』阿佐ヶ谷市民講座事務局、２０１７年
毎日新聞取材班『ＳＮＳ暴力――なぜ人は匿名の刃をふるうのか』毎日新聞出版、２０２０年

2019 年	7 月	参議院選挙で「れいわ新選組」舩後靖彦氏、木村英子氏が当選
2020 年	7 月	京都 ALS 患者嘱託殺人事件で医師 2 人の逮捕（事件は 2019 年 11 月に発生）

2005年	4月	「尊厳死法制化を考える議員連盟」発足
	5月	「個人情報保護法」施行
	6月	「安楽死・尊厳死法制化を阻止する会」発足
	7月	「医療観察法」施行
	10月	「障害者自立支援法」成立
2006年	4月	福祉サービスを利用する際に原則1割の負担を課す「障害者自立支援法」施行。その後、違憲訴訟が起き、国と原告らは10年、新制度への移行などを約束する基本合意文書に署名
	12月	国連で「障害者権利条約」採択
2007年	5月	厚生労働省「終末期医療ガイドライン」策定
	6月	「被害者特定事項秘匿制度」（刑事訴訟法改正）
	9月	「障害者権利条約」に日本国政府の署名
2008年	12月	被害者参加制度導入
2009年	5月	裁判員制度始まる
	12月	内閣府に「障がい者制度改革推進本部」設置
2010年	1月	国連の障害者権利条約を批准するための国内法の整備について議論する「障がい者制度改革推進会議」が始まる。委員の半数以上が当事者
	7月	「臓器移植法」改正
2011年	6月	「障害者虐待防止法」成立
	8月	「障害者基本法」改正・施行
2012年	6月	障害者自立支援法の名称などを変えた「障害者総合支援法」成立
	8月	「尊厳死の法制化を認めない市民の会」発足
	10月	「障害者虐待防止法」施行
2013年	4月	「障害者総合支援法」施行
	5月	成年後見人がついた知的障害者らに選挙権を認める「改正公職選挙法」成立
	6月	差別禁止と合理的配慮の提供を義務づける「障害者差別解消法」成立
2014年	1月	日本が「障害者権利条約」を批准
2016年	4月	「障害者差別解消法」施行
	7月	障害者施設「津久井やまゆり園」で入所者19人が殺害される
2017年	8月	厚生労働省は「人生の最終段階における医療の普及・啓発の在り方に関する検討会」を開始
2018年	1月	旧優生保護法のもと、知的障害を理由に同意なく不妊手術を強制させられたなどとして、宮城県の女性が国を提訴
		公的機関などの障害者雇用率水増し問題が発覚
2019年	4月	旧優生保護法の被害者に対する一時金支給法制定

1995年	3月	東海大安楽死事件の横浜地裁判決：名古屋安楽死事件の「安楽死6要件」を見直し、新たに「医師による安楽死4要件」を提示した。①患者が耐え難い激しい肉体的苦痛に苦しんでいること。②患者は死が避けられず、その死期が迫っていること。③患者の肉体的苦痛を除去・緩和するために方法を尽くしほかに代替手段がないこと。④生命の短縮を承諾する患者の明示の意思表示があること
	9月	第4回世界女性会議で「DPI女性障害者ネットワーク」らが優生保護法の強制不妊手術について問題提起
1996年	4月	らい予防法廃止
	6月	優生保護法から「不良な子孫の出生防止」に関わる条項を削除し、母体保護法に変わる
1997年	8月	スウェーデン地元紙が強制不妊手術の実態をスクープ
	9月	「優生手術に対する謝罪を求める会」発足 1997年から1999年まで計3回　厚生省の担当者と面会して補償などを求める
	10月	「臓器移植法」施行
1998年	7月	国際刑事裁判所で断種や強制不妊手術を「人道に対する罪」と規定
	11月	国連規約人権委員会が日本政府への「最終見解」で、強制不妊手術の対象となった人たちの補償を求める権利を法律で規定するよう勧告
2000年		社会福祉基礎構造改革（措置制度から契約制度へ） 5月に成立した社会福祉事業法（社会福祉法に名称改正）等の一部を改正する法律に基づく、従来の社会福祉事業、社会福祉法人、措置制度などに関わる、根本的な社会福祉の改革。これにより03年4月から、社会福祉サービス利用者は自ら事業者とサービス契約を結んで必要なサービスを受けることになった。契約に基づく制度に変わったため、サービス利用者の権利擁護制度（「日常生活自立支援事業」）も設けられるようになった
	5月	「犯罪被害者保護法」成立
2001年	5月	らい予防法違憲国賠訴訟で熊本地裁が原告全面勝訴の判決
2003年	4月	「支援費制度」施行（措置制度から契約制度へ）
	5月	「個人情報保護法」成立
	7月	「医療観察法」（心神喪失等で重大な他害行為を行った者の医療及び観察等に関する法律）成立
2004年	5月	「裁判員の参加する刑事裁判に関する法律」成立
	12月	「犯罪被害者等基本法」成立
2005年	4月	「犯罪被害者等基本法」施行

社会福祉の動向
安楽死・尊厳死・優生保護法・障害者権利条約

1940 年	5 月	ナチスドイツの遺伝病子孫防止法（強制断種法）を手本に国民優生法制定
1948 年	6 月	優生保護法制定。「不良な子孫の出生を防止する」ことを目的とし、精神疾患や遺伝性疾患などを理由に、本人の同意を得ずに優生手術を行うこと（強制不妊手術）を認める
	12 月	国連で「世界人権宣言」採択
1962 年	8 月	名古屋安楽死事件、重病の父の苦痛を見かね、その息子が、母が父に飲ませる牛乳に毒薬を混入して安楽死させる
	12 月	名古屋高裁判決：日本ではじめて安楽死が容認される場合の「6 要件」が掲げられた。①不治の病に冒され死期が目前に迫っていること。②苦痛が見るに忍びない程度に甚だしいこと。③専ら死苦の緩和の目的でなされたこと。④病者の意識がなお明瞭であって意思を表明できる場合には、本人の真摯な嘱託又は承諾のあること。⑤原則として医師の手によるべきだが医師により得ないと首肯するに足る特別の事情の認められること。⑥方法が倫理的にも妥当なものであること
1971 年	12 月	国連で知的障害者の権利宣言採択
1972 ～ 74 年		脳性マヒの障害者団体「青い芝の会」の「優生保護法改悪阻止闘争」
1975 年	12 月	国連で障害者の権利宣言採択
1976 年	1 月	「日本安楽死協会」発足
	3 月	カレン・クインラン裁判（米国ニュージャージー州での人工呼吸器の撤去の可否が争われた裁判）「尊厳死」という表現がマスコミ報道で使用された
1977 年	7 月	車椅子の八代英太氏が参院全国区で当選
1978 年	11 月	「安楽死法制化を阻止する会」の声明
1981 年	12 月	国際障害者年。障害者もそうでない人もともに生きる「ノーマライゼーション」の考え方が広まる
1983 年	8 月	「日本尊厳死協会」発足（日本安楽死協会から改称）
1989 年	7 月	視覚障害の堀利和氏が参院比例区で当選
1991 年	4 月	東海大安楽死事件、病院に入院していた末期がん症状の患者に塩化カリウムを投与して、患者を死に至らしめたとして担当の内科医であった大学助手が殺人罪に問われた刑事事件。日本において裁判で医師による安楽死の正当性が問われた

2020 年	5 月	「一部の利用者を中心に、『虐待』の疑いが極めて強い行為が、長期間にわたって行われていた」、「24 時間の居室施錠を長期にわたり行っていた」とする「津久井やまゆり園利用者支援検証委員会」（第三者委員会）による「中間報告書」を提出（5 月 14 日）
		神奈川県議会の厚生常任委員会で、県側が「津久井やまゆり園の検証は中間報告をもって終了」「最終報告は作成しない」と説明。検証委員には事前にこの方針は伝えられておらず、「新型コロナウィルスの影響で延期になっていた園職員のヒアリングを実施するつもりだったので驚いた」「県の意図が分からない」と批判。利用者支援検証担当課長に「検証中止」の理由を尋ねると、「議会で答弁した以上のことは答えられません。調査は法人に任せている。今後は前向きな議論をしていく」との回答。意思決定のプロセスも「部内で検討した結果」と明言を避けた（5 月 18 日）
	7 月	神奈川県障害者施策審議会に「障害者支援施設における利用者目線の支援推進検討部会」の設置（7 月 8 日） 「津久井やまゆり園利用者支援検証委員会」（第三者委員会）の「中間報告書」で明らかになった課題は津久井やまゆり園だけではなく、他の障害者支援施設にも当てはまる普遍的な課題であると考えられることから、「検証対象を他の県立障害者支援施設に拡大し、身体拘束への対応も含め利用者支援等について、更なる検証が必要である」とし、津久井やまゆり園を含む県の 6 施設について調査・ヒアリングを行うことになった
2021 年	2 月	「利用者目線の支援推進検討部会」の「報告書」（素案）の公表（2 月 22 日） 職員に身体拘束は禁止であることの認識が低く、身体拘束ありきの支援を行っている事例などがみられ、「利用者目線の支援にはなっていない状況が確認された」ことを指摘
	3 月	東京パラリンピック聖火「津久井やまゆり園」で採火の方針（3 月 23 日）
		「利用者目線の支援推進検討部会」が黒岩知事に「報告書」を提出（3 月 30 日）
	4 月	東京パラ聖火「津久井やまゆり園」での採火、遺族など中止要請（4 月 13 日）

2016年	9月	容疑者が措置入院していた病院や相模原市の対応について、厚生労働省が「不十分」とする検証結果を公表　「中間とりまとめ――事件の検証を中心として」「相模原市の障害者支援施設における事件の検証及び再発防止検討チーム」（9月14日）
	10月	神奈川県が「ともに生きる社会かながわ憲章」を制定（10月14日）
		園が犠牲者を追悼するお別れ会を開催（10月16日）
	11月	「津久井やまゆり園事件検証報告書」の公表 県が設置した「津久井やまゆり園事件検証委員会」が、園を運営する法人の対応を「不十分」とする検証結果を公表（11月25日）
	12月	「報告書～再発防止策の提言」「相模原市の障害者支援施設における事件の検証及び再発防止策検討チーム」（12月8日）
		園が献花台を撤去（12月26日）
2017年	1月	津久井やまゆり園再生基本構想に関する公聴会（1月10日）
	2月	津久井やまゆり園再生基本構想策定に関する部会の設置（2月27日）
	4月	津久井やまゆり園利用者が芹が谷園舎（横浜市港南区芹が谷）に移転
	10月	津久井やまゆり園再生基本構想の策定（10月14日）
2018年	3月	津久井やまゆり園除却工事説明会を千木良公民館で開催
	5月	津久井やまゆり園の除却工事に着手、園の仮囲いの再設置を完了
2019年	3月	津久井やまゆり園除却工事の完了
	6月	津久井の新施設に66人、芹が谷に66人、1ユニットにつき11人居住の施設を作ると県が家族会にて説明（6月8日）
	12月	黒岩知事が津久井やまゆり園の2つの新施設の指定管理を公募で選定する方針に変更することを表明（12月5日）
2020年	1月	県が「かながわ共同会」の津久井やまゆり園での運営状況を検証するため「津久井やまゆり園利用者支援検証委員会」（第三者委員会）を設置（1月10日）
		共同会が県議会厚生常任委員会の参考人招致の場で、県との協議には「応じられない」と表明 津久井やまゆり園芹が谷園舎（仮称）整備・維持管理事業に係る契約の締結（1月27日）
	3月	同委員会が、知事の見直し方針は「公平性に反する」とした陳情を全会一致で了承（3月2日）
		知事が県議会予算委員会で、2つの新施設について、2020年度末まで非公募で共同会に指定管理者として継続させる案を表明。津久井やまゆり園（2021年度開設予定）指定管理期間を22年度末までに短縮し、23年度以降は、公募で選ばれた法人が運営 芹が谷やまゆり園（2021年開設予定）指定管理期間を22年度末までとし、23年度以降は、公募で選ばれた法人が運営（3月17日）

津久井やまゆり園の沿革

1964年	2月	開設　入所定員100名（男女50名）
1968年	4月	入所定員200名（男女各100名）に増員
1971年	7月	「やまゆり園兄弟姉妹の会」の結成 6回の会合と7ヶ月を要して42名で立ち上げ
1990年	4月	施設利用普及事業（地域サービス事業対象者の登録等）開始
1992年	7月	再整備第一期工事開始
1994年	7月	居住棟、厨房棟完成　定員80名（男女40名）に変更 （新設した「厚木精華園」に88名移動）
1994年	8月	再整備第二期工事開始
1996年	4月	居住棟・管理棟・体育館・プール・グラウンド・自活生活訓練棟完成　新定員160名（男100名、女60名）
2000年	10月	「津久井やまゆり園利用者自治会」（通称：ピザの会）発足
2005年	4月	社会福祉法人かながわ共同会が「指定管理者制度」として運営を開始
2009年	4月	障害者自立支援法に基づく、施設入所支援150名　生活介護160名
	8月	第1／第2グループホーム〔ほほえみ／えがお〕開所13名（体験利用室含む）
2010年	7月	寸沢嵐地区生活介護事業所〔ファンファン〕開所　生活介護20名
2012年	4月	第3グループホーム〔ねごっち〕開所　6名
	10月	第4グループホーム〔ウィングハイツ〕開所　6名
2013年	4月	障害者総合支援法に基づく、施設入所支援150名　生活介護160名
		若柳地区放課後等デイサービス事業所〔みらい〕開所　10名
		寸沢嵐地区相談事業所〔ファンファン〕および、寸沢嵐地区相談支援事業所〔ライフ〕を統合し寸沢嵐地区日中活動支援センター〔ファンファン・ライフ〕に組織変更　生活介護20名・相談支援
2014年	4月	障害者総合支援法施行に伴い、第1～第4ケアホームは、グループホームに移行
2015年	4月	第二期指定管理者制度として社会福祉法人かながわ共同会が運営を開始
2016年	7月	事件発生
	8月	「相模原市の障害者支援施設における事件の検証及び再発防止検討チーム」の設置（厚生労働省）（8月10日）
	9月	神奈川県の黒岩祐治知事が園の建て替えを表明（9月12日）

2020年	2月7日	(第12回公判) 被告の起訴後に横浜地裁の依頼を受けて、被告の精神鑑定をした東京都松沢病院の大沢達哉医師が出廷。検察、弁護側双方の質問に答えた。大麻使用による犯行への影響はないと説明
	2月10日	(第13回公判) 弁護側証人として、中山病院（千葉県市川市）の精神科医、工藤行夫医師が出廷。被告との面接や精神鑑定記録から精神状態を分析し、検察、弁護側双方の尋問に答えた。弁護側の証人の精神科医が鑑定結果を否定する考えを示す
	2月12日	(第14回公判) 刑事訴訟法に基づき遺族3人、負傷者の家族2人、負傷した園の職員1人が心情を述べた。また、遺族3人、負傷者家族1人の心情を代理人が代読した。被害者家族らが陳述で死刑を求める
	2月17日	(第15回公判) 犠牲者の女性「美帆さん」の母親が現在の心境を陳述した後、検察側が死刑を求刑した。午後は、被害者家族や遺族らの代理人5人が量刑などについて意見陳述した。検察側が死刑を求刑
	2月19日	(第16回公判) 弁護側の最終弁論があり、心神喪失か耗弱の状態だったとして、無罪か減刑を求めた。続いて被告が最終意見陳述をした。弁護側が改めて無罪を主張し、結審
	3月16日	(第17回公判) 判決　完全責任能力があったと認定し死刑判決
	3月27日	弁護側が判決を不服として控訴
	3月30日	被告が弁護側の控訴を取り下げ
	3月31日	死刑判決が確定
	10月23日 ～25日	第16回「死刑囚表現展」に作品出展

2020年	1月10日	(第2回公判) 被告は自傷防止の手袋をつけて出廷。やまゆり園職員6人の供述調書や、事件直前の被告行動をまとめた報告書など、検察側の証拠が読み上げられた
	1月15日	(第3回公判) 検察側が殺害された12人の遺族の調書を朗読。匿名だった19歳女性を「美帆さん」として審理。検察側が、職員1人と、犠牲者19人のうち12人の親や兄弟らの供述調書が読み上げた
	1月16日	(第4回公判) 検察側が犠牲者7人の遺族、重軽傷者24人の家族の調書を朗読。死傷した利用者の親や兄弟の心情を記録した書類が読み上げられた。15日の第3回公判と併せ、死傷した利用者家族全43人の家族の心情が明らかになった
	1月17日	(第5回公判) 事件が起きるまで被告と交際していた女性と、事件の直前に被告と話した男性の計2人が、検察側証人として出廷した
	1月20日	(第6回公判) 弁護側が、植松被告の小中学校や高校、大学時代の友人らの供述調書を証拠として読み上げた
	1月21日	(第7回公判) 弁護側が、植松被告の友人4人分の調書や捜査報告書、事件数時間前に利用した派遣型風俗店の女性従業員の調書を読み上げた
	1月24日	(第8回公判) 被告人質問があり、被告は長い髪をまとめ黒いスーツ姿で出廷。弁護側の質問に一問一答で答えた。1月27日、2月5、6日に被告人質問が予定されている。被告が「刑事責任能力はある」と弁護側主張に異議
	1月27日	(第9回公判) 弁護側と検察側の被告人質問があった。2月5日、6日には遺族や重傷者家族、被害者代理人の弁護士による質問が予定されている
	2月5日	(第10回公判) 被告人質問は3日目。午前は、遺族と重傷者家族が初めて質問に立った。午後は、裁判員と裁判官が質問した。遺族が「なぜ殺さなければならなかったか」と質問。被告は「社会の役に立つと思ったから」と答える
	2月6日	(第11回公判) 被害者の代理人弁護士による被告人質問の後、検察官や弁護人、裁判官が追加で質問した

2016 年	7 月 25 日	深夜 0 時 20 分頃、相模川の河川敷で友人 2 人と大麻吸引・ポケモン GO をする。マクドナルド城山店に車を放置したため、店長が津久井警察署に通報。早朝、電車で新宿へ向かう。コンビニでノートを購入・漫画喫茶で仮眠。「新日本秩序」をノートにまとめる。母から連絡があり、昼頃、津久井警察署に車を取りに戻る。今度は車でホームセンターに行き、ハンマー、結束バンド、ガムテープを購入し、新宿に向かう。南青山 1 丁目コインパーキングに車を駐車。この時、車のバンパーをぶつける。20 時 45 分頃、代々木駅で大学後輩女性と待ち合わせ、新宿歌舞伎町の高級焼肉店で食事。23 時頃、ホテルにデリヘル嬢を呼ぶ
	7 月 26 日	深夜 0 時頃、コンビニで封筒と切手を購入し、ノートを出版社に送る。歌舞伎町からタクシーで青山 1 丁目の駐車場に戻り、自分の車に乗り換える。深夜 1 時 33 分、中央道相模湖東出口で下車。やまゆり園に向かい、民家前に車を止める。深夜 2 時頃、事件発生。深夜 3 時 05 分、津久井警察署に自首。植松容疑者を逮捕
	8 月 15 日	植松容疑者を殺人容疑で再逮捕
	9 月 5 日	植松容疑者の 3 回目の逮捕。死亡した 19 人全員について殺人容疑で立件
	9 月 21 日	刑事責任能力の有無を見極めるため、容疑者が鑑定留置に入る
	9 月 28 日	横浜地裁（青沼潔裁判長）で第 1 回公判前整理手続
	12 月 19 日	入所者 24 人への殺人未遂容疑で植松容疑者を追送検。県警が 2 人の実名を公表
2017 年	1 月 13 日	職員への逮捕致傷容疑などで植松容疑者を追送検
	2 月 17 日	横浜地検が植松容疑者の鑑定留置を 2 月 20 日まで延長すると発表
	2 月 20 日	鑑定留置が終了
	2 月 24 日	検察側の精神鑑定で「自己愛性パーソナリティ障害」との結果が出て、横浜地検は完全責任能力があると判断。入所者 19 人の殺人罪、24 人への殺人未遂罪などで起訴
2018 年	8 月末	弁護側による 2 度目の精神鑑定終了
2019 年	12 月 13 日	公判前整理手続が終了。争点は責任能力の有無や程度に絞られる
2020 年	1 月 8 日	初公判【平成 29 年（わ）第 212 号事件（被告人植松聖)】横浜地裁の初公判で植松聖被告が起訴内容を認める。弁護側は「刑事責任能力はなかった」と無罪を主張。罪状認否の後に被告が小指をかみ切るような動作をし、裁判長が被告に退廷を命じ休廷。被告不在のまま再開し、検察側と弁護側が冒頭陳述した

2016年	3月24日	ハローワーク相模原へ来所（雇用保険の受給資格決定のため） 以降、3月31日付けの就労可否等証明書等を踏まえ、4月から7月にかけて、計90日分の失業給付を支給した。対応した職員によると、離職票の取り扱いや雇用保険説明会の案内等10分程度の説明があり、「はい」、「わかりました」と答え、特に変わった様子はなかった
		生活保護の相談・申請のため相模原市の福祉事務所に来所
	3月30日	福祉事務所の生活保護担当職員が容疑者宅を訪問調査。訪問した職員によると1時間強の面接において、終始冷静に対応し、詳細な生活歴や現在の生活状況などの質問事項に必要十分回答していた
	3月31日	北里大学東病院の外来受診。就労可否等証明書（週20時間以上の就労は可能）を受領。主治医と相談し、5月24日の外来予約を取得 なお、同主治医が同日退職となり、同主治医とともに入院時に診察を行っていた受持医が外来主治医になることを容疑者に伝えた
	4月4日	生活保護支給決定し、4月から5月にかけて3月分から5月分までの生活保護費を支給した（失業給付の受給を確認後、4月1日に遡って廃止）。対応した職員によると、容疑者はいずれの日も落ち着いた様子で対応していた
	4月7日	共同会から県に防犯カメラ設置についての協議書を提出
	4月13日	県が防犯カメラ設置について承認
	4月26日	防犯カメラ16台の設置⇒5月2日　県に設置完了報告書を提出
	5月	美容整形
	5月24日	5月24日の外来予約は6月28日に変更（依頼者不詳）
	5月30日	容疑者より園に連絡あり、退職金の受給手続きに来園
	6月3日	園より津久井警察署に連絡。容疑者が来園したこと、民政委員から容疑者の生活保護に係る問い合わせがあったことを報告
	6月28日	北里大学東病院を受診せず
	7月14日	八王子市に住む両親宅を訪れ、一緒に食事をした。退院後から7月14日までの間、月に2、3回食事や運動をしていた。容疑者が自ら障害者やカードの話題を持ち出すことはなく、入院前より話しやすい感じだったという
	7月24日	友人3人とゲームやボウリング。相模市内で友人らとラーメンを食べ、ムエタイジムで身体を鍛える

2016年	2月19日	容疑者と面会（園長・総務部長・支援部長）。容疑者は自主退職。津久井警察署員3名が園長室の隣室で待機、容疑者の言動を踏まえ、警察官職務執行法第3条に基づき、容疑者を保護。津久井警察署より、園にいた容疑者に北里大学東病院に措置入院決定の連絡。容疑者は退職に同意。警察官が同行して津久井警察署へ向かう。共同会としては、容疑者が退職し、4日後には措置入院した経過を踏まえて、県への報告は不要と判断した
	2月20日	尿から大麻の陽性反応
	2月22日	精神保健指定医2人が診察し、相模原市が措置入院を決定 第一指定医の診断；主たる病名は大麻精神病、従たる精神障害は非社会性パーソナリティ障害。第二指定医の診断；妄想性障害（高揚気分、妄想、焦燥、易怒性・被刺激性亢進などを認める）とし、薬物性精神障害を併記した
	3月2日	医師が「他害の恐れなし」と判断し、措置入院解除で退院。入院時の主治医が外来主治医となる方針となった。主治医と相談上、容疑者が3月17日の外来予約を取得 相模原市は園や県警には連絡をせず。園の関係者が、園の近くで容疑者の車を見たと園に報告
	3月3日	容疑者より園（生活2課長）に退院したとの連絡あり
	3月4日	園より津久井警察署に連絡し、容疑者が退院していることを報告 津久井警察署より、特定通報者登録への登録について助言あり
	3月5日	園の総務部長が津久井警察署を訪問。特定通報者登録への登録手続のための上申書を提出。園と施設責任者の電話番号を110番通報時にわかるように登録。津久井警察署より防犯カメラ設置を検討するよう助言
	3月7日	法人事務局が園に来園。今後の対応を協議⇒防犯カメラ設置の導入決定
	3月8日	園長名で園内職員に対し、不審者対策のため注意喚起の文書を通知
	3月10日	津久井警察署、警備会社が来園。防犯カメラ設置場所を確認（16台）
		3月17日の外来予約は3月24日に変更（依頼者不明）
	3月24日	北里大学東病院を外来受診。診断書を受領（病名①抑うつ状態、②躁うつ病の疑い）。不眠、気分の落ち込みなどの抑うつ症状を訴え、主治医から通院の動機を高める面接や抗うつ薬等の処方を受ける。主治医と相談上、3月31日の外来予約を取得

2016年	2月13日	容疑者は自分の主張を総理大臣に伝えるつもりで安倍総理大臣宛の手紙を書いて届けようとしたが、警戒が厳重だったため引き返す
	2月14日	衆院議長公邸に辿りつき、議長に手紙を渡したいと公邸職員に伝えたが、「休日であるため対応できない」と言われる
	2月15日	容疑者は、再度、衆院議長公邸に出向き、手紙を渡し、受理された。手紙には園の名前と、利用者を抹殺する等の内容が記載されていた。同日、津久井警察署から園に電話があり、容疑者の最近の様子や、勤務シフトについての問い合わせがあった。園の総務課職員が対応し、勤務シフトについて回答するとともに、最近の様子は不明と回答した 手紙を届けるため13日、14日、15日と3日間通っているが、もともとは安倍総理大臣宛のものであった。衆院議長公邸に届けることになって宛名を書き直した
	2月16日	麹町警察署より法人事務局（事務局長）に連絡。衆院議長に手紙を渡したことを伝え、身分確認についての問い合わせ
		津久井警察署の幹部職員2名が来園（総務部長が応対）。署より「被告を勤務中1人にするな」と言われ、当分は夜勤がないことを確認した。衆院議長に渡した手紙の内容を伝え、対応を話す
	2月17日	津久井警察署来園（園長・総務部長・支援部長が応対）。対応について話す
	2月18日	園内で情報収集したところ、生活第2課長や看護課長から報告があった ・「これまでは時々、上司の受け答えなどに不適切な発言はあったが、気にならない程度だった」「2月12日頃より、ひどくなっている様子が伺えた」「18日の勤務中が特にひどく見受けられた」 ・2月12日；夕食介助中、同僚職員に「障害者にやさしく接することに意味があるか」としきりに訴えた ・2月18日；看護師2人に、AM「この処置は本当にいるのか。自分たちが手を借さなければ生きられない状態で本当に幸せか」、PM「生きていることが無駄と思わないか」と質問した。看護師は支援の大切さを諭した 同日ホーム長が宿直の形で加わり、警備員巡回を強化。明日の面接を決め、警察にも連絡して、面接時にその場での待機を依頼した

関連年表

植松 聖　就職エントリーから裁判まで

2012年	8月28日	法人主催の就職説明会に就職サイトより予約し参加
	9月10日	第一次採用試験受験 志望動機；学生時代に障害者支援ボランティアや特別支援実習の経験および学童保育で3年間働いたこともあり、福祉業界への転職を考えた
	9月20日	実務試験を受験（愛名やまゆり園）
	9月27日	共同会は、常勤職員として採用することを内定。面接の評価は「明るく意欲がある。やる気も感じられる」というもの。「伸び代がある」との判断から採用が決まった
	12月1日	共同会は非常勤職員（日中の支援補助）として雇用
2013年	2月1日	共同会は、臨時的任用職員（生活3課つばさホーム）として雇用
	4月1日	常勤職員（生活2課のぞみホーム）として採用
	5月頃から	服務関係や利用者支援について、幹部職員より指導が始まる
2014年	12月31日	入浴支援中に同僚職員が刺青を発見してホーム長に報告
2015年	1月23日	園と法人とで対応を協議し、警察や弁護士と相談。弁護士からは、刺青を理由とした解雇は困難と助言された
	2月6日	面接（園長、総務・支援・地域支援部長、生活2課長）
	3月以降	概ね月1回、面接指導を実施した 6月頃、「意思疎通のとれない障害者は生きている資格がない」「重度障害者は人間扱いされずかわいそう」と発言
	11月16日～17日	ホーム長からの報告により、服務上の指導を行う（終業時間前の退勤、エプロン内にライターが入っていたことなどに対する注意、タバコやライターの所持禁止の指導） 「刺青の把握後から、園長以下管理職は当該職員の行動等についてきめの細かい観察と指導を行」い、本人は「食卓を荒っぽく拭き、ゴミを床に落とすなど雑な場面はあったが、大きな問題はなかった」 この評価は退職直前まで変わらず、基本的な対応の枠組みは、刺青だけでは解雇できないので、きめ細かに観察指導を行ったが、大きな問題は退職直前まで見られなかったというものだと解される 園の忘年会で同僚に「障害者って生きていても意味なくないですか」と発言
2016年	1月	友人に犯行計画を話し、襲撃に誘う

◎著者略歴
西角 純志（にしかど・じゅんじ）
1965年山口県生まれ。専修大学講師（社会学・社会思想史）。博士（政治学）。津久井やまゆり園には2001年～05年に勤務。犠牲者19人の「生きた証」を記録する活動がNHK『ハートネットTV』（2016年12月6日放送）ほか、テレビ・ラジオ・新聞・雑誌にて紹介される。
主要著作に『移動する理論――ルカーチの思想』（御茶の水書房、2011年）、『開けられたパンドラの箱』（共著、創出版、2018年）などがある。
『批評理論と社会理論（叢書アレテイア14）』（共著、御茶の水書房）、『現代思想の海図』（共著、法律文化社、2014年）、「青い芝の会と〈否定的なるもの〉――〈語り得ぬもの〉からの問い」『危機からの脱出』（共著、御茶の水書房、2010年）、「津久井やまゆり園の悲劇――〈内なる優生思想〉に抗して」『現代思想』（第44巻第19号、2016年）、「戦後障害者運動と津久井やまゆり園――施設と地域の〈共生〉の諸相」『専修人文論集』（第103号、2018年）、「根源悪と人間の尊厳――アイヒマン裁判から考える相模原障害者殺傷事件」『専修人文論集』（第105号、2019年）、「法・正義・暴力――法と法外なもの」『社会科学年報』（第54号、2020年）、「津久井やまゆり園事件の『本質』はどこにあるか」『飢餓陣営』（第52号、2020年）ほか多数。

元職員による徹底検証　相模原障害者殺傷事件
裁判の記録・被告との対話・関係者の証言

2021年5月11日　初版第1刷発行

著　者　　西　角　純　志
発行者　　大　江　道　雅
発行所　　株式会社　明石書店
〒101-0021　東京都千代田区外神田6-9-5
電　話　03（5818）1171
FAX　03（5818）1174
振　替　00100-7-24505
http://www.akashi.co.jp
装幀　清水肇（prigraphics）
印刷・製本　モリモト印刷株式会社

（定価はカバーに表示してあります）　ISBN978-4-7503-5201-5